사회적경제와 소셜이노베이션

(Social Economy and Social Innovation)

저자 소개

■ 김일태

· 현 전남대학교 경제학부 교수
· 미국 University of Georgia 경제학박사
· 현 한국경제학회 부회장
· 현 일본응용경제학회 Studies in Applied Economics(응용경제학연구) 편집위원

주요 연구업적
· "연구개발투자의 지역 간 파급효과와 생산효율성," 경제연구, 제37권 제7호, 2019(공저).
· "재일한상기업 소프트뱅크 경영전략과 기업가정신," 한일경상논집, 제81권, 2018(공저).
· 『Applied Analysis of Growth, Trade, and Public Policy』, Springer, 2018(공저).
· "Regional Total Factor Productivity and Local Employment Growth: Evidence from Korea," Asia-Pacific Journal of Regional Science, 1(2), 2017(공저).
· 『시대정신 시론에 담다』, 마인드탭, 2016 외 다수.

■ 임영언

· 일본 조치대학(上智大学) 사회적경제학박사
· 전남대학교 세계한상문화연구단 연구교수
· 현 한남대학교 사회적경제지원센터 연구원
· 현 재외한인학회 『재외한인연구』 편집위원장, 조선대국제문화연구원 『국제문화연구』 편집위원장

주요 연구업적
· 『韓国人企業家：ニューカマーの起業過程とエスニック資源(長崎出版株式会社, 2004)』(단독).
· 『재일코리안 기업가: 창업방법과 민족네트워크(한국학술정보, 2006)』(단독).
· 『글로벌디아스포라와 세계의 한민족(북코리아, 2014)』(공저).
· 『재일코리안 기업의 형성과 기업가정신(북코리아, 2015)』(단독).
· 『글로벌 호남한상인 네트워크와 기업가정신(도서출판 마루, 2019)』(공저).
· 『일계인디아스포라의 초국가성과 다중정체성(북코리아, 2019)』(공저).

사회적경제와 소셜이노베이션

2020년 2월 15일 인쇄
2020년 2월 20일 발행

지은이 | 김일태·임영언
펴낸이 | 정병석

펴낸곳 | 전남대학교출판문화원
주소 | 61186 광주광역시 북구 용봉로 77
전화 | (062) 530-0571～3 팩스 | (062) 530-0579
등록 | 1981. 5. 21. 제53호
홈페이지 | http://www.cnup.co.kr
이메일 | cnup0571@hanmail.net

값 15,000 원

ISBN 978-89-6849-693-6 (93320)

이 도서의 국립중앙도서관 출판예정도서목록(CIP)은 e-CIP홈페이지(http://www.nl.go.kr/ecip)와 국가자료공동목록시스템(http://www.nl.go.kr/kolisnet)에서 이용하실 수 있습니다.
(CIP제어번호: CIP2020006145)

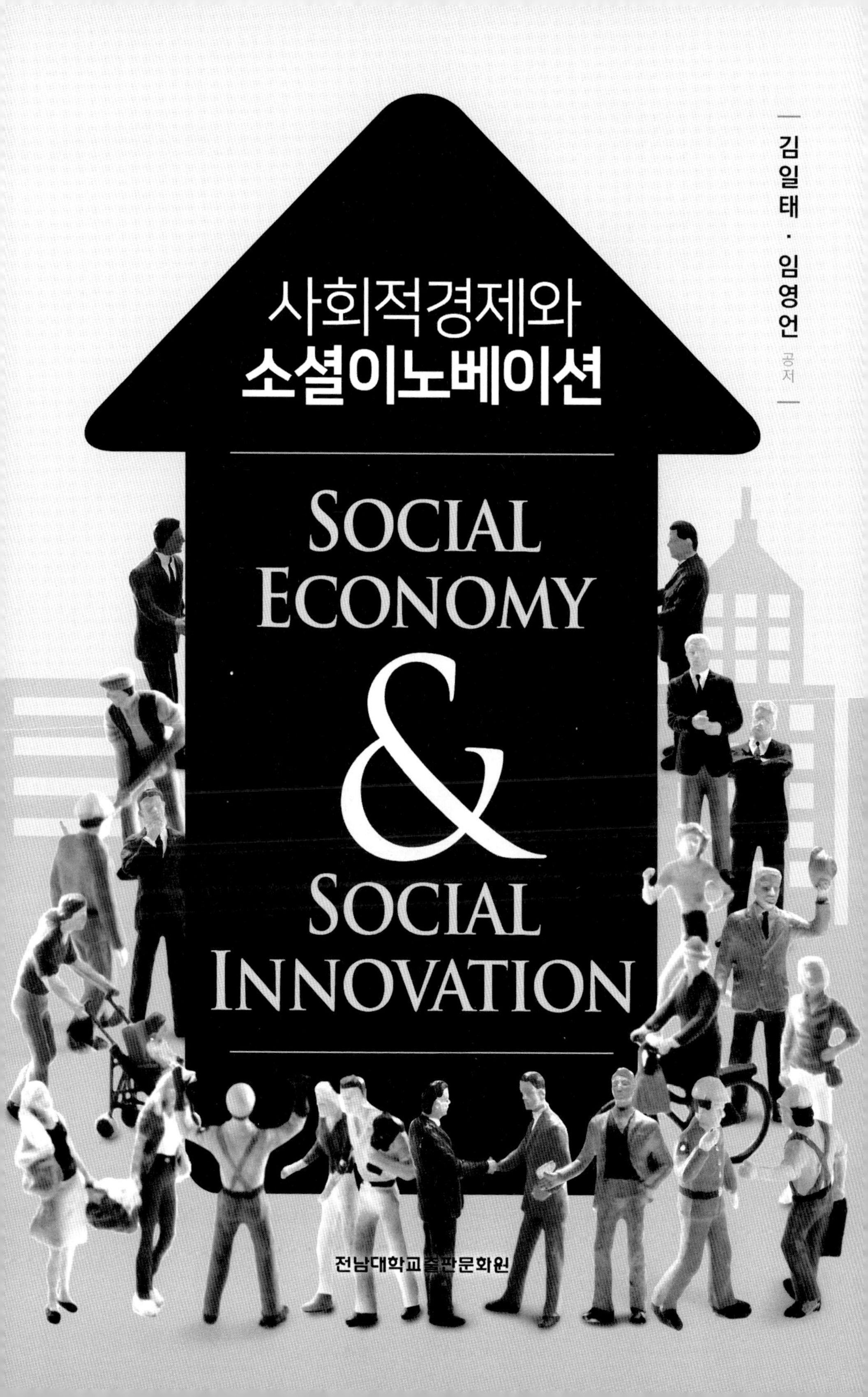

사회적경제와 소셜이노베이션

SOCIAL ECONOMY & SOCIAL INNOVATION

김일태 · 임영언 공저

전남대학교출판문화원

서 문

이 책은 사회적경제(Social Economy)에 대한 독자들의 이해를 돕고자 하는 소박한 취지에서 시작되었다. 사회적경제는 19세기 초 유럽과 미국에서 협동조합 형태로 출발하였다. 특히 한국에서 사회적경제는 1997년 외환위기 이후 경제성장 과정에서 나타난 소득의 양극화 문제와 지식과 기술진보로 인한 산업구조의 변화로 발생된 일자리 문제를 해결하는 방안으로 공유, 상생, 동반의 사회적 가치의 실현을 목표로 하고 있다.

사회적경제는 노무현 정부 때 본격적으로 추진된 후, 이명박 정부에서는 협동조합 지원, 박근혜 정부에서는 「사회적 경제법」, 문재인 정부에서는 사회적경제의 전국적 확대로 이어져 오고 있다. 문재인 정부 출범이후 짧은 기간 동안 사회적경제는 괄목한 성장을 거두었는데 지속적인 사회적경제의 전국적 확대와 활성화는 정부가 지향하는 사람 중심 경제와 포용국가를 완성해나가는 과정이라 할 수 있을 것이다. 따라서 사회적경제의 핵심은 오늘날 직면하고 있는 모든 경제적 문제가 사회적 문제로부터 발생하고 있다는 전제 하에 사회적 문제 해결을 통해 사람중심의 포용국가를 완성해 가는데 있다. 이런 과정에서 정부는 2006년과 2012년에 각각 「사회적기업 육성법」과 「협동조합기본법」을 제정하면서 사회적경제와 관련된 법적 근거를 마련하였다.

특히 문재인 정부 출범 시 사회적경제는 100대 국정과제 중의 하나였다. 이를 실천하기 위한 정책방향으로는 사회적경제의 성장 인프라를 확충하기 위한 사회적기업 성장지원센터 조성과 사회적경제 혁신타운 조성 등 거점지역·클러스터 조성, 사회적경제를 통한 취약계층 일자리 창출을 위한 청년창업팀 육성, 지역주도형 청년 일자리지원 등을 제시하였다. 문재인 정부는 출범 이후 곧바로 '사회적경제 활성화 종합대책'을 발표하고, 「중소기업기본법」 등 7개 관련 법령을 개정하여 사회적경제의 비즈니스 환경을 개선하였으며, 사회적 금융 활성화, 사회적경제 인재양성 종합계획 등 총 13차례에 걸쳐 세부 정책을 다듬어 추진해 오고 있다. 기본법은 일자리창출, 지역경제 활성화, 상생협력 등을 주요 과제로 제시하고 있다.

사회적경제는 시장경제와는 비교되는 사회적 문제(사회성), 지속 가능한 사업활동(사업성), 새로운 사회적 상품과 서비스, 그리고 그것을 제공하기 위한 사회구조 개발이나 활용 등 새로운 사회적 가치창출을 통한 개인의 가치와 의식제도의 혁신(Innovation)을 포함하고 있다. 슘페터(Schumpeter)는 사회혁신의 특징에 대하여 사회적 문제의 악화, 시스템의 기능저하, 현재 직면한 다양한 문제에 대응할 수 없는 시대착오적인 제도와 같은 사회 구조의 기능불능을 파괴하는 행위라고 주장한 바 있다. 따라서 사회적기업의 혁신성은 소셜이노베이션(Social Innovation)이라 할 수 있다. 이것은 사회적 문제해결에는 혁신적인 방법의 동원이 필요하기 때문이다.

사회혁신(Social Innovation)은 사회공헌이나 사회문제 해결을 위한 아이디어제시, 사업화모델, 사회구조 등 세 가지로 구성된다. 사회혁신은 사회구조가 사회문제에 대응할 수 없을 때 문제해결을 위한 참신한 아이디어와 수단을 가리킨다. 이것이 현실생활에서 실천되었을 때 혁신이 발생하게 된다. 때문에 사회혁신은 사회전체에 해당되는 활동을 지금까지의 방법과는 전혀 다른 차원에서 사회적 목적을 실천하기 위한 새로운 아이디어에서 시작된다고 볼 수 있다. 따라서 사회적경제는 혁신적이고 지속가능한 방식으로 사회문제를 도출하여 해결하려는 시도라고 할 수 있다.

이 책의 집필과정에 사용된 자료들은 저자들이 그동안 발표한 논문과 연구과정에서 수집된 문헌들을 활용하였다. 이 책의 내용이 동학(同學)의 길을 걷는 관련 연구자들의 연구에 조금이나마 도움이 되고 사회적경제에 관심을 가지고 있는 학생들과 일반인들을 대상으로 하는 강의 교재로 활용되었으면 하는 바람을 가지고 있다.

이 책의 내용은 다음과 같이 총 11장으로 구성되어 있다. 제1장은 사회적 문제의 해결을 시도하는 사회적경제, 그리고 이를 실천하기 위한 사회혁신이란 무엇인지에 대하여 주목하였다. 사회적 문제의 해결방안으로서 사회적경제가 한국과 일본에서 어떻게 전개되어왔는지, 한국에서의 사회적경제의 실천사례를 살펴보고 일본에서의 사회적경제의 다양한 실천사례들을 분석하였다.

제2장은 한국 사회적경제의 전개와 성장과정에서 사회적경제

의 주요 과제인 비경제적 동기에 근거한 사회와 경제를 연결하는 현실적인 문제는 무엇이며 사회적기업의 인증전환상의 조직형태, 기업유형, 서비스분야별 분포의 특징과 의미, 기업인증상의 미전환 사유 등에 대하여 살펴보았다.

제3장은 한국에서의 도시재생의 필요성을 제시하고 이론적 배경의 검토를 통해 서울시 마을공동체사업의 전개과정을 살펴보았다. 도시재생의 차원에서 서울시 마을공동체사업은 기존의 사회적경제조직에다 마을공동체조직을 융합시킴으로서 주민들의 등장과 참여를 촉진시키고 이를 통해 지역사회의 시민생태계를 구축하여 동반성장을 유도한 것이 주효한 것으로 나타났다.

제4장은 일본에서 사회적경제와 고용창출효과에 대하여 살펴보았다. 구체적으로 일본에서 사회적경제 활동이 지역고용 창출에 미치는 효과에 대하여 사례를 통해 살펴보았다. 일본에서 취약계층을 대상으로 한 사회적경제의 고용창출효과는 사회서비스나 공동체 돌봄 서비스 등과 같은 지역성이 강한 서비스들로 구성되어 있었다.

제5장은 일본에서의 평생교육의 변천과정을 살펴보고 사회적경제를 통한 평생학습과 연계된 고용창출효과에 대한 사례를 분석하였다. 일본의 평생교육은 종래의 교양과 취미를 위한 평생학습에 만족하지 않고 봉사활동을 수행하기 위한 경제활동의 준비, 자격 취득 등을 위한 평생학습이 강화되고 있었다. 또한 종래 평생교육이 여가의 연장선에서 이해되어왔지만 지역사회의 문제를 주민들 스스로가 해결해나가기 위한 역량을 강화하기 위한 교육프로그램으로 전환되어 온 것으로 나타났다.

제6장은 일본정부의 지역활성화 차원에서 사회적경제의 역할과 사회적 포용관계를 살펴보았다. 일본에서 지방도시의 인구감소, 고령화, 지역적 쇠퇴 등 다양한 사회적 문제에 직면하여 사회적경제를 통한 지역활성화와 소외지역의 사회적 포용사례를 살펴보았다.

제7장은 한일전통시장의 활성화차원에서 사회적경제와 전통시장의 관련성을 살펴보았다. 구체적으로 한일전통시장의 정책 전개과정에서 사회구조적 전환을 강조하는 사회적경제 개념의 도입과정을 분석하였다. 한일전통시장은 내부적으로 저출산고령화, 매출액 감소, 이로 인한 빈 유휴공간의 증가와 지역쇠퇴의 사회구조적 문제를 해결하기 위한 정책 중의 하나가 사회적경제 개념의 도입이라 할 수 있다.

제8장은 일본대학에서 서비스러닝과 사회적경제와의 관련성을 살펴보았다. 일본대학의 창학정신과 봉사활동의 출현배경, 봉사활동이 서비스러닝으로 전환되어가는 과정, 봉사활동이 교과 및 비교과 교육과정과 연계되어 지역의 사회적 문제를 해결하기 위해 실제로 학교교육차원의 서비스러닝이 사회적경제와 어떻게 연계되고 있는지를 살펴보았다.

제9장은 사회적경제와 디아스포라경제의 유사성에 착안하여 창업과정과 성장과정에서 매우 유사하면서도 상이한 특성을 가진 사회적경제와 디아스포라경제를 비교 분석하였다. 또한 이들 소수경제의 경제활동의 차이, 창업동기(요인), 기업가정신을 살펴보고 한국적 사회적경제의 확대과정에서 적용할 수 있는 시사점을 살펴보았다.

제10장은 사회적경제의 혁신적인 마인드와 리더십의 양성기관으로서 한일 간 소셜벤처타운의 혁신사례를 분석하였다. 소셜벤처(Social Venture)는 사회적 공헌이나 사회적 문제에 대하여 비즈니스를 통해 해결하기 위해 창업한 벤처기업 혹은 벤처프로젝트라고 할 수 있다. 이것은 소셜벤처가 기업창업이나 가치창조의 원형이라 할 수 있는 현장을 가지고 있기 때문이다. 한일 양국의 소셜벤처의 목적은 체인지메이커(Change Maker) 양성과 생태계(Ecosystem)구축에 있다.

이 책의 내용은 한국과 일본에서 수집된 사회적경제 관련 이론과 현장을 접목한 방대한 기초자료를 활용하여 한국의 사회적경제의 실태를 개괄하는 형식으로 정리하였다. 이 책의 내용에 대한 오류가 발견되면 모두 저자의 책임이다. 향후 계속해서 오류를 바로잡고 부족한 점은 수정해 나갈 것이다. 이 책이 한국정부에서 추진하고 있는 사회적경제 육성사업의 이해와 향후 연구에 조금이나마 도움이 되었으면 하는 바람이다. 끝으로 이 책이 세상에 나오기까지 출판지원을 아끼지 않은 전남대학교와 전남대학교출판문화원 관계자분들께 깊은 감사를 드린다.

2019년 12월

김일태·임영언

목 차

제8장 사회적경제와 일본의 서비스러닝교육 __ 174

제9장 사회적경제와 디아스포라경제 __ 203

제10장 소셜벤처와 사회혁신 __ 237

표 목차

그림 목차

Chapter 1

머리말

제1절 사회적 문제와 사회적경제

한국에서 사회적기업은 「사회적기업 육성법」이 2006년 제정되어 2007년 본격적으로 시행되면서 시작되었다. 이 육성법의 목적은 사회적 취약계층의 고용창출과 사회서비스 제공이었다. 사회적 취약계층이란 자신에게 필요한 사회서비스를 시장가격으로 구입하기 어려운 계층이나 노동시장의 통상적인 조건으로 취업이 곤란한 계층으로 정의되고 있다.[1)] 2007년 「사회적기업 육성법」이 시행되기 이전에도 빈곤층을 지원하는 '자활지원센터'가 존재했지만 빈부격차확대와 빈곤문제의 심각화에 대처하기 위하여 노무현 정부 때 신법을 제정하였다. 그러나 정권교체로 이명박 정부와 박근혜 정부 때 시민사회와 민간기업, 정부의 행정연계에 의한 사

1) 山本隆·武田丈編(2018), 『社会起業を学ぶ: 社会を変革するしごと』, 西学院大学出版会, pp.60-61.

회적기업의 발전은 침체상태를 보였지만 2017년 문재인정부의 탄생으로 사회적기업의 지속성과 확산에 중점을 두고 지원정책을 적극 추진해 오고 있다.[2)]

한국에서 2007년 참여정부 시절 「사회적기업 육성법」이 제정된 후 현재까지 운영되고 있는 사회적기업(2017년 5월 기준)은 1,741개(예비 사회적기업 1,164개 포함)이고 총 고용인원은 3만 8,146명이다. 지난 10년간 사회적기업 수는 2007년 55개에서 2017년 1,741개로 30배 이상 증가하였고, 고용인원은 2007년 2,539명에서 2017년 3만 8,146명으로 15배 이상 증가하였다. 특히 고용인원의 61.3%(2만3399명)은 고령자·장애인·저소득자 등 취약계층 대상이다. 매출 규모도 465억 원(2007년)에서 1조 9,677억 원(2015년)으로, 정부지원금 대비 매출액 비중도 277.8%(2007년)에서 1,461% (2015년)로 성장했다. 각 기관 당 매출액 평균도 9억 1,110만원(2007년)에서 13억 4,800만원(2015년)으로 증가했다. 2016년 말 기준 사회적기업 3년 생존율은 91.8%로 일반기업의 38.2%에 비해 매우 높은 수준이었다(1년 생존율 98.9%, 3년 생존율 91.8%, 5년 생존율 80.6%). 또한 인건비 지원이 종료된 사회적기업의 3년 생존율도 75.4%로 높은 수준이었다.[3)]

최근 사회적기업은 새로운 비즈니스수법으로 사회적 문제 해결을 지향하는 기업으로 주목받고 있다. 때문에 사회적기업의 특징

2) 이 책에서는 사회적기업(Social Enterprise)과 사회적경제(Social Economy)의 용어를 같은 개념으로 사용하였으며 간혹 '사회적경제기업'도 동일한 의미로 사용하였다.

3) 10주년 맞은 사회적기업 육성법을 되돌아보며: http://blog.naver.com/PostView.nhn?blogId=lifein7070&logNo=221540002192(검색일자 2019.08.15.).

은 사회적 문제해결이라는 미션을 가진 조직으로 이해되고 있다. 간혹 사회적 문제는 개인의 능력이나 시장의 개입으로 해결하기 어려운 문제가 존재하며 정부행정기관이 해결해야 하는 경우도 발생한다. 가령 고령화문제는 지금까지 개인의 힘으로 해결해야 하는 과제였지만 더 이상 개인적인 문제가 아니다. 주변에서 사회적 문제에 대해 들으면 곧바로 해결방법을 생각하기 쉽지만 의외로 사회적 문제를 특정하기란 쉽지 않다. 때문에 사회적기업을 창업할 때 사회적 문제의 해결이라는 문제의식도 중요하지만 무엇을 사회적 문제로 설정하고 있는가를 분석하는 것도 중요하다.

일반적으로 자본주의 시장경제에서 사회적 문제, 혹은 사회적 수요(Needs)는 시장개입을 통해 해결되는 것으로 생각되어 왔다. 그러나 자본주의 경제시스템은 오늘날의 사회적 문제를 해결하기에는 일정한 한계를 지니고 있으며 사회적기업이라는 새로운 비즈니스수법을 필요로 하고 있다. 가령 자본주의의 사회구조적 문제로 발생되는 사회취약계층의 빈곤문제 등은 사회보장제도에 의한 공적제도의 지원뿐만 아니라 봉사활동이나 NPO활동, 사회적기업 등 민간부문의 사회적 공헌이 필요하게 되었다. 때문에 흔히 사회적기업은 비즈니스로 돈을 벌어 사회적 문제를 해결하는 것으로 설명하는 경우가 많고 사업적 수단으로는 정부의 위탁비나 보조금을 포함하지 않는 자립경영조직을 의미하기도 한다. 하지만 사회적 문제해결이라는 사회적기업의 활동이 기대되는 사회적 취약계층 대상의 사업영역은 시장에서의 수익만으로 자립하기 어려운 경우가 많다. 따라서 사회적기업의 비즈니스 수법은 시장에서의 수익, 행정기관의 위탁사업과 보조금, 기부금과 봉사활동 등에 의지하여 성립되는 경우가 많다.

일반적으로 사회적기업은 유연한 발상으로 사회적 문제에 도전하여 혁신적으로 해결하려는 기업조직이라는 인상이 강하다. 때문에 이러한 사회적 문제를 발생시키는 사회구조를 이해하고 문제가 발생하는 원인으로부터 사회적기업의 창업에 접근하려는 관점이 매우 중요하다. 버나드(Barnard)는 사회적기업이 해결하기 어려운 사회적 문제를 사업화시켜 지속가능한 활동을 도모하기 때문에 조직화과정(Organization)에서 팀 빌딩(Team Building)의 중요성을 지적하였다.[4] 그는 사회적기업의 조직화 과정의 구성요소로서 소통(Communication), 공헌의욕, 공통의 목적 등을 제시하였다. 사회적기업이 추구하는 공통의 사회적 목적을 달성하기 위해서 상호 의사소통을 도모하면서 협력하는 집단이라는 의미이다.

사회적기업의 실패요인에 대한 조사결과는 〈표 1-1〉에 나타나고 있다. 실패의 원인으로는 시장이 원하지 않는 제품, 자금부족, 팀원구성 등이 주요 요인으로 제시되고 있다. 초기 사회적기업이 야심차게 창업을 시도하지만 대부분의 실패요인들은 '시장이 원하지 않는 제품'이 14.0%, '자금부족'이 9.7%, '팀원 구성문제'가 7.7%, '낮은 경쟁력'이 6.4% 순으로 나타났다. 이것은 현재 사회적기업의 모습을 적나라하게 보여주는 조사결과라고 생각된다.

---

4) Barnard, C. I.(1938), *The Functions of the Executive*, Harvard University Press (山本安次郎他訳(1980), 『経営者の役割』, ダイヤモンド社, p.5).

| 표 1-1 | 사회적기업의 실패요인[5)]

기업실패 사례 20개 항목	비율(%)
시장이 원하지 않는 제품	42(14.0)
자금부족	29(9.7)
팀원 구성문제	23(7.7)
경쟁력 뒤짐	19(6.4)
가격/원가문제	18(6.0)
제품의 품질	17(5.7)
비즈니스모델 문제	17(5.7)
마케팅부족	14(4.7)
고객 무시	14(4.7)
타이밍 문제	13(4.3)
포커스(목적) 상실	13(4.3)
팀워크/투자자 부조화	13(4.3)
변화 실패	10(3.3)
열정부족	9(3.0)
위치문제	9(3.0)
투자자 관심부족	8(2.7)
소송 등 법률문제	8(2.7)
네트워크/멘토의 미활용	8(2.7)
탈진/소진	8(2.7)
변화 부적응	7(2.3)
합계	299(100)

소셜이노베이션이라는 개념을 활용하여 설명하고자 시도했던 다니구치 간지(谷口寛治, 2006)는 사회적기업을 다음과 같이 정리하였다. 그는 소셜이노베이션에 대하여 새로운 사회적 비즈니스를 개발하여 시장으로부터 사회적 지지를 얻음으로써 확대되고

5) The Top 20 Reasons Startups Fail, CB Insights, 2014 참조.

사회관계나 제도의 변화를 유발시키고 마침내 새로운 가치의 창출을 확대시켜 나가는 일련의 과정으로 설명하였다.[6] 그러나 이 책은 사회적기업이 시장으로부터 어떻게 지지를 얻어 사업화되고, 사회적 관계나 제도에 영향을 미치며, 새로운 사회적 경제적 가치를 확산시켜 사회적 문제 해결로 연결되는지에 대해서 구체적인 사례연구를 통해 살펴보고자 한다.

제2절 ▶ 사회적경제의 출현

최근 한국에서도 사회적 혁신, 즉 비즈니스 수법을 활용하여 증가하고 있는 사회적 문제에 도전하고 사회적 변혁을 시도하는 움직임이 대세적인 현상으로 자리 잡고 있다. 사회적기업에 의해 사회변혁을 지원하는 사례로서는 워싱턴에 거점을 두고 있는 아쇼카그룹이라 할 수 있다. 아쇼카조직은 1981년 빌 드레이튼(Bill Drayton)에 의해 설립된 사회변혁의 구조를 연구하는 세계 최대의 사회적기업가 지원네트워크이다.[7] 세계 각지에 거점을 두고 있으며 재단으로부터 자금지원을 받아 전문분야로 사회변혁에 도전하는 아쇼카펠로우가 2018년 7월 말 기준으로 3,500명 정도 활약하고 있다.[8] 일본에서도 2011년 아쇼카 일본재단이 설립되었다. 아쇼카펠로우들은 사회의 형태를 근본적으로 변혁시키기 위

6) 谷口寛治編(2006),『ソーシャル·エンタープライズ: 社会的企業の台頭』, 中央経済社, pp.1-45.

7) Ashoka(2004) *Leading social entrepreneurs: changing the world*, Ashoka.

8) 大守隆編著(2018)『ソーシャル·キャピタルと経済』, ミネルヴァ書房, pp.46-47.

해 체인메이커(Change Maker: 사회 혁신자)로서 도전하고 있다.[9)]

일반적으로 사회적경제는 사회적기업가, 사회적기업, 사회혁신을 포괄하는 용어로 사용되고 있다. 구체적으로 사회적 문제를 해결하려는 진취적인 사람이나 조직, 공동체 등을 가리키기도 한다. 영어로는 사회적기업가 혹은 기업가 정신(Social Entrepreneurship)과도 유사한 용어이다.[10)] 그런데 기존의 기업이나 기업가의 용어에서 사회라는 영어가 앞에 붙게 되었는데 그 이유에 대하여 알아볼 필요가 있다. 이는 전 세계의 글로벌화에 따른 다양한 사회적 문제의 장기화, 혹은 부정적인 연쇄반응이 발생하는 등 사회적 상황이 날로 심각해지는 현상 등 국제적으로도 공통적으로 나타나고 있는 문제 때문이라고 할 수 있다. 이러한 사회적 문제의 해결에 도전하는 인재로서 사회적기업가와 조직체인 사회적기업에 대해서 1990년대 초부터 유럽을 중심으로 열띤 논쟁이 확산되어 왔다. 그리고 사회적기업가를 양성하기 위한 대학원이나 지원조직의 설립이 활발하게 진행되었으며 사회적기업을 추진하기 위한 법률제정 및 사회적 문제에 초점을 둔 기업이나 조직을 적극적으로 육성해 왔다.

한국에서도 그라민은행(Grameen Bank) 창설자인 무하마드 유누스 (Muhammad Yunus)가 2006년 노벨평화상을 수상한 것을 계기로 벤처와는 다른 기업가로서 사회적기업가에 대한 관심이 집중되었다. 그리고 유누스(Yunus)가 지적한 바와 같이 사회에

9) ASHOKA HP(https://www.ashpka.org/en/focus/social-entrepreneurship, 2018.11.07.).

10) 앞의 책, 大守隆編著(2018), p.65.

발생한 구조나 가치관의 변혁을 '사회 혁신(Social Innovation)'으로 사용하게 되었다.

1980년대 미국에서는 사회적기업가에 대하여 비영리조직의 아쇼카를 창설한 빌 드레이튼(Bill Drayton)이 지금까지와는 다른 방법으로 지역을 혁신해 나가는 사람들을 지칭하기도 했다. 아쇼카는 모든 사람이 체인지메이커(Change Maker)가 될 수 있다고 주장하여 사회적기업가의 네트워크를 구축하고 있다. 2002년부터 2003년까지 선발된 세계 약 300명 정도가 사회적기업가에 등록하여 그들의 아이디어, 사회적 문제, 전략, 환경에 대한 정보를 포함한 기업가의 정보를 폭넓게 발신하고 있다. 현재 아쇼카네트워크 가입국은 93개국을 넘어 계속 확대되고 있다.[11)]

사회적기업의 연구는 1993년 하버드대학 비즈니스스쿨에 소셜엔터프라이즈 과정이 설치된 이후 미국의 저명한 비즈니스스쿨에서 각국으로 확대되었다. 이에 따라 사회적기업의 정의나 특성에 관한 논의는 계속되어 왔다. 이에 대한 주요 연구는 디스와 앤더슨(Dees and Anderson, 2002; 2006)으로 사회적기업이 비영리조직과 영리조직이라는 양쪽 특징을 모든 가진 하이브리드(Hybrid)조직이라고 설명하였다. 이러한 사회적기업의 대부로 알려진 그의 논문은 관련 논문에 많이 인용되었으며 사회적기업이 하이브리드(Hybrid) 조직이라는 사실은 국제적으로 합의에 도달했다고 볼 수 있다.[12)] 이에 대해 리욘(Lyon et al., 2010:17)은 사

11) 앞의 책, 大守隆編著(2018), pp.67-68.

12) Dees, G. and B. B. Anderson(2002) "For-Profit Social Venture" in Kourilsky, M. L. & W. B. Walstad(eds.) "Social Entrepreneurship", *A special issue of the International Journal of Entrepreneurship Education*, 2, Senate

회적기업이 비영리조직과 마찬가지로 사회적 문제를 해결하려는 미션(Mission)과 목적을 가지고 비즈니스세계와 마찬가지로 사업 전략을 구축하고 시장을 통한 비즈니스수법으로 과제를 해결하려는 조직이라는 사실에 주목하였다.[13)]

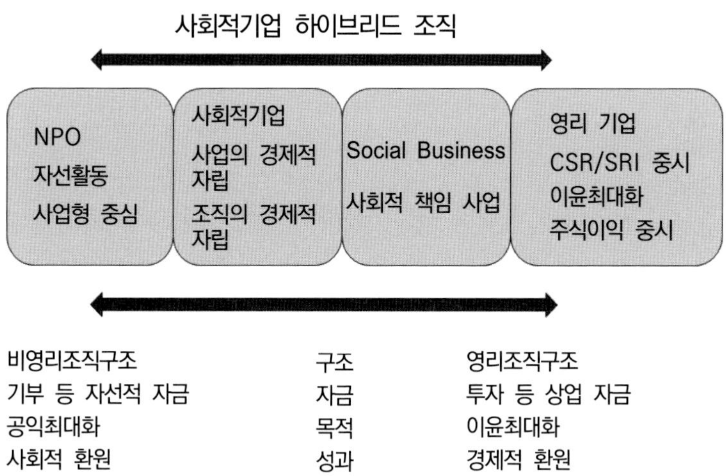

출처 : 服部(2015:119).

❙ 그림 1-1 ❙ 사회적기업의 하이브리드 조직유형

한편 핫토리(服部 2014:35-37)의 연구는 사회적기업에서 영리와 비영리부문 간의 상이점에 대하여 이해관계자들이 어떤 의사결정에 관여하고 있는가와 같은 거버넌스 시점에 초점을 두었다.[14)] 사회적기업의 사회적 경제적 측면에 더하여 참여 거버넌스

Hall Academic Publishing, pp.1-26.

13) Lyon, F. et al.(2010) "Approaches to Measuring the Scale of the Social Enterprise Sector in the UK.", Third Sector Research Centre, working paper, 43.

(Governance)에 주목한 연구자는 데포니와 니센(Defourny and Nyssens, 2012: 8-9)이다.[15] 그가 말하는 참여 거버넌스는 사회적 기업 활동을 통해 영향을 받는 다양한 그룹이 참가하는 특성을 가지고 있으며 조직의 의사결정은 「1인 1표」이며 자본의 소유비율과 관계없다는 점을 강조하였다. 즉, 지역에서의 경제활동을 통해 지역수준의 민주주의를 보다 심화시킬 수 있다는 점이 사회적 기업의 목적이라고 설명하였다(〈그림 1-1〉 참조). 헨톤(Henton et al., 1997)[16]은 사회기업에 대하여 공적부문, 기업부문, 시민부문 간의 강한 연대의 네트워크를 구축하기 위한 협동, 리드비터나 고스(Leadbeater and Goss, 1988)는 공적부문, 기업부문, 시민부문과의 대등한 관계의 네트워크 구축을 중시하였다.[17] 이들의 관점은 협동네트워크가 사회적기업의 핵심적인 요소이고 지역에서 네트워크 구축이 가능하면 지역경제의 활성화에 영향을 미칠 수 있다는 점을 강조하였다.

제3절 사회적경제와 사회혁신

사회적기업은 사회적 문제(사회성), 지속 가능한 사업활동(사

14) 服部篤子(2014) 「社会的企業の視点と戦略に学ぶ」, 『福祉施設士』, 303, 日本福祉施設士会, pp. 35-40.

15) Defourny and Nyssens(2012) "The EMES Approach of Social Enterprise in a Comparative Perspective", EMES European Research Network, Working Paper 12/30.

16) Henton, D., J. Melville and K. Walesh(1997) *Grassroots Leaders for a new economy: How Civic Entrepreneurs are Building Prosperous Communities*, Jossey-Bass.

17) Leadbeater, C. and Goss, S. (1988) Civic Entrepreneurship, DEMOS.

업성), 새로운 사회적 상품과 서비스, 그리고 그것을 제공하기 위한 구조개발이나 활용 등 새로운 사회적 가치창조를 통한 개인의 가치와 의식제도의 변혁(혁신성)을 도모하는 것이다. 사회적기업의 혁신성은 사회적 이노베이션(Social Innovation)이라고 할 수 있다. 이는 사회적 문제에 대하여 혁신적인 해결방법이 필요하기 때문이다. 사회혁신은 사회공헌이나 사회문제 해결을 위한 아이디어제시, 사업화모델, 사회구조 등 세 가지로 구성된다.[18] 사회혁신은 사회구조가 사회문제에 대응할 수 없을 때 문제해결을 위한 참신한 아이디어와 수단을 가리킨다. 이것이 현실생활에서 실천되었을 때 혁신이 발생하게 된다. 따라서 사회혁신은 사회전체에 해당되는 활동을 지금까지의 방법과는 다른 차원에서 사회적 목적을 실현하기 위한 새로운 아이디어로부터 시작된다고 볼 수 있다.[19]

❙ 표 1-2 ❙ 국내외 사회적 문제의 다양성

국내외 문제	사회적 문제
국내문제	사이버범죄, 외국인혐오, 요양보호, 아동빈곤, 고용문제, 워킹푸어, 격차사회, 저출산고령화, 학대, 신체적 지적 정신적 장애, 젠더갈등, 홈리스, 경력단절, 성적소수자, 범죄피해자, 히키고모리와 왕따 등
국제문제	이민난민문제, 인신매매, 아동노동, 남북격차, 분쟁전쟁, 테러리즘, 기아기근, 거리의 아이들, 환경문제, 경제적 착취, 글로벌화 등

18) 山本隆·武田丈編(2018)『社会企業を学ぶ: 社会を変革するしごと』, 関西学院大学出版会, pp.51-52.

19) 위의 책, 山本隆·武田丈編(2018), pp.61-62.

여기에서 사회적 혁신의 사회적 목적이란 궁극적으로 그것을 발생시키는 사람이나 조직의 「이익의 최대화」가 포함된다. 사회 혁신의 특징은 사회적 문제의 악화, 시스템의 기능저하, 현재 문제에 대응할 수 없는 시대착오적인 제도와 같은 사회 구조의 기능부전 등을 파괴하는 데 있다.[20]

최근 한국 내 사회적 문제는 가령 산업문제라고 할 수 있는 지역기업 감소, 폐업, 지역소득 감소, 취업감소와 실업자 증가, 지역 산업쇠퇴와 도시재생, 농촌고령화와 일손부족, 지역인프라 한계, 산업의 해외이전과 기업유치 한계 등이 있다. 생활문제로는 학교나 병원 폐쇄, 교통수단부족 등이 있으며 사회구조적 문제로는 인구감소와 고령화에 따른 지역존속 문제 등을 생각할 수 있다(〈표 1-2〉와 〈그림 1-2〉 참조).

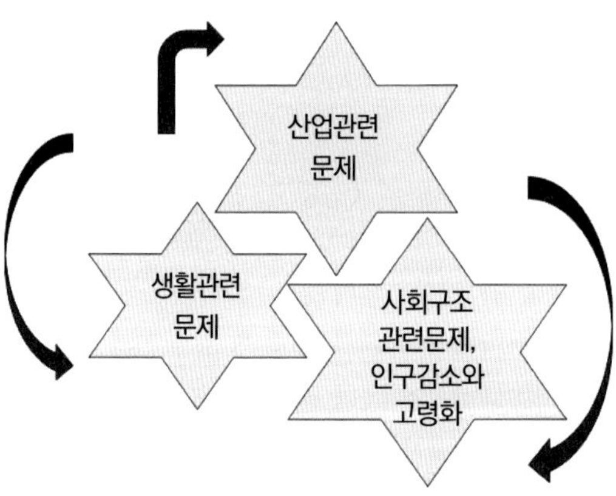

▌그림 1-2▐ 지역사회문제와 국가적 문제

---

20) Schumpeter, J. A.(1926) "Theorie der Wirtschaftlichen Entwicklung", Duncker and Humblot, 2, Aufl.(塩野谷, 中山伊知郎, 東畑精一訳(1977) 『経済発展理論(下)』, 岩波書店, pp. 210-240).

또한 사회적기업은 사회성과 사업성의 융합이라는 혁신성이 항상 강조되기 때문에 난이도가 높은 비즈니스모델 구축이 요구되고 있고 사회적기업을 지원하는 다양한 이해관계자들의 존재가 필요 불가결하다.[21] 특히 비즈니스모델 구축에 관련된 이해관계자와 사회혁신을 이해하고 소비를 지원하는 사회지향의 이해관계자들도 필요하다. 이들 사회혁신의 창출과 비즈니스화의 과정에 공헌하는 이해관계자들은 그 분야의 전문가들로서 사회혁신의 전 과정에 참여하여 다양한 네트워크의 중심이 되는 사람들(파트너십형), 사회혁신의 일부과정에 참여하여 전문지식을 제공하는 사람들(지식창조형), 사회혁신을 믿고 무조건 지원하는 사람들(신뢰지원형) 등으로 구성된다(그림 1-3〉 참조).

사회적기업과 이해관계자들의 사이에서 사회혁신을 담당하는 이해관계자의 인재육성도 매우 중요하다. 사회적 문제를 해결하기 위해서는 많은 사람들의 근본적인 의식이나 행동의 변화가 필요하기 때문이다. 사회적 문제의 근본적인 해결을 위해서는 이해관계자의 선택과 집중도 중요한데 모든 사람을 상대로 해서는 누구도 대응하지 않는 사태가 발생할 확률이 높다. 사회혁신은 사회적 문제를 널리 알리고 사회적 변화를 목적으로 시도하고 있다.

사회적 문제 해결에 의한 사회혁신은 영리와 비영리기업을 막론하고 모든 조직의 사회적 책임이라 할 수 있으며 기업에서는 기업의 사회적 책임(CSR)으로 설명될 수 있다. 사회적 책임(CSR)은 종업원, 주식보유자, 타 기업, 고객/소비자, 지역사회, 대학/연

21) 大室悦賀編著(2012)『ソーシャル·ビジネス: 地域の課題をビジネスで解決する』, 中央経済社, pp.18-19.

구기관, NGO/NPO, 행정기관(정부, 지방) 등 다양한 이해관계자와의 취지 공유, 공명의 연쇄를 통해 실천 가능하다. 이를 통해 조성된 기업과 이해관계자와의 신뢰관계는 사회혁신(혹은 CSR)을 실천하기 위한 토양이 된다.[22)]

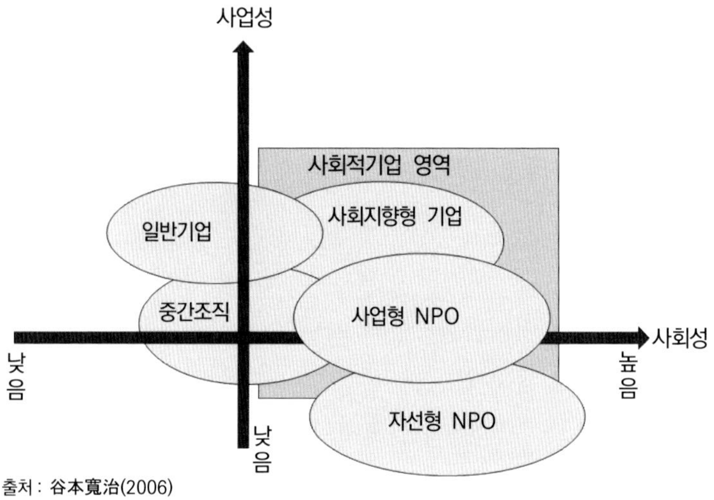

출처 : 谷本寛治(2006)

❙ 그림 1-3 ❙ 사회적기업 포함 영역

22) 大守隆編著(2018)『ソーシャル·キャピタルと経済』, ミネルヴァ書房, pp.92-93.

한국 사회적경제의 전개와 성장과정

Chapter

2

제1절 사회적경제의 등장 배경

전 세계적으로 사회적경제(혹은 사회적기업)가 등장하게 된 배경에는 저출산·고령화에 따른 인구감소와 노령화에 의한 경제동력의 약화, 그리고 이에 따른 시장규모의 감소가 주요 요인으로 꼽히고 있다. 인구의 노령화는 기존산업의 붕괴를 초래하고 주요 산업의 수출 감소로 이어지며 이에 따른 경제의 불안정은 정치적 불안정을 초래하여 경제문제의 해결을 더욱 어렵게 하고 한국사회의 양극화로 인해 경제성장을 저해하는 요인으로 작용하고 있다. 이러한 한국사회의 자본주의와 시장주의는 규모의 경제를 달성하는데 기여했지만 인구감소와 저성장시대 한계에 직면하고 있으며 기존의 경제성장의 동력이었던 노동, 환경, 기술 등에서 혁신적인 방안이 요구되고 있다.

현재 한국사회가 당면하고 있는 근본적인 경제문제는 자본주의와 시장주의의 한계에서 초래된 것이라 할 수 있다. 그동안 대기업중심의 자본주의 경제시스템의 한계로 경제리스크가 확산되었고 빈부격차가 더욱 심화되고 있다. 이는 자본주의의 본질인 리스크 감수에 따른 자본투자가 크게 위축되었기 때문이다. 또한 시장주의는 시장경제시스템의 한계로 시장실패가 커져 이에 따라 발생되는 경제규모와 범위를 현재의 시장경제시스템으로는 해결하기 어려운 부분이 존재한다. 이러한 자본과 시장이 당면한 문제를 해결하는데 정부의 역량도 일정한 한계를 보이고 있다. 이러한 정부의 경제정책의 위기와 시장의 실패를 해결하기 위한 방법의 하나가 '사회적경제'이라 할 수 있다. 기본적으로 '사회적경제'는 초협력(효율성), 공정분배(형평성)를 통해 자본주의와 시장주의로부터 발생하는 경제문제를 해결하고 정부의 경제정책의 역량을 보완하는 것을 목표로 하고 있다. 또한 이는 과도한 경제위험을 공유하여 상생을 도모하고 투자를 통해 사회적 자본을 확충하여 자본주의의 문제점과 시장의 실패를 보완하여 시장의 효율성을 제고하려는 노력이기도 하다. 사회적경제는 저성장시대 사회적으로 가치 있는 일을 도모하면서 경제활동의 향상, 타인을 위한 삶 등 사회에 필요한 일을 시도하게 되고 이를 통해 자본을 축적하거나 풍요로운 삶을 제공하기도 한다.

이러한 전 세계적인 경제적 환경변화의 추세에 따라 한국에서도 2007년 「사회적기업 육성법」이 제정된 이후 사회적경제의 창업이 본격화되면서 이미 12년이라는 세월이 흘렀다. 정부는 급속도로 변화하는 사회환경 속에서 사회적기업의 설립과 법적지원에 대한 필요성을 검토하여 2007년 1월 「사회적기업 육성법」을 공포하였고 같은 해 7월부터 본격적으로 시행하였다. 그리고 이듬해

인 2008년 제1차 사회적기업 육성 기본계획을 수립하였다. 사회적기업 기본계획 속에는 사회적기업 일자리창출의 단계적 (예비) 사회적기업의 전환, 예비사회적기업 지정 제도 도입, 사회적기업가 육성사업 등을 통한 사회적기업가 양성 등의 내용을 담고 있다. 2011년에는 사회적기업의 발굴과 육성을 전담하기 위한 지원조직으로 「한국사회적기업진흥원」이 설립되어 본격적으로 활동하기 시작했다. 그리고 2012년도에는 제2차 사회적기업육성기본계획을 수립하여 온-오프라인 판매채널 및 공공구매확대, 맞춤형 컨설팅확대 등 사회적기업 지속가능성 강화에 박차를 가하였다. 2017년도에는 정부차원의 사회적경제 활성화 방안을 발표하여 사회적기업의 다양한 정책적 지원확대, 사업개발 지원범위 확대 등을 시행하였다. 그리고 2018년도에는 제3차 사회적기업 육성기본계획이 수립되어 사회적기업 저변확대, 사회적 가치 중심의 사회적기업 지원, 지역과 민간 중심의 지원체계 조성, 사회적경제 성장 생태계 조성 등을 도모하였다.

이상과 같이 한국에서 사회적기업은 2011년 사회적기업진흥원이 설립된 이후 사회적기업의 발굴과 육성사업이 본격화되었다. 본 연구에서는 이러한 한국정부의 사회적기업정책 추진과정과 진흥원 설립이후 사회적경제의 조직형태, 기업유형, 서비스분야별 분포의 특징과 의미, 사회적경제의 정책추진과 성과, 즉 사회적경제의 주요 현안인 비경제적 동기의 관점에서 경제와 사회를 연계하는 배태성의 문제, 사회적기업 인증상의 문제점 등을 살펴보고 향후 개선방향을 제시하고자 한다.

제2절 사회적경제와 일반경제학의 차이

1. '사회적'과 '경제적' 의미

최근 사회적경제라는 용어는 일반적으로 사회적기업이라는 개념과 동일하게 사용되는 경우가 많다. 이 장에서도 사회적기업을 사회적경제의 개념과 같은 의미로 통일하여 사용하고자 한다. 그러면 사회적경제에서 사회적이라는 의미는 어떠한 의미를 내포하고 있는가? '사회적'이란 용어는 사회학에서 유래된 것으로 이는 인간사회에 관한 과학이며 인간이 태어나서 죽을 때까지 사회관계를 맺게 되는 사회집단(소집단, 가족, 공동체, 제도, 국가)을 다루는 학문이라 할 수 있다. 따라서 사회학은 인간의 사회생활 전반에 걸쳐 다양한 사회현상으로 나타나는 행위, 사회관계, 문화, 권력 등의 문제를 다루고 있다. 흔히 말하는 인간의 행위를 이해하기 위해서는 개인의 행위동기뿐만 아니라 개인이 처한 광범위한 '사회구조'에 대한 이해가 불가피하다는 입장이다. 반대로 사회적경제에서 '경제적'이라는 의미는 일반적으로 경제적으로 희소가치가 높은 재화나 서비스생산, 분배, 교환, 소비 등에 관한 활동으로 재화는 인간의 욕망과 욕구를 만족시키는 속성을 지닌 것이며 서비스는 노동 등의 유용한 인간 행위에 해당된다고 간주한다(渡辺深, 2008: 2-4). 사회적 가치와 경제적 가치의 차이점은 〈표 2-1〉에 나타나 있다.

여기에서 사회적경제의 개념은 사회학과 경제학의 접점으로서 경제활동과 사회구조적인 측면에서 지역사회문제와의 연계를 중시하고 있다. 사회적경제는 경제현상에 대하여 사회구조(사회관계, 문화, 권력 등)의 역할에 초점을 두고 있으며 사회와 경제는 상호 유기적으로 결합되어 있고 상호 의존관계에 있다는 점을 강조하고 있다. 즉 사회적경제는 경제현상에 적용된 사회학적 시점, 경제문제를 사회구조의 변화와 연계하여 해결방안을 모색하는 학문이라고 할 수 있다.

| 표 2-1 | 사회적 가치와 경제적 가치 비교

경제적 가치	사회적 가치
• 소비자/고객이 제품/서비스로 획득하는 만족감, 경제적 비용 혜택	• 대상자, 주변, 사회, 국가 인류가 우리들의 활동으로 얻는 심리, 관계, 사회적 혜택
• 욕구의 충족 - 결핍의 해소 - 특정 상태에의 도달(안전, 욕망, 쾌감 등) - 불안감, 우울감의 제거 및 완화 • 경제적 이익(사회적 비용) - 대상자 가족의 경제적 이익 또는 손실 감소 - 사회의 경제적 이익 또는 손실 감소 - 사회의 기회비용 절감 • 불편함의 해소 - 프로세스 단축 - 귀찮음, 답답함, 짜증의 해소 • 이용상의 만족감해소 - 기능적 진보(성능, 내구성, 속도, 이용편의성, 위생, 맛)	• 사회적 문제 해결 - 개인, 사회, 환경적 변화의 구체적 내용 - 대상자의 고통/위험 경감 또는 기회/만족의 증가 - 대상자 주변의 고통경감 또는 기회/만족의 증가 - 대상자 소속집단의 고통경감 또는 기회/만족 증가 - 대상자 국가의 고통경감 또는 기회/만족 증가 - 인류의 고통경감 또는 기회/만족 증가 • 파급력 - 관련문제와 솔루션에 대한 영감과 가능성 제공 - 문제해결 과정에서 발생되는 연쇄 파생효과

경제적 가치	사회적 가치
- 더 나은 품질 확보 • 비용절감 - 불필요한 부분 제거 - 공사기간, 인력의 감축 - 손실의 감소	- 유사단체, 사업의 확산 추동 - 다른 연관 문제해결 실마리 제공 • 의미와 가치 - 사회학적, 역사적 가치 - 인문학적 해석과 의미 - 인류보편성에 엮인 가치 • 관계 증진 - 친밀감, 흥미 획득 - 어색함의 해소 • 긍정적 자기 이미지 획득 - 스릴, 모험, 용기 실현 - 열정, 세련됨, 돋보임, 특별함 과시
• 소비자/고객이 제품/서비스로 획득하는 만족감, 경제적 비용 혜택	• 대상자, 주변, 사회, 국가 인류가 우리들의 활동으로 얻는 심리, 관계, 사회적 혜택

2. 사회적경제와 일반경제학의 비교

그러면 사회적경제의 발전과정에 대해서 살펴보고자 한다. 사회적경제의 개념에 대하여 칼 폴라니(Karl Polanyi, 1957(1975): 268)는 경제가 사회에 배태(embedded)되어 있다는 이론을 개념화한 적이 있다. 구체적으로 이 개념은 경제활동이 경제적인 동기와 비경제적인 동기에 배태되어 있으며 경제활동도 사회구조에 배태되어 있다는 점을 강조하여 경제활동은 기본적으로 사회적 연계의 확인, 신뢰, 연대 등이 필수적이고 네트워크, 가치, 도덕성, 윤리, 전통, 의무, 권력관계 등을 통해 성립된다는 이론이다. 이러한 초기 이론을 더욱 발전시킨 그라노베터(Granovetter, 1985: 482-580)는 인간의 경제행위가 경제적 동기뿐만 아니라 비경제적 동기인 개인관계의 네트워크를 통해 수행된다고 보았다. 따라서 경제활동을 수행하는 행위자 간에는 어떤 네트워크(관계)가 반드시 존재하고 사회적 관계에 따라 경제행위가 이루어지기 때문에 거래상대가 누구인지(혹은 사회적 가치가 무엇인지)가 매우 중요하다고 주장하였다. 그는 이러한 주장을 통해 경제활동은 결국 사회활동의 결과라는 배태성(Embeddedness)이론을 제안하였다. 그의 주장인 경제활동이 사회적 관계에 배태되어 있다는 사회적경제의 배태성(Embeddedness)이론은 나중에 우지(Uzzi, 1997: 35-67)의 과소배태성(Underembedded)과 과잉배태성(Overembedded), 그리고 그라노베터(Granovetter, 2002: 42)의 커플링(Coupling)과 디커플링(Decoupling)이론으로 더욱 정밀화 되었다.

❙ 표 2-2 ❙ 사회적경제와 일반경제학의 차이

구분	사회적경제	일반경제학
분석단위	집합체	개인
행위자 개념	행위자는 상호 관계를 가지고 그 관계에 영향을 미치며 집단의 일부	행위자는 상호 관계가 없으며 관계에 영향을 주지 않는 원자화 된 행위자
경제행위의 동기	경제적 동기, 사교, 시인, 지위, 사회적 영향력, 권력 등 비경제적 동기를 중시, 변수로서 합리성	경제적 동기, 이윤, 수입, 재산 등의 최대화, 효용의 최대화, 합리성 추구
경제행위 제약(결정)	경제행위는 자원의 수요공급 관계와 사회구조(네트워크와 문화)에 의해 제약(결정)	경제행위는 취향, 자원의 수요공급에 의해 제약(결정)

구분	사회적경제	일반경제학
경제와 사회의 관계	경제는 사회의 불가결한 부분이고 사회는 항상 기본적인 준거점으로 경제는 사회에 배태되어 있음	시장과 경제가 기본적인 준거점 사회는 여건(조건)
중심단위	관계중심	개인(주체)중심
경제중심	사람중심	욕구(수요)중심
이익중심	사회전체 이익중심	개별주체의 이익중심
외부성유무	외부성(Externality)이 발생하는 영역까지 확장	외부성이 발생하지 않는 영역 내에서 경제활동 형성
화폐수단	비화폐적 수단까지 확장	화폐가 교환수단
교환범위	교환의 범위가 넓어지고 방식 다양화	일대일교환방식이 핵심
이해관계자	간접적 이해관계까지 확장되어 다양한 이해관계자 고려	직접적 이해관계 중심(소비자와 공급자 중심)
사회적 자본	사회적 자본(신뢰)의 형성 중요	사회적 자본(신뢰)을 외재적으로 주어진 것으로 간주

출처: 渡辺深(2008: 4-5)

이들 배태성 이론들이 강조하는 것은 버트(Burt, 1992: 14-15)의 사회와 경제의 서로 다른 영역을 연계하는 구조적 공백(Structural Holes)과 화이트(White, 1992: 17)가 주장하는 사회적경계(Social Boundary)로 설명될 수 있다. 이들이 주장하는 배태성 이론은 주킨과 디마지오(Zukin and DiMaggio, 1990: 15)에 의해 더욱 정밀화되었다. 이러한 기존의 이론적 토대위에 본 장은 사회구조의 배태성이론에 근거하여 사회적경제가 사회문제와 경제활동의 어느 한쪽 경계에 치우치기 보다는 사회적 문제와 경제활동의 양자 간의 결합과 서로 다른 영역 사이의 왕래를 통해 어떻게 연계(네트워크)되었는가에 따라 성패가 달려있다고 보았다.

위의 〈표 2-2〉는 사회적경제와 일반경제학과의 차이점을 비교하고 있다. 이 책에서는 스멜서외(Smelser and Swedberg, 1994: 7), 와타나베 신(渡辺深, 2008: 4-5), 장대철(2019: 24-25) 등이 주장하는 경제학과 사회적경제의 비교를 통해 양자의 차이를 12개로 제시하였다. 이들 차이에 대한 상세한 설명은 지면상 표를 참조하고 본 장에서는 한국의 사회구조적 문제와 경제활동의 연계방안으로서 비경제적 동기를 중시하는 사회적경제의 출현과 성과, 그 특징에 대하여 지금까지의 사회적기업의 성과를 통해 살펴보고자 한다.

제3절 사회적기업의 인증전환 과정상의 특성

전술한 바와 같이 한국정부는 2011년 사회적기업의 발굴과 육성을 전담하기 위한 지원조직으로 '한국사회적기업진흥원'을 설립하여 본격적으로 가동하기 시작하면서 사회적기업에서 괄목할 만한 성장을 거두어 왔다. 2007년 1월 「사회적기업 육성법」이 공포된 이후 같은 해 7월부터 사회적기업창업이 본격적으로 개시되었다. 그리고 2011년도에 이르러서는 예비사회적기업이 인증되기 시작하여 공식적으로 사회적기업을 인증하는 계기가 되었다. 그러면 2011년도 이후 사회적기업의 인증전환과정에서 지역별 분포현황, 사회적기업의 유형, 서비스분야, 사회적기업으로서 인증미전환 이유 등에 대하여 상세히 살펴보고자 한다.

1. 사회적기업의 인증 추이 및 지역별 분포현황

먼저 한국사회적기업진흥원에서 2019년에 발표한 사회적기업의 인증전환실적 추이에 대하여 살펴보고자 한다. 2011년 사회적기업진흥원이 설립된 이후 사회적기업 인증절차에 따른 예비사회적기업이 등장하기 시작하였다. 이들 사회적기업 인증전환실적을 살펴보면 다음 〈표 2-3〉에 제시하는 바와 같다. 예비사회적기업의 인증전환은 2011년도부터 2013년도까지 증가추세를 보이다 2014년도부터 감소추세로 돌아섰다. 사회적기업 인증전환의 추이는 2015년도까지 꾸준히 증가세를 보이지만 2016년도부터는 감소추세로 나타났다.

❙표 2-3❙ 사회적기업 인증 전환실적(2019년 4월 기준)[1)]

연도	2011	2012	2013	2014	2015	2016	2017	2018	2019	합계
예비 사회적기업	436	495	639	491	423	350	382	453	152	3,822
사회적기업	309	401	490	503	529	339	278	349	55	3,253

2019년 4월 기준으로 예비사회적기업 총 3,822개소 중 3,253개소가 사회적기업으로 인증 받은 것으로 나타났다. 2017년부터 사회적기업진흥원에서 공개한 자료를 통해 사회적기업의 고용현황을 살펴보면, 2017년도 취약계층고용이 486명, 사회적기업 총고용이 1,386명이었다. 2018년도에는 취약계층고용이 1,591명, 사회적기업 총고용이 4,535명으로 2019년 4월 시점에서 취약계층고용

1) 한국사회적기업진흥원: http://www.seis.or.kr/intra/explorer/ND_index.do (검색일자: 2019.06.20.)에 의거 필자가 작성하였다.

은 722명, 사회적기업 총고용은 2,034명에 달한 것으로 나타났다. 따라서 고용실적은 아직까지 목표에는 충분히 도달하지 못했지만 증가추세이다.

이번에는 인증사회적기업의 지역별현황의 추이를 살펴보면 다음 〈표 2-4〉와 같다. 사회적기업진흥원(2019)에 따르면 2018년 12월 말까지 61차에 걸쳐 총 2,473개소의 사회적기업이 인증 받았으며 이들 중 2,123개소의 사회적기업이 활동하고 있는 것으로 나타났다. 지역별로는 서울이 386개소로 가장 많았고 경기가 355개소, 경북이 133개소, 전북이 127개소, 인천이 126개소로 나타났다. 상대적으로 다른 지역에 비해 인증사회적기업이 저조한 것은 대구, 대전, 울산, 제주, 세종 등으로 기업 수가 70개소 미만으로 나타났다. 특히 대전·세종 등 중부권지역의 사회적기업의 성과가 매우 취약한 것으로 나타나 이들 지역에 대한 사회적기업의 집중육성이 향후 필요할 것으로 생각된다.

❙ 표 2-4 ❙ 사회적기업 인증 지역별 현황(2018년 12월말 기준)

지역	서울	부산	대구	인천	광주	대전	울산	경기	강원	충북	충남	전북	전남	경북	경남	제주	세종	합계
개소 (%)	386 (18.3)	102 (4.8)	68 (3.2)	126 (5.9)	109 (5.1)	63 (2.9)	77 (3.8)	355 (16.7)	119 (5.8)	93 (4.4)	95 (4.5)	127 (6.0)	112 (5.3)	133 (6.3)	97 (4.8)	48 (2.3)	10 (0.5)	2123 (100)

출처: 사회적기업진흥원(2019: 4)

2. 사회적기업의 유형별 및 서비스분야별 특징

사회적기업의 사회목적 실현 유형은 크게 사회서비스제공형, 일자리제공형, 지역사회공헌형, 혼합형, 기타형(창의혁신형) 등 5개 유형으로 분류되고 있다. 2019년도 4월 현재 사회적기업 유형별 분포는 다음 〈표 2-5〉에 제시하는 바와 같다. 먼저 사회서비스 제공형은 취약계층에게 사회서비스를 제공하는 형태를 의미한다. 이 유형의 사회적기업으로 인증받기 위해서는 전체 서비스의 수혜자 중 취약계층 비율이 50%이상을 충족해야한다.[2] 2018년도 말까지 사회적기업의 사회서비스제공형 비율은 13.6%정도였다. 일자리제공형은 취약계층에게 양질의 일자리를 제공하여 노동시장에 통합시키는 것을 목표로 하고 있다. 이 유형은 2019년도 4월 기준으로 282개소였으며 전체에서 27.5%를 차지하였다. 지역사회공헌형은 지역의 인적, 물적자원을 활용하여 지역주민의 소득증대와 일자리창출로 지역사회에 공헌하거나 지역의 빈곤, 소외, 범죄 등 사회적 문제를 해결하고, 지역의 사회적 목적해결을 추구하는 조직을 지원하는 유형을 말한다. 2019년도 4월 기준 지역사회공헌형 인증사회적기업은 25.6% 정도였다.

혼합형은 사회적 취약계층에게 일자리와 사회서비스를 제공하는 유형을 말한다. 혼합형으로 사회적기업을 인증받기 위해서는 2018년도 말까지 취약계층 수혜비율이 20%정도를 충족해야 했는

❙ 표 2-5 ❙ 사회적기업 유형별 분포(단위 : %)[3]

사회서비스 제공형	일자리 제공형	지역사회공헌형			혼합형	기타형	총계
		가	나	다			
140(13.6)	282(27.5)	245(23.2)	15(1.5)	9(0.9)	52(5.1)	284(27.7)	1,027

2) 2018년도말까지 취약계층 비율은 30%정도로 나타났다.

3) 사회적 목적 실현유형별: http://www.seis.or.kr/intra/explorer/ND_index.do (검색일자: 2019.06.13.).

데 2019년도 이후에는 전체 근로자와 서비스 수혜자 중 취약계층 비율이 30%이상이어야 인증 받을 수 있다. 기타형은 단순히 취약계층 고용이나 사회서비스 제공 등을 정량적으로 판단하기 어려운 사업모델을 가지고 있는 유형을 말한다. 2019년도 4월 현재 사회적기업의 기타형은 27.7%로 가장 높게 나타났다.

전체적으로 2019년도 현재 사회적기업 유형별 분포는 기타형이 가장 높고, 일자리제공형, 지역사회공헌형, 사회서비스제공형, 혼합형 순으로 높게 나타났다. 2018년도 말까지 사회적기업의 유형별 현황에서는 일자리제공형이 압도적으로 높은 비율을 차지하였다. 다음으로 기타형, 혼합형, 사회서비스제공형, 혼합형 순으로 나타나 사회적경제가 일자리창출에 집중되고 있음을 알 수 있다. 이상에서 살펴본 바와 같이 사회적기업은 사회적 실업문제를 해결하기 위한 일자리제공에 집중되고 있지만 다양한 분야에서 사회적기업을 육성하고 지원하기 위한 노력들이 이루어지고 있는 것으로 나타났다.

그러면 이번에는 2019년 4월 현재 사회적기업의 서비스분야별 분포를 살펴보고자 한다. 다음 〈표 2-6〉에 제시한 바와 같이 사회적기업의 서비스분야별 분포에서 가장 높은 비율을 차지하고 있는 것은 제조업으로 21.7%였다. 다음으로 예술, 교육서비스업이 17.7%, 스포츠 및 여가관련 서비스업이 12.0%, 도매 및 소매업이 11.7% 등으로 나타났다. 따라서 전체적으로 인증사회적기업의 서비스분야별 분포는 주로 제조업과 교육서비스업에 집중되고 있는 것으로 나타났다.

Ⅰ표 2-6Ⅰ 사회적기업 지정 현황에 따른 서비스분야별 분포[4)]

업종	농업 임업 어업	제조업	건설업	도매 및 소매업	숙박 및 음식점업	출판, 영상, 방송통신 및 정보서비스업	전문, 과학 및 기술서비스업	사업시설관리 및 사업지원서비스업	교육서비스업	보건 및 사회복지서비스업	예술, 스포츠 및 여가관련서비스업	협회 및 단체, 수리 및 개입서비스업	기타분야	총계
분야수(%)	49 (4.8)	223 (21.7)	32 (3.1)	121 (11.7)	44 (4.3)	59 (5.7)	38 (3.7)	49 (4.8)	182 (17.7)	50 (4.9)	123 (12.0)	28 (2.7)	29 (2.8)	1,027 (100)

3. 사회적기업의 인증 미전환사유

사회적기업의 인증은 기본적으로 사회적기업에 대한 신뢰확보와 장기적인 자립기반조성, 재정·세제·경영·판로 등의 지원, 부적절한 사회적기업 출현 방지 등을 목적으로 하고 있다. 인증요건은 민법에 따른 법인·조합, 상법에 따른 회사, 특별법에 따라 설립된 법인 또는 비영리민간단체 등 대통령령으로 정한 조직형태를 갖추고 있어야 한다. 인증은 신청기업이 사회적기업으로서 갖추어야 할 인증요건과 특성, 기준 등을 검토하여 심사 후 적합하다고 판단되는 경우 사회적기업으로 인증 받게 된다. 인증심사는 격월제가 원칙이지만 신청건수에 따라 탄력적으로 운영되고 있다.

사회적기업으로 인증되면 사회적기업의 설립 및 운영에 필요한 경영, 기술, 세무, 노무, 회계 등 전문가 자문 및 정보제공, 사회적기업의 설립운영에 필요한 전문인력육성 및 근로자의 능력향상을

---

4) 사회적기업의 업종별분포: http://www.seis.or.kr/intra/explorer/ND_index.do (검색일자: 2019.06.17.).

위한 교육훈련, 설립운영에 필요한 부지구입 및 시설비지원, 사회적기업 생산 재화나 서비스 우선구매, 국세 및 지방세의 감면과 보험료 지원, 사회적기업의 운영에 필요한 인건비, 운영경비, 자문비용 등 다양한 재정적 지원을 받을 수 있다.

❙ 표 2-7 ❙ 사회적기업 인증 미전환 이유(2019년 4월 기준)5)

미전환 사유	기업 수(%)
폐업	134(9.3)
경영부진	142(9.9)
엄격한 인증요건(요건 미충족, 역량부족 등)	631(43.9)
인증준비 중	53(3.7)
인증 받지 않아도 자생력 충분, 필요성 못 느낌	75(5.2)
과도한 구비서류(인증 이후 요구자료 과다로 인한 피로도)	22(1.5)
사회적기업에 대한 낮은 인지도(사회적 약자 이미지 등)	26(1.8)
사업주 자부담 증가에 따른 고용유지 어려움(인증포기)	29(2.0)
기타(마을기업 전환 등)	152(10.6)
취소 및 반납	170(11.8)
기타	2(0.1)
합계	1,436(100)

사회적기업에 대한 정부의 다양한 지원정책을 표방하면서 이에 따른 까다로운 인증절차 때문에 사회적기업으로 인증받기란 쉽지 않다. 위의 〈표 2-7〉은 사회적기업이 인증 받지 못한 이유를 나타내고 있다. 먼저 사회적기업으로 인증 미전환 이유에 대해서 엄격한 인증요건이 43.9%로 가장 높은 비율을 차지하였다. 이러한 결과

5) 사회적기업 인증 미전환 이유: http://www.seis.or.kr/intra/explorer/ND_index.do (검색일자: 2019.06.13.).

는 사회적기업을 창업하려고 준비하는 기업가의 경우 인증요건이나 기업의 역량을 창업초기부터 튼튼히 다져나갈 필요가 있음을 보여주고 있다. 다음으로는 사회적기업의 인증취소나 반납이 11.8%, 다른 기업으로 전환이 10.6%, 경영부진이 9.9%, 폐업이 9.3% 정도로 나타났다. 따라서 사회적기업 인증 미전환 사유에서 다른 기업으로의 전환을 제외하면 모두 역량부족이나 취소반납, 경영부진, 폐업 등으로 사회적기업의 부진이 주요 요인으로 작용하고 있음을 알 수 있다. 결론적으로 이는 사회적기업가들이 단순히 지원정책에 대한 혜택을 추구함으로써 초래된 결과로 향후 사회적기업 창업 준비와 더불어 사회적기업가정신의 함양으로 도전과 지속가능성을 보장할 수 있는 시스템구축이 필요적이라 생각된다.

제4절 사회적기업의 성장과 인증

이 장의 목적은 사회적경제의 주요 과제인 비경제적 동기에 근거한 사회와 경제를 연계하는 현실적 문제는 무엇이며 사회적기업의 인증전환상의 조직형태, 기업유형, 서비스분야별 분포의 특징과 의미, 기업인증상의 미전환 사유 등에 대하여 살펴보고 향후 개선방안을 제시하는데 있다. 이 책의 이론적 배경은 경제가 사회구조에 배태되어 있다는 배태성이론에 근거하고 있다. 배태성이론은 사회와 경제가 유기적으로 결합되어 있고 상호 의존적 이기 때문에 사회구조적인 측면에서 경제활동에 종합적으로 접근해야 한다는 주장이다. 연구방법은 한국사회적기업진흥원이 공개하고 있는 각종 통계자료들을 분석에 활용하였다.

연구결과는 다음과 같다. 첫째, 일반경제학과 사회적경제의 이론적 관점에서 사회적경제는 비경제적 동기를 중시하는 사회와 경제문제의 유기적 결합에 의한 융복합적 접근을 강조하고 있는 것으로 나타났다. 둘째, 예비사회적기업의 인증전환은 2011년도부터 2013년도까지 증가추세를 보이다 2014년도부터 감소추세로 돌아섰다. 사회적기업 인증전환의 추이는 2015년도까지 꾸준히 증가세를 보이다 2016년도부터는 감소추세를 보이고 있는 것으로 나타났다. 이는 사회적기업의 초기에는 인증기업이 증가하였지만 점차 인증조건의 까다로움과 기업의 경영부진으로 미전환기업이 증가하기 때문인 것으로 생각된다. 셋째, 인증사회적기업의 지역별 현황은 서울이 386개소로 가장 많았고 경기가 355개소, 경북이 133개소, 전북이 127개소, 인천이 126개소로 나타났다. 상대적으로 다른 지역에 비해 인증사회적기업이 저조한 것은 대구, 대전, 울산, 제주, 세종 등이 70개소 미만으로 나타나 대전·세종 등 중부권지역이 매우 취약한 것으로 나타났다. 이는 향후 이들 사회적기업 인증취약지역에 대한 지원정책의 필요성을 시사하고 있다. 넷째, 사회적기업 인증 유형별 분포는 일자리제공형이 가장 높고, 다음으로 기타형, 지역사회공헌형, 사회서비스제공형, 혼합형 순으로 나타났다. 이것은 사회적기업이 초기 목적인 사회적 실업문제를 해결하기 위한 일자리제공에 집중되었지만 이후 다양한 분야에서 사회적기업을 육성하기 위한 노력이 이루어졌음을 알 수 있다. 이는 사회적기업이 단순 일자리창출에서 지역사회와의 연계를 통한 다양한 차원의 지역경제 활성화 방향으로 진행되고 있음을 의미한다. 다섯째, 사회적기업의 서비스분야별 분포에서 제조업이 21.7%로 가장 높은 비율을 차지하였으며 다음으로 예술, 교육서비스업이 17.7%, 스포츠 및 여가관련 서비스업이 12.0%, 도매 및 소매업이 11.7% 등으로 나타났다. 전체적으로 사회적기업의 서비스분야별 분포는 주로 제조업과 교육서비스업에 집중되고 있는 것으로 나타났다. 이는 현재 인증사회적기업이 제조업과 교육서비스업에 집중되고 있음을 의미한다. 여섯째, 사회적기업 인증 미전환 이유에서는 엄격한 인증요건이 43.9%로 가장 높은 비율을 차지하고 있었으며 다음으로는 사회적기업 인증취소나 반납이 11.8%, 다른 기업으로 전환 10.6%, 경영부진이 9.9%, 폐업이 9.3% 순으로 나타났다. 이러한 결과는 사회적기업가들이 지원정책에 대한 관심보다는 지속가능한 사회적기업을 위한 역량강화의 중요성을 시사하고 있다.

결론적으로 사회적경제는 2011년 이후 본격적인 활동을 개시했지만 일자리창출로서 고용효과는 2017년도 이후에 나타나고 있다. 이러한 결과는 사회적경제가 사회적 문제와 경제활동의 융합을 통해 점차 비경제적 동기에 관심을 두고 지역사회 문제해결과 지역경제 활성화에 기여하고 있음을 시사하고 있다.

Chapter 3

도시·지역재생과 마을공동체 사업

제1절 도시·지역재생의 필요성

이 장은 한국에서의 도시재생의 필요성에 대한 이론적 검토를 통해 서울시 마을공동체사업의 사례를 분석하는데 있다. 한국 내 급속한 산업화, 도시화의 과정에서 급성장을 이룬 도시들이 인구감소와 전통산업의 이탈, 열악한 생활환경 등으로 쇠퇴국면에 접어들고 있다. 한국의 경제성장과 더불어 사회인프라 정비에 의해 도시생활의 편리성과 쾌적함이 향상된 반면 도시와 지방으로 양극화된 국토구조의 개발과 자연환경보전, 지역쇠퇴라는 해결하기 곤란한 문제들이 여기저기에서 발생되고 있다. 여기에다 저출산 고령화의 인구구조와 지구환경의 악화라는 불가역적인 상황이 지속가능한 사회의 실현에 어두운 그림자를 드리우고 있다. 한국 내 인구가 급격히 감소함에 따라 그동안 성장 일변도에서 성숙이라는 미래비전에 의한 정책시스템으로 전환해야 할 시기에 글로벌적인 틀에서 도시재생과 지역의 모습을 차세대에게 보여주고 지방과 도시 간 사람들의 상품과 교류원리에 따른 도시·지역재생전략을 수립할 때가 도래하고 있는 것이다.

지금까지 경제성장을 기조로 하는 도시개발시대로부터 국토관리에 중점을 둔 시대로 전환되고 있는 상황에서 오늘날 근본적인 해결책이 보이지 않고 있으며 인구감소의 사회조건은 도시재생이나 지역재생을 기대하기 어렵게 하고 있다. 때문에 사람중심의 지역경영과 글로벌시대 도시 지역 간 인적교류의 중요성이 더해지고 있다. 특히 저출산고령화시대의 도래, 지방도시와 농산어촌지역의 과소화외 피폐, 대도시 과밀과 과중화에 의한 기능저하 등 공동체사회를 약화시키는 불안정요인이 전국을 휩쓸고 있다. 이러한 배경에는 경제성장을 유일한 이념으로 하여 진행되어 온 개발정책의 잔재, 토지이용이나 자연조건과 동떨어진 행정체계에 의존한 지역제도시스템, 지역재생을 담당하는 인재부족 등 다양하고 복잡한 문제들이 얽혀있다. 이러한 도시재생의 사회적 문제에 직면하여 사회적 가치와 인재공유에 중점을 둔 도시·지역재생을 위한 노력, 지역활력 재생을 위한 문화와 자연자원의 활용, 도시지역의 재생을 담당하는 인재양성을 위한 사람중심의 사회시스템 구축 등이 중요시 되고 있다.

먼저 본 장에서 사용되고 있는 도시재생(urban regeneration)은 1970년대 이후 일본에서 인구에 따른 산업 구조적 변화에 대응하기 위해 영국에서 생겨난 토지이용의 혁신적인 정책을 수용하여 활용하기 시작한 개념과 일치한다.[1] 일본에서는 버블경제 붕괴이

1) 土木工学·建築学委員会(2011)『提言持続可能社会における国土·地域

후 부동산 시장을 활성화하는 차원에서 도시재생이라는 용어가 한정적인 의미로 활용된 적이 있었다. 그러나 영국에서는 70-80년대 경제쇠퇴에 의해 중간계층이 교외로 이동하고 도심에는 극빈 저소득층이 방치되어 살벌한 도시 광경이 연출되었다. 이에 영국은 종합디자인에 의한 매력 있는 도시공간 창출 등 도시의 토지 이용을 근본적으로 개선하는 정책을 전개하였다. 이에 따라 제3차산업이 회복하여 사람들의 생활의 질이 향상되고 고소득자들이 도심으로 돌아옴으로서 자치단체의 세수가 비약적으로 증가한 적이 있었다.

오늘날 경제성장을 위해 사회적 자본을 무한정 확대하는 양적 시대가 종언됨에 따라 공동체의 약화를 방지하고 중장기적인 패러다임으로 도시재생을 추진하지 않으면 안 되는 시대가 되었다. 대도시의 도심부로의 인구회귀가 진행되고 있는 가운데 고층맨션의 건설이 진행되어 경관이 변모하고 통근시간이 짧은 직업과 주택 접근형의 라이프 스타일이 증가하고 있다. 더불어 도시는 저출산고령화에 따른 청년층의 감소와 단신세대의 증가로 공동체약화를 초래하고 있다. 한편 서울의 경우 1970-80년대 정비된 도심지역의 노후화, 거주자의 고령화와 인구감소에 따른 공동체 활동의 저하, 상업시설이나 생활관련 시설의 폐쇄에 따른 생활의 편리성은 저하되고 있다. 도시거주자의 고령화가 건물의 증개축이나 거주환경개선에 대한 의욕을 저하시키는 것도 심각한 사회적 문제로 대두되고 있다.

이러한 상황에서 서울시의 도시재생의 비전과 목표는 국민이

の再生戦略』, 国土と環境分科会, p.4.

행복한 경쟁력 있는 도시의 재창조로 고용창출 및 도시재생의 경쟁력 강화, 생활의 질 향상 및 생활복지 구현, 쾌적하고 안전한 정주 환경 만들기, 지역정체성에 기반한 문화가치와 경관 회복, 주민역량강화 및 공동체 활성화 등에 초점을 두고 있다. 본 장에서 특히 도시공동체 약화에 따른 마을공동체 활성화에 초점을 두고 살펴보고자 한다.

제2절 도시·지역재생과 마을공동체 활성화

1. 사회변화와 공동체 약화

전술한 바와 같이 도시·지역재생의 필요성은 저출산고령화에 따른 공동체약화에 기반하고 있다. 다음 <표 3-1>에 제시하고 있는 바와 같이 현대사회는 산업구조의 변화에 따른 지식노동자의 증가, 시민참여주도, 다양성, 평생교육 등에 의해 정체성 변화와 공유가치의 변화를 겪고 있다. 이러한 사회변화 가운데 도시지역을 중심으로 한 공동체약화는 가장 큰 사회적 문제로 지적되고 있다.

도시나 지역의 잠재력을 현실화하여 지속가능한 지역의 실현을 지향하는 용어로서 지역개발, 지역활성화, 지역진흥, 지역 만들기, 지역 재생 등의 다양한 용어들이 사용되고 있다. 이러한 지역을 둘러싼 용어들의 의미는 다의성이나 다중성이 제기되고 있기 때문에 신중히 생각할 필요가 있다. 모리오카(盛岡, 2008)는 사회학적 입장에서 지역을 거주자나 거주자 상호 간의 연결, 거주지를 포함한 일정한 공간 등의 의미로 사용하여 공간의 범위가 애매하고 다중성이 다분하다고 지적한 바 있다.[2] 이러한 다양한 지역의미의 근저에는 거주지를 축으로 하는 사회관계와 공간을 가리키는 용어로서 사용되고 있는 것으로 지역은 문제해결을 위한 주민자치의 거점으로서 중요하다는 점을 지적하였다. 다나카(田中, 1997)는 지역을 일정한 공통적인 사회적 특성(자연, 정치, 경제, 역사, 문화 등)을 가진 공간적 범위와 거기에 거주하고 있는 사람들의 어떤 공통의 특색을 가진 범위로 정의하였다. 이러한 정의는 오늘날 한국에서 사용하고 있는 도시지역의 정의와도 비슷한 점을 보이고 있다.[3] 이와는 달리 후지이(藤井, 2006)는 지역의 개념을 실질지역, 인지지역, 활동지역 등 3개로 구분하여 제시하였다.[4] 먼저, 실질지역은 기존의 물리적 객관적인 공간단위로 실질적인 균질성을 가진 균질지역 혹은 그 기능에 착목한 결절지역이나 기능지역으로 정의하였다. 인지지역은 정체성이나 지역관 등 개인이나 집단의 주관에 의한 것으로 활동지역은 구조화 과정에 있다는 점을 강조하고 있다는 점에서 상호 다르다.

사회적경제 혹은 경제학적 입장에서 가미노(神野, 2004)는 공동체, 시장경제, 재정이라는 3요소로 구성되는 경제활동의 실상을 파악하기 위해서는 지역사회에 밀착하여 관찰할 필요가 있으며 인간의 생활기능을 내포하는 생활공동체로서 지역을 기본으로 규

---

2) 盛岡清志(2008)「地域へのアプローチ」『地域社会学』有斐閣, pp.4-20.

3) 田中美子(1997)「地域イメージ、その背景、地域のイメージの理論」『地域のイメージダイナミクス』技報堂出版, pp.1-54.

4) 藤井正(2006)「地域という考え方」『地域政策入門ー未来に向けた地域づくり』ミネルヴァ書房, pp.10-20.

정할 필요가 있다고 지적하였다.[5]이와 관련하여 프랑스에서는 '사회연대경제(social solidarity economy)'라는 개념으로 도시재생과 연계하여 사회적경제 문제의 해결을 시도하고 있다. 사회적경제는 타자에 대한 봉사와 박애, 자본주의의 대항수단으로 발생한 측면이 있다. 자본주의가 발전한 가운데 차즘 정체되어 갔지만 최근 시장경제에 대한 저항으로서 중요성이 부각되고 있다.[6] 이와는 다른 측면에서 지역에 존재하는 생산요소로서 토지나 물, 노동을 이용하여 지역사회가 관리하는 자립적인 행위 가운데 창조성을 보여주려고 한 연구자는 마루야마(丸山, 2011)이다.[7] 지역이 공간적인 다중성을 가지고 있기 때문에 생산자와 소비자가 상호 얼굴을 맞댈 수 있는 공동체가 존재하며 방문하고 싶은 자와 거주하고 싶은 자를 이끄는 인간존중의 경제가 성립할 수 있다고 주장하였다.

다음은 자원에 관한 정의인데 일정지역의 존재와 함께 도시재생의 측면에서 지역자원은 중요한 의미를 지니고 있다. 지역자원을 활용한 사업의 대부분은 농림수산물, 제조 가공기술, 관광대상 시설로 한정하여 사용하기도 한다. 사토(佐藤, 2008)의 경우 지역자원을 지역에서 의도를 가진 어떤 활동에 의해 활용 가능한 것으로 정의하고 있다.[8]그러나 최근 일본이나 한국에서 인지할 수

---

5) 神野直彦(2004) 「地域おこしの新しいシナリオ」『自立した地域経済のデザイン: 生産と生活の公共空間』有斐閣, pp.1-28.

6) 川口夏希(2013) 「フランス·るーべ市における社会連帯経済の展開と都市再生」『人文地理』65(4), p.41.

7) 丸山直人(2011)「生命系と地域主義に立脚した経済学の実現に向けて」『脱成長への道、分かち合いの社会を創る』コモンズ, pp.158-175.

없는 것에도 자원성을 인정하는 관점을 지지하는 경향이 있고 활용 가능한 것을 농산물이나 자연자원에 국한하지 않고 의미를 넓게 확대하는 경향이 강화되고 있다.

▌표 3-1▐ 인구감소에 따른 사회변화의 양상[9)]

사회경제 변화	20세기 변화	21세기 변화
산업·경제	규격화와 대량생산, 대량소비 공업생산사회·기술주도 제조업인구가 인구의 절반	다양화와 효율적인 생산·필요소비 직업·직종의 다양화·수요주도 지식노동자가 인구의 절반
행정·정치	중앙집권적 행정·공무원 주도	지반분권적인 행정·참여 국가·시민주도
사회·생활	동질화·표준화·동일목적 물질적 생활수준 향상	다양화·개성화·다목적 정신적 생활수준 향상
교육·문화	학교교육을 주체로 한 교육제도 지식존중·논리사고중심	평생학습을 기본으로 한 교육제도 리크루트 입시·복선형 학교제도

그러면 본 연구에서 사용되고 있는 도시·지역재생에 대하여 살펴보고자 한다. 급속한 저출산고령화와 산업구조, 사회경제정세의 변화로 일본정부는 2005년에 '지역재생법'을 제정한 바 있

8) 佐藤仁(2008)「今、なぜ資源分配なのか」『資源を見る眼: 現場からの分配論』東信堂, pp.3-33.

9) 吉田博彦(2016)『地方創生と社会教育: 地方分権の基礎となる自立した地域づくり』特定非営利活動法人教育支援協会, pp.7-12.

다.[10])이 법 내에서는 지역개발, 지역진흥, 지역활성화, 마을만들기 등의 용어가 각각의 장면이나 주제에 의해 제한적으로 사용된 측면이 있지만 지역의 과거와 현재에 비추어 지역의 가능성을 찾고 미래를 논의하고자 할 때 지역재생이라는 용어를 사용하고 있다. 따라서 본 연구에서는 지역재생을 도시지역의 생산 활동장소에서 지역내외의 다양한 주체가 연계하여 사회적 관계를 구축하고 상호 이해를 바탕으로 잠재력을 발휘하여 지역과제의 해결로 이끄는 것으로 정의하고자 한다.

오늘날 다양한 도시나 지역사회의 재생문제를 해결하기 위해서는 그 근저에 존재하고 있는 관계성을 변화시키는 사회혁신(social innovation)을 필수적으로 이해할 필요가 있다. 도시·지역재생을 창출해 온 추진 배경에는 반드시 사회문제에 대한 개인적인 사명감을 가진 사회혁신가(change maker)들이 존재하고 있다. 사회혁신가들이 주장하는 지역혁신은 지역의 지속적인 발전에 의해 불연속적인 변화과정을 의미하는 개념이다. 지역혁신은 "새로운 기술이나 아이디어창출에 의해 사회적으로 의미가 있는 새로운 가치를 창조하고 지역에 큰 변화를 가져오는 자발적 사람, 조직, 사회의 폭넓은 혁신"으로 정의할 수 있다.[11]) 또한 지역혁신은 지역고유의 풍토, 역사와 문화에도 착목할 필요가 있으며 대학 등의 연구기관과의 협치활동도 중요시 되고 있다.

---

10) 八仮田元子(2016)『農村と都市の創造的関係の構築に対する観光の機能に関する研究: ワインツーリズムを事例として』 北海道大学大学院国際広報メディア·観光学院博士学院論文, pp.11-14.

11) 内閣府経済社会総合研究所(2010)『地域活性化システム論カリキュラム研究会中間報告書(概要版)』, pp.5-6.

따라서 본 연구는 사회혁신을 개인의 양심과 사명감으로부터 발생된 사회적 관계성의 변용을 포함시키고 '스스로의 양심과 사명감에 의한 독창적인 수법에 의해 새로운 가치관을 창출하고 사회적 관계성을 변용시키는 것'으로 정의하였다.[12)]

이상에서 살펴본 바와 같이 일반적으로 현대사회의 공동체약화의 원인은 근대화, 경제성장, 시장경제의 발달을 들 수 있다. 시장경제가 발달하여 정부가 시장의 실패를 완화하기 위한 역할을 확대하면 사람들의 공동체에 대한 의존도는 낮아진다. 도시·지역공동체의 약화가 본격화되면 전통적인 공동체 내의 상호부조는 사라지게 되고 정부의 역할이 증대되어 더욱 공동체가 약화되는 악순환을 반복하게 된다. 이러한 공동체, 시장, 정부의 상호 의존관계를 그림으로 나타내면 다음 <그림 3-1>과 같다.

▌그림 3-1▐ 경제성장과 공동체 약화 패턴 구조[13)]

위의 그림에 제시한 바와 같이 경제성장과 시장경제의 침투가 공동체의 약화를 초래하고 정부확대가 요구됨에 따라 정부가 실제적인 역할을 확대하게 되면 이것이 더욱 공동체의 약화를 초래

12) 関谷龍子·大石尚子(2014)「農村地域におけるソーシャル·イノベーターとしてのIターン者」『仏教大学社会学部論集』59, pp.25-28.

13) 山重慎二(2013)『家族と社会の経済分析：日本社会の変容と政策的対応』東京大学出版会, p.42.

한다는 구조이다. 이것은 정부의 확대에 의한 공동체의 약화가 더욱 정부의 확대를 요구하고 정치가들이 여기에 응답한 결과, 정부의 눈덩이 식 증대가 발생할 가능성을 시사하고 있다. 이렇게 되면 지역주민의 관을 의존하는 체질이 더욱 강화되는 경향이 있다.

이상과 같이 한국의 경제성장은 지역공동체를 약화시키고 다양한 사회적 문제를 발생시켜 왔다. 특히 전통적인 지역공동체가 붕괴되어 이것을 대체할 수 있는 새로운 공동체(마을공동체)의 형성이 필요해지고 있다.[14] 최근 서울시를 중심으로 한 관 주도의 마을공동체 정책이 시행되어 왔지만 향후 지역주민의 주도적 자발적 마을공동체 운영에서 발생되는 지혜가 지역을 활성화시키고 지역을 더욱 풍요롭게 할 것으로 생각된다. 마을공동체사업은 관(행정) 주도형, 주민주도형으로 구분할 수 있는데 주민과 행정의 협동 형으로서 마을공동체를 주도하여 주민 측이 협력해나가는 방식이나 주민 측이 주도하여 행정이 이것을 지원해나가는 경우도 존재한다.[15]

2. 도시·지역재생의 방향성

도시지역의 사회적 문제를 해결하기 위해서는 그 문제가 왜 발생하는가를 도출하는 것이 매우 중요하다. 그러나 오랜 역사를 가지고 만들어져 온 사회와 경제의 구조에 대해 지역주민들이 생각

---

14) 久繁哲之介(2010), 『地域再生の罠: なぜ市民と地方は豊かになれないのか?』筑摩書房, p.11.

15) 岩月岳史(2009)「地域コミュニティ再生への一視点: 住民主導による地域経営の現状と課題」『立法と調査』290, pp.113-115.

할 수 있는 것에는 일정한 한계가 존재한다. 기술개발이나 법제도 정비와 같은 사회구조와 관련된 것들은 정부나 행정이 해결해나가면 되지만 시장경제의 구조나 도시재편이라는 사회경제적 요인에 의해 단절되거나 상실된 지역의 가치와 사람들의 연결을 분석하고 이를 마을만들기의 중심으로 복원시키는 것은 지역주민만이 할 수 있는 일이다. 즉, 지역의 사회적 문제를 해결해나가기 위해서는 지역이 가지고 있는 고유의 힘인 지역의 가치나 사람들의 연결을 복원시키는 것으로부터 시작된다.

도시지역 고유의 힘을 재생시키는 것은 어떻게 가능할 것인가? 지역재생의 기본은 역사, 문화, 자연환경, 지역산업 등 지역자원, 그리고 그것들을 만들어내는 사람들, 향후 지역사회를 만들어가는 사람들로 구성되며 지역재생의 비전이나 프로세스도 각각 다르다. 따라서 지역재생의 목표는 "지역사람들이 지역에 있는 자연, 역사, 문화, 인재와 같은 자원을 발굴하고 이것들을 마을의 자랑으로 여기고 새로운 가치를 창출하면서 장래비전을 공유하고 자신들의 힘으로 지역을 재생해나가는 것을 의미한다."[16)]

도시재생의 주체는 지역사람들을 의미하며 지역사람들이란 지역주민뿐만 아니라 주민자치회나 다양한 지역단체, 지역기업, 외부 NPO법인, 행정 등을 포함하고 있다. 지역자원은 지역에 있는 자연, 역사, 문화와 같은 경제적 가치로부터 버려진 문화적 가치를 가진 지역자원을 발굴하는 것을 말한다. 또한 지역에 살면서 생활하고 있는 사람이나 관계를 가지고 있는 사람들도 중요하다.

16) 京都府立大学京都政策研究センター(2011)『「地域力再生」のための3×3のアドバイス: 地域力再生マニュアル』, pp.6-8.

지역의 가치창출은 지역자원에 새로운 가치를 부여하는 것을 말한다. 현금으로 바꿀 수는 없어도 어떤 것과도 바꿀 수 없는 소중한 가치가 있다는 것을 지역주민들이 인식하는 것이다. 이러한 과정을 거치면서 주민들의 협의가 반복되고 다양한 주체의 차이를 넘어 장래비전을 공유하고 지역주민들의 힘으로 지역을 재생해나가는 과정이 중요하다. 즉 지역이 가지고 있는 본래(고유)의 힘을 회복시키는 것이 지역재생이라 할 수 있다. 다음 <표 3-2>에 제시한 바와 같이 중요한 것은 지역사람들과 자원을 바탕으로 새로운 가치를 창출하고 비전을 공유하는 것이며 이 과정을 통해 지역이 가지고 있던 고유의 힘을 재생하는 것이고 이를 통해 지역을 재생하는 것이라 할 수 있다.

❙ 표 3-2 ❙ 도시·지역재생의 3가지 필수 요소17)

3가지 요소	주요 내용
지역자원의 발굴	- 어느 지역에도 존재하는 자원을 주민들의 힘을 발굴하는 것이 필요하다. 행정이나 컨설팅회사 등에 맡기는 것은 주민들이 소중함을 갖지 못하게 된다. 주민들의 힘으로 발굴하는 것이 중요하다. - 역사유산/사적, 절, 지형/자연환경, 경관, 생활문화(의식주), 지역산업, 지역특산물, 미이용시설(공가, 학교, 창고, 빌딩 등), 공공시설(홀, 스타지움, 기차역, 대학 등), 인재, 기타 등

17) 앞의 보고서, 京都府立大学京都政策研究センター(2011), pp.9-11을 참조로 필자 작성.

3가지 요소	주요 내용
연결 만들기 (네트워크 구축)	- 지역의 인재도 지역의 중요한 자원이다. 다양한 주민들을 참여시키는 것이 중요하다. 참여자들이 다양한 역할을 분담하고 활동이 확대된다. 다양한 주민들이 참여하여 다양한 의견들이 있을 수 있으나 마음을 열고 상대의 의견을 듣고 수용하거나 양보함으로서 전체가 정리되어 가는 경우도 있다. 의견대립이 심한 경우 모두가 다시 한 번 최초의 목적을 인식하고 방향성을 상실하지 않도록 해야 한다. 이러한 과정에서 가장 중요한 역할을 담당하는 것이 코디네이터이다. 모두가 다른 생각을 연결해 나가는 것이 중요하다. - 지역주민/U턴 자, I턴 자, 자치회 등 지연조직, 지역기업, NPO/시민단체, 대학(연구자/학생), 도시주민, 각지에 살고 있는 지역출신자, 행정, 코디네이터 등
교류장소 만들기	- 지역재생은 과거의 사고방식이나 방법을 반복하거나 고집하면 발전하기 어렵기 때문에 새로운 사고방식이나 방법을 수용하기 위해서는 지역이외의 다양한 사람들을 영입하는 것이 중요하다. - 도시주민, 대학생, 연구자, 시골생활에 흥미 있는 자, 공방을 가진 아티스트 등 - 교류장소: 마을회관 등 공공시설, 구성원의 자택, 점포 등

제3절 도시·지역재생과 사회적경제의 융합: 서울시 마을공동체 활성화 사례

1. 서울시 마을공동체사업의 취지와 목적

최근 한국사회는 경제의 지속적인 고도성장에 따른 무분별한 도시화의 확대, 이로 인한 과도의 익명성사회 도래로 공동체의 약화를 초래하였다. 개발중심의 도시정책이 추진됨으로서 주민간의 대립이 심각화 되고 도시공간에 근거한 공동체의 쇠퇴가 본격화 되고 있다. 서울시도 예외는 아니어서 이러한 무분별한 도시화, 경쟁과열로 인한 시민생활의 질적 저하, 공동체 약화, 가속화하는 인간소외 등 사회적 문제를 해결하고 지속가능한 발전을 통해 시민들이 행복한 마을공동체가 필요하다는 것을 인식하고 주민주도의 마을공동체를 만들어갈 수 있도록 지원하는 '마을공동체사업'을 개시하였다.[18)]

서울시 마을공동체사업은 마을사업제안, 계획수립, 실행, 사후관리 등 사업의 전 과정을 주민이 수립하여 추진하는 주민주도형 사업이다. 주민이 마을에 필요한 사업과 공동의 관심사를 찾고 마을공동체가 형성될 수 있도록 지원하는 일체의 활동에 대하여 포괄적으로 지원하고 교육, 컨설팅, 카운슬링 등을 제공하고 있다. 주민 누구나가 쉽게 마을공동체사업에 참여할 수 있도록 연중 주민제안방식을 구성하여 공동문제의식과 자발적 추진의사 등이 있으면 마을공동체사업을 신청할 수 있도록 하였다.

---

18) ソウル村共同体 : http://japanese.seoul.go.kr(검색일자 2020.02.22.).

서울시는 마을공동체사업을 구체적으로 실천하기 위해 2012년 1월 서울혁신기획관의 산하에 마을공동체담당관을 추진기관으로 신설하였다. 담당관은 기반구축을 위해 민간전문가와 마을활동가들이 참여하는 민관거버넌스를 구축하여 사업의 방향성과 시스템을 확립하였다. 2013년 3월에는 사업의 법적근거를 마련하기 위해 '마을공동체만들기지원 등에 관한 조례'를 공포하고 4월에는 학계와 현장 전문가의 의견을 청취하여 시민의견을 적극적으로 수집하기 위한 시민토론회를 5월에 개최하였다. 페이스북과 SNS을 통한 마을공동체사업의 홍보, 서울 전역을 대상으로 한 마을공동체 기초조사를 실시하여 2012년 9월 기본계획을 수립하고 기반을 구축하였다. 서울시 마을공동체사업은 5년간 단계적으로 추진하여 2014년까지 주민주도의 마을공동체사업의 기반을 구축하고 2017년까지 마을공동체의 확산과 전파를 통한 네트워크 구축을 추진하였다. 주민참여가 마을동체사업의 핵심으로 마을공동체종합지원센터가 중간지원, 서울시가 행정을 지원하였다. 2017년까지 3,000명의 마을활동가 육성, 서울 구석구석까지 마을동체를 육성해나갈 계획을 세우고 매년 동마다 한 개의 공동체 활동을 지원하여 5년간 2,000개 이상을 다양한 마을공동체 활동을 지원하였다.

2. 사회적경제와 마을공동체사업의 융합

서울시는 마을공동체사업을 본격적으로 추진하기 위하여 2012년 '마을공동체만들기지원 등에 관한 조례'를 제정하였다. 이 조례의 제2조 2항에서 마을은 '주민이 일상생활을 영위하면서 경제·문화·환경 등을 공유하는 공간적·사회적 범위'로 정의하였다.[19] 그리고 마을공동체는 이웃 간의 상호 호혜적 관계망이 구축된 상태를 의미한다. 이러한 마을공동체사업을 시행하기 위해 서울시는 2012년 '서울혁신기획관'이라는 행정부서를 설치하고 같은 해 8월 서울시의 광역중간지원조직으로서 '마을공동체종합지원센터'를 개소하여 운영을 풀뿌리 기업가네트워크에 위탁하였다. 이러한 지원체계의 정비를 통해 서울시 마을공동체정책이 본격적으로 실시되어 센터를 통해 선두주자로서 마을공동체의 중요성을 홍보하기 시작했다.

그러면 여기에서 서울시 '마을공동체종합지원센터'가 서울혁신의 선두에 서서 수행한 마을공동체사업의 '혁신성'에 주목하여 살펴보고자 한다. 서울시 마을공동체사업의 혁신성은 다음과 같다. 첫째, 도시사회에서 마을공동체의 사회적 경제적 의의를 입증한 것이라 할 수 있다. 한국사회, 특히 서울시에서 발생하고 있는 사회적 문제의 대부분은 마을공동체의 약화로부터 발생된 것으로 마을공동체의 복원은 중요한 의미를 지니고 있다는 것에 착안하고 있다. 한국사회의 위기의 근저에는 저출산고령화, 이혼의 증가, 독거노인문제, 주거불안, 실업, 빈부격차, 성폭력 등에 이르기까지 마을공동체의 약화가 중요한 이유로 자리 잡고 있다. 때문에 서울시는 공동체약화를 복원하기 수단으로 지역사회 친밀권(intimate sphere)의 회복을 통한 공동체적 관계를 회복하는 것을 최우선에 두었다.[20] 그리고 서울시민들의 관계나 참가를 통해 행정과 시장

19) 羅一慶(2016)「政治的な起業家と社会革新：ソウル市の事例研究」『総合政策フォーラム』11, p.38.

20) 앞의 논문, 羅一慶(2016), p.39 참조.

이 메울 수 없는 틈새를 마을공동체가 해결할 수 있도록 지원했다. 그 결과 서울시 마을공동체사업으로 생성된 공동체는 10만 명 정도의 일반주민들을 시민사회로 등장시키는 성과를 거두었다. 또한 서울시는 지속가능한 마을공동체를 조성하기 위해 마을기업(village business)을 활성화시키는 사업에 도전하였다. 마을공동체를 지역경제의 생태계와 도시재생의 기초로서 재편하고 성장일변도의 도시정책을 '사람중심'의 도시정책으로 전환시켜 제2기 시정의 초석으로서 본격적으로 마을공동체가 도시재생정책의 기초가 되는 발판을 마련하였다. 둘째, 기존 마을공동체사업의 신청조건을 간소화하여 시민활동에 참가할 수 있는 일반주민의 등장을 촉진했다. 과거 공동체 사업은 10-15명 정도가 모이지 않으면 사업을 신청할 수 없는 제한사항이 있었지만 신청조건의 인원제한을 3명 이하로 낮추었다. 여기에다 '찾아가는 서비스' 등을 수행하여 행정서류작성의 부담을 줄이고 주민의 참여를 촉진시켰다. 사업 신청이나 절차상의 주민참여나 등장을 쉽게 하고 예산사용방법도 소규모예산지원(150-500만원)으로 지역 친밀권형성에 뿌리를 둔 소규모주민공동체형성을 지원하는 정책을 전개하였다. 이러한 마을공동체사업의 전개는 기존의 형식적인 거버넌스를 극복하는 기초가 되었으며 일반주민들이 협치의 당사자로서 등장하는 길을 열어 주었다. 셋째, 서울시는 일반주민들이 '마을기업'의 주체로서 등장할 수 있도록 도와주었다. 서울시는 시민 생활권으로서 마을이 마을기업의 창업에 필요한 사회적 자본(social capital)이나 인적 자본(human capital) 등을 배태(embeddedness)하고 있기 때문에 사회적 자본을 재생산하기 위한 장소로 간주하였다.[21] 즉, 서울시 마을기업이 지역의 사회적 자본을 발굴하고 축적함으로써 상호 호혜적인 연대와 지역경제의 선순환을 창출할 수 있도록 독려하였다. 이러한 경향들은 마을기업의 인증평가 시에도 나타났는데 마을기업 형성 시 네트워크 구축여부나 사회적 가치 실현과정에서 지역공동체의 활성화정도를 중시한 점에서 찾을 수 있다. 넷째, 협치의 주역으로서 일반주민들을 등장시키기 위한 '마을 지향적 행정'이라는 행정혁신에 도전하였다. 서울시의 마을 지향적 행정은 주민생활과 밀착된 지역현장 친화적인 관점으로부터 행정제도와 관행을 재설계하는 것을 의미한다. 이 제도는 행정수속, 예산, 평가지표 등 마을공동체사업의 기획단계에서 평가에 이르기까지 주민주도성을 보장하기 위한 원칙을 기본으로 하고 있다. 서울시가 민관의 협치기관으로서 마을공동체종합지원센터를 설립한 것도 마을공동체에 대한 종합적인 지원의 필요성을 절감하고 이를 적극적으로 실천하기 위함이었다. 다섯째, 서울시는 마을공동체가 지역사회전체의 사회문제에 관심을 갖는 조직으로 확대되어 지역사회전체의 변화를 촉진하는 사례들이 증가하고 있다는 점이다.

이러한 과정을 통해 서울시는 마을공동체에 대하여 기존 사회적경제조직의 사회적 가치였던 사회적 약자 계층의 고용창출과 사회적 서비스제공기능으로부터 지역주민들이 사회혁신을 직접 담당하고 수행하는 역할자로서 지역사회형성에 공헌할 수 있도록 혁신을 도모하였다. 서울시가 이렇게 마을공동체정책과 사회적경제 정책을 융합시킨 배경에는 2010년 마을공동체 사업 초기 사회

21) 유창복(2015)『도시에서 행복한 마을공동체는 가능한가?』휴머니스트.

적경제 조직의 지속여부가 문제시 되고 있던 상황이었기 때문이다. 서울시는 이러한 시대적 상황에서 사회적경제조직과 마을공동체조직이 협동하여 지역수요를 충족시키고 마을공동체를 기반으로 생산과 소비관계를 재조직하여 경제순환구조를 만드는 것이 사회적기업이 생존하는 길임을 절감하였기 때문이다.[22)]

결국 서울시가 마을공동체조직과 사회적경제조직을 융합시킨 배경에는 사회적 자본의 형성이 필요했기 때문이며 사회적 자본을 발굴하고 양성하기 위한 역할자로서 풀뿌리 기업가네트워크의 역할이 컸다는 점을 지적할 수 있다. 풀뿌리 기업가네트워크는 지역에 배태(embeddedness)되어 있는 사회적 자본을 발굴하는 수법에 의해 마을공동체정책에서 일반주민들의 등장과 참여를 가능케 했다고 볼 수 있다. 즉 기업가네트워크의 가교역할이 사회적 자본을 양성함으로써 마을공동체를 연결하고 이를 사회적경제조직으로 전환하도록 유도했다. 서울시는 마을공동체가 민간파트너와 함께 지역사회에서 주민자치를 실현할 수 있도록 적극적으로 지원하고 사회적기업, 협동조합, 마을기업 등이 지역사회 내에서 '시민생태계'를 구축하여 상호 활력을 불어넣고 동반성장을 할 수 있도록 지원한 것이 사업의 성공으로 이어지고 있다고 생각된다.[23)]

---

22) 앞의 논문, 羅一慶(2016), p.44 참조.

23) 柳昌馥(2015)「村共同体政策と地域社会の市民生態系」『創作と批評』170.

| 표 3-3 | 도시재생에 의한 마을공동체사업의 정책적 방향[24)]

도시재생의 성격	사업유형 및 사례
물리적 재생	- 물리적 환경정비, 공공디자인 - 주거환경 개선
경제적 재생	- 신산업의 도입, 고용창출, 부동산개발 - 마을기업창업, 상점가 재생
사회적 재생	- 공동체복원, 사회복지, 상인복지 - 마을공동체 조성
문화적 재생	- 역사자원, 문화시설 - 지역문화자원
복합적 재생	- 물리적, 비물리적 사업

제4절 도시·지역재생과 정책적 방향

이 장은 한국에서의 도시재생의 필요성을 제시하고 이론적 배경의 검토를 통해 서울시 마을공동체사업의 전개과정을 살펴보는데 있다. 한국에서는 급속한 산업화, 도시화의 과정에서 급성장을 이룬 도시들이 인구감소와 전통산업의 이탈, 열악한 생활환경 등으로 쇠퇴국면에 접어들고 있다. 이러한 상황에서 도시재생의 목표는 국민이 행복한 경쟁력 있는 도시의 재창조로 고용창출 및 도시재생의 경쟁력 강화, 생활의 질 향상 및 생활복지 구현, 쾌적하고 안전한 정주 환경 만들기, 지역정체성에 기반한 문화가치와 경관 회복, 주민역량강화 및 공동체 활성화 등을 지향하고 있다.

24) 朴承奎(2015) 『都市再生の必要性と課題』를 참고로 필자 작성.

본 장에서 특히 도시공동체 약화에 따른 마을공동체 활성화에 초점을 두었다. 도시재생 차원의 마을공동체사업은 관(행정) 주도형, 주민주도형으로 구분할 수 있는데 주민과 행정의 협동 형으로서 마을공동체를 주도하여 주민 측이 협력해나가는 방식이나 주민 측이 주도하여 행정이 이것을 대신 지원해나가는 경우도 있다. 또한 도시재생은 지역사람들과 자원을 바탕으로 새로운 가치를 창출하고 비전을 공유하는 것으로 이 과정을 통해 지역이 가지고 있던 고유의 힘을 재생하는 것이고 이를 통해 지역을 재생하는 것이라 할 수 있다. 도시재생의 차원에서 서울시 마을공동체사업은 기존의 사회적경제조직에다 마을공동체조직을 융합시킴으로서 주민들의 등장과 참여를 촉진시키고 이를 통해 지역사회의 시민생태계를 구축하여 동반성장을 유도한 것이 주효했다고 볼 수 있을 것이다.

전술한 서울시 마을공동체 사례에서 살펴본 바와 같이 향후 도시재생의 정책적 방향은 위의 <표 3-3>에 제시한 바와 같이 고용, 주거, 복지, 문화 등을 고려하는 융복합형 도시재생으로 도시공간에서 다양한 활동을 연계하고 지역의 내생적 발전과 주민생활의 질을 향상시키는 방향으로 전개되어야 할 것으로 생각된다. 이를 위해서는 다양한 분야가 연계하는 추진체계와 종합적 예산운용이 필수적이라 생각된다. 또한 공공부문과 민간부문이 파트너십에 의한 협력적 도시재생을 도모함으로서 정책 및 계획의 수립, 재원조달, 사업추진 등의 과정에서 자치단체와 지역사회, 기업과 민간부문의 거버넌스 구축이 절대적으로 필요할 것으로 생각된다.

Chapter 4

일본의 사회적경제와 고용창출효과

제1절 사회적경제와 고용창출

본 장은 일본에서 사회적기업(Social Enterprise)의 활동이 고용창출에 미치는 효과에 대하여 복구형지원사업과 인재창출형사업의 검토를 통해 규명하는데 있다.[1] 일본에서 사회적기업은 공적인 거버넌스와 시장경제시스템의 기능을 동시에 보유하고 있는 신산업창출의 수단으로서 주목받아 왔다. 또한 사회적기업은 주로 사회적 약자에 대한 생활관련 서비스사업, 교육, 환경정비 사업 등에서 고용창출을 중심으로 유럽으로부터 아시아로 확대되어 왔다. 최근 사회적기업에 대한 세계적인 추세에 따라 일본에서도 사회적 상황에 맞추어 사회적기업을 지원하는 법률이나 정책지원 방향 등이 계속 진행 중에 있다.

1) 본 장은 김일태·임영언(2018)의 연구 내용 일부를 발췌하여 수정 및 보완하였다.

일반적으로 사회적기업은 커뮤니티 비즈니스(Community Business)나 커뮤니티 엔터프라이즈(Community Enterprise)로 불리기도 하며 주로 사회적 목적을 가지고 있는 경제조직을 총칭하는 기업으로 정의되기도 한다. 사회적기업에 대해 좀 더 상세히 살펴보면, 유럽에서는 사회적기업(Social Enterprise), 혹은 사회적기업가(Social Entrepreneur)를 신산업창출과 지역사회형성 과정에서 혁신을 촉진하는 주체로서 영향력을 가지고 있는 집단으로 간주하고 있다. 그리고 사회적기업(Social Business)은 개개인의 빈곤을 개선하기 위한 방법으로 격차와 빈곤해소를 위한 수단으로서 활용되어 온 측면도 존재한다(加藤知愛, 2014: 4-5). 이러한 다양한 의미를 함의하고 있는 사회적기업은 지역사회 문제에 대하여 지역재생과 지역인재의 고용창출을 도모하기 위한 집단으로 정의되는 경우도 있다.

특히 이러한 사회적기업의 특성에 대하여 일본정부는 2010년 3월 내각부 주체로 사회적기업의 법인제도 및 지원방향에 관한 해외현지조사보고서(2011)와 '사회적기업 육성사업'의 해외현지사례를 참고하여 일본 내 사회적기업의 정책화와 제도설계를 추진해 왔다. 그리고 이와 유사한 사회적기업과 관련된 사업의 수행으로서는 2010년부터 2011년에 걸쳐 사회적기업가 육성사업인 지역사회 고용창출사업이 실시되었다. 아직까지 일본에서 사회적기업은 유럽이나 미국에서와 같이 높이 평가받고 있지 못하고 사회적기업의 재화나 서비스 시장도 한창 개발단계에 있다. 이러한 가운데 일본 사회적기업은 사회적으로 배제된 사람들을 포용하기 위한 사업형NPO나 자율적 지역경제의 확립 및 고용창출을 목표로 하는 관민협동조직체로서 마을만들기와 주식회사 설립 등 사회적기업을 활용한 사회문제의 해결수단으로 2000년대 이후 주목받아 왔다. 즉 일본의 사회적기업은 영리목적보다는 비즈니스 기법을 활용하여 사회문제를 해결하는 기업체로서 각광을 받아왔다(塚本一郎, 2008: 10-13).

가령, 일본에서 사회적 문제의 해결에 중심 역할을 담당해 온 국가행정은 재정상의 이유로 사회문제에 소극적으로 대처하게 되고 영리목적의 민간기업도 사회적 문제 해결을 기업의 중심에 두기에는 여건이 허락하지 않는 경우가 발생한다. 사회적기업은 이러한 정부와 기업 사이의 사회구조적 틈새를 지원하여 사회 공공목적을 달성하기 위한 수단으로 기업활동을 결합시켜 그 나라의 문화적 배경에 따라 다양한 형태로 진화되어 왔다. 이러한 사회적기업의 가장 중요한 목적은 공공사업을 통한 고용창출확대에 있었다.

이 장은 일본의 사회적기업에 대한 개념정의, 구체적인 지원사업과 지역인재 고용창출 사례발굴을 통해 한국에서의 정책적 시사점을 도출한다. 특히 분석은 일본 사회적기업의 특징인 복지취업형구조와 유럽형 사회적기업의 고용창출 확대라는 의미에서 '중간노동시장'의 형성이라는 관점에 초점을 두고 있다. 이 연구는 일본에서 2011년 3월에 발생한 후쿠시마 대지진과 같은 고용상황이 심각한 피해지에서 일본내각부가 2014년도 사회적기업의 일환으로 시행한 복구지원형사업과 인재창출형 사업을 통해 고용창출효과를 살펴보고 정책적 시사점을 도출하고자 한다.

제2절 사회적기업과 지역재생

먼저 일본에서 사회적기업이 어떻게 정의되고 있는지에 대하여 살펴보고자 한다. 일반적으로 사회적기업의 정의는 다양하고 복잡하여 유럽에서는 "재화나 서비스의 생산·공급의 계속적인 활동, 고도의 자율성, 높은 경제적 위험, 최소한의 유상노동, 커뮤니티에 기여한다는 명확한 목표, 시민단체들이 설립한 조직, 자본소유와 상관없는 의사결정, 사회활동에 영향을 받는 사람들의 참가, 이윤분배의 제한" 등을 전제조건으로 두고 있다. 특히 영국의 사회적기업연합회(Social Enterprise Coalition)는 사회적기업의 특징에 대해 다음과 같은 3가지를 들고 있다. 이들은 첫째, 재화생산과 서비스제공에 직접 관련된 사업지향, 둘째, 고용창출과 고용훈련 등 지역수준의 서비스 제공, 셋째, 사회적 환경적 경제적 영향을 주는 커뮤니티에 책임을 지는 소유의 공공성 등이다. 또한 영국에서는 사회적기업에 대하여 사회적 목적을 가지는 비즈니스로 인하여 발생한 잉여금을 사회적 목적 달성을 위해 커뮤니티에 재투자하는 기업으로 정의하고 있다.

이와 관련하여 일반적으로 일본에서 사회적기업은 지역재생(혹은 활성화)과 깊은 관련성을 가지고 있다. 왜냐하면 사회적기업의 활동 자체가 지역 커뮤니티의 사회경제적 재생에 중요한 역할을 수행하고 있는 것으로 인식하고 있기 때문이다(Peattie, K and Morley, A. 2008: 40-41). 일본 내 사회적기업의 지역재생과 고용창출효과에 관한 연구로는 사카모토(坂本, 2010: 147-154)의 논문에서 찾아볼 수 있다. 이 연구(坂本, 2010)에서는 일본에서 사회적기업이 주로 지역경제의 활성화, 지역사회(커뮤니티)의 재건, 마을만들기 등과 같은 지역재생과 관련되어 있으며 일본 내 정치, 경제, 사회, 도시계획 등 다양한 분야에서 폭넓게 사용되고 있는 것도 이러한 이유 때문이라고 설명하고 있다.

이와는 달리 후지이 아쓰시(藤井敦史, 2009)는 일본 내 사회적기업에 대하여 다음과 같은 세 가지 방법으로 접근하고 있다. 첫째, 기업적 측면에서의 접근, 둘째, 행정적 측면에서의 접근, 셋째, 제3부문(제3섹터)에서의 접근 등이다. 또 다른 관점에서 카시와이 히로유키(柏井宏之, 2013: 35)는 사회적기업 연구에서 사회적 배제를 당한 노동자들의 취업이 일반노동자들의 취업과 어떤 상관관계에 있는가에 대하여 다음과 같은 5가지 취업유형으로 분류한 바 있다. 이에 따르면 첫째, 노동시장정책의 실천논리 가운데 노동조합형 사회적기업, 둘째, 복지적 측면에서 취업이라는 수급자 중심의 자활사업프로그램, 셋째, 고용창출의 논리로 고용 없는 성장시대를 배경으로 지역사회의 고용창출에서 고용의 질적 향상을 도모하기 위한 사업추진, 넷째, 지역발전의 논리로서 영국이나 아일랜드와 같은 커뮤니티 비즈니스, 다섯째, 공공서비스 쇄신의 논리 등이다. 이 가운데 고용창출논리로서 시민단체로부터 출발한 사회적기업은 취업이 어려운 노동자들에게 노동을 통한 사회적 통합을 지향함으로서 사회복지에서 취업의 논리를 강조하는 정부정책과의 연계를 강화하고 있다. 왜냐하면 사회적기업이 고용창출확대나 지역산업 창출논리에서 취업곤란계층보다는 노동시장에 적응하고 있는 실업자들을 우선시하는 경향이 유럽의 사회적기업의 실천 경험으로부터 지적되어 왔기 때문이다.

특히 일본정부의 2009년 발표된 '긴급고용대책'은 공식적으로 사회적기업을 새로운 고용창출대상으로 상정하고 NPO나 NGO 등이 참여하는 사회적기업 주도의 지역사회 고용창출을 목표로 하였다. 당시 일본정부는 청년 등 취업 약자들의 고용창출과 연계시키고자 3대 분야, 즉 지역사회 고용창출, 복지고용창출, 그린(농림, 환경, 에너지, 관광 등)고용창출 등으로 구분하여 이들의 노동통합에 중점을 두었다. 결국 일본 사회적기업은 사회적 배제의 대상이 되고 있는 사람이나 지역의 사회적 포용이라는 목적을 가지고 있으면서 사회적 포용이 가능한 커뮤니티형성이 필요한 자본을 사회적 자본으로 설정하고 있다.

이 때문에 일본에서 사회적기업이 제공하고 있는 서비스의 대부분은 취업이 곤란한 사람들을 대상으로 한 고용창출, 사회적 서비스나 커뮤니티의 돌봄 서비스 등과 같은 지역성이 강한 서비스들로 구성되어 있다. 따라서 이들 일본 사회적기업 중에는 사회적 배제와 지역주민의 생활문제가 직접적으로 연계되어 있는 경우가 많다.

이처럼 일본에서 사회적기업과 지역재생은 불가분의 관계에 있으며 사회적기업의 지역재생에 있어서 최대의 역할은 '고용창출 확대'라고 할 수 있다. 데포니와 니센(Defourny and Nyssens, 2006: 3-26)은 사회적기업의 고용창출 형태에 대해서 사업의 중요한 수입원이 정부보조금인가 아니면 사업수익금인가에 따라 구분하였다. 그는 사회적기업의 고용형태를 첫째, 항구적인 조성금에 의해 지원되는 고용을 제공하는 유형(장애자 보호고용), 둘째, 노동시장에서 불리한 입장에 있는 사람들에게 중장기적으로 안정된 직업을 제공하는 유형, 셋째, 생산 활동을 통해 사람들을 재사회화 시킬 목적으로 실시하는 유형(정신적 사회적으로 심각한 문제가 있는 노동자나 장애자 대상), 넷째, 과도기적 고용을 제공하는 유형(주류 노동시장 노동자 재통합 목적) 등 4가지 유형으로 분류하였다. 물론 일본에서 지역재생의 해결수단이 전적으로 고용창출로 수렴되는 것도 아니고 그렇다고 무시할 수 없는 처지여서 사회적기업에 의한 지역재생이 필연적으로 고용창출 확대를 동반한다는 선행연구도 있다(西山康雄·西山八重子, 2008). 다음 절에서는 이러한 기존연구를 기반으로 일본 사회적기업이 다양한 일자리창출과 고용확대에 기여하고 있다는 점에 착안하여 기존데이터 분석과 사례를 통해 검증해보고자 한다.

제3절 사회적경제 고용창출효과 분석

1. 일본정부의 사회적기업 육성정책

일본정부는 1980년대 이후 빈곤문제, 장애자복지, 환경보전, 지역재생과 활성화, 개발도상국지원 등 다양한 문제들에 관심을 확대해 왔다. 과거에는 이러한 사회적 문제를 해결하기 위해 일본정부나 지방자치단체들이 공공서비스 일환으로 직접 대응해 왔다. 그러나 실질적으로 정부행정의 한계와 정부와 지방의 재정악화로 일일이 대응할 수 없는 한계에 직면하여 공공서비스의 민영화가 추진되었다.

이러한 상황에서 일본정부는 세계적인 추세에 따라 1980년대 이후 사회적 문제에 대하여 기부나 공적지원에 의존하기보다는 기업의 채산성을 높이는 자립적이고 지속가능한 비즈니스모델을 구축하여 사업의 지속적인 안정성을 시도하였다. 즉 기업의 최대 이윤의 목적보다는 사회적 문제 해결을 사업화하려는 '사회적기업'의 활동을 확대하기 시작했다.

원래 유럽에서 사회적기업의 전형적인 모델은 방글라데시(Bangladesh)에서 빈곤층 자립을 지원하기 위하여 '마이크로 크레디트(Microcredit)'라는 무담보소액융자의 구조를 만들어 2006년 노벨평화상을 수상한 무하마드 유누스(Muhammad, Yunus)의 '그라민은행(Grameen Bank)'이 대표적인 모델로 꼽히고 있다. 사회적기업의 형태는 실제 회사이거나 NPO법인, 협동조합 등 다양한 형태의 기업역할이나 개념에 의해 분류되고 있다. 쓰카모토 이치로(塚本一郎, 2008)는 이러한 사회적기업의 특성에 대하여 누구도 생각하지 못한 분야나 문제에 대하여 기업가정신을 가지고 도전하는 정신, 비즈니스로서 지속성과 발전성, 사회성과 안정성, 시장성과 비시장성 등이 조합되어 스스로 미션을 수행하는 하이브리드적인 조직의 특성을 가지고 있음을 강조하였다.

일본에서 사회적기업의 개념이 본격적으로 확대되기 시작한 것은 2000년대 이후이다. 2001년 고이즈미(小泉) 내각 출범과 동시에 경제산업성 주도로 고용대책, 지역활성화 대책의 수단으로 커뮤니티 비즈니스, 소셜비즈니스의 연장선상에서 추진되어 왔다(田中弥生, 2011). 가령 2004년 발족한 일본 'NPO법인 프로렌스'는 기업의 채산성이 약하고 아무도 생각하지 못한 '병적장애아'의 사회적 문제해결을 사업화하여 경제적인 가격에서 서비스 제공을 실현하였다. 또한 일본 도쓰기 현 아시카가시의 유한회사 '코코팜 와이나리'는 지적장애자 갱생시설의 원생자립을 지원하여 그들이 자가 재배한 포도를 원료로 고급 와인을 제조하여 판매함으로서 높은 평가를 받았다.

하지만 사회적기업이 유럽이나 미국에서와 같이 적극적으로 사업을 확대하여 고용창출에도 기여하고 있는 것과는 달리 일본에서는 여전히 복지형 사회적기업이 많고 고용창출과의 연계가 미약한 실정이다. 최근에는 NPO법인이나 비영리단체와 같은 사회적기업들이 사회적 책임(CSR)과 경영기반의 강화, 사업성과 사회성의 제고 등 일반기업과의 상호 보완적인 협력을 시도함으로서 소셜비즈니스(Social Business)로의 발전 가능성이 기대되고 있는 상황이다.

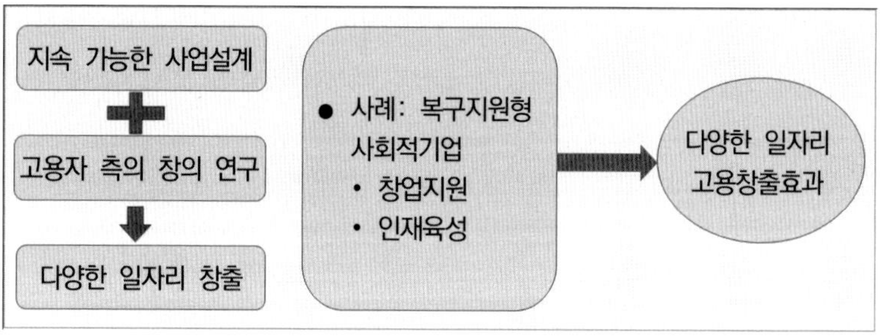

▌그림 4-1▐ 사회적기업의 복구지원형 고용창출 모델[2)]

위의 〈그림 4-1〉은 일본 사회적기업의 고용창출확대 모델을 도형으로 나타내고 있다. 일반적으로 일본 사회적기업의 유형은 크

2) 이 고용창출모델은 선행연구를 바탕으로 필자가 작성하였다.

게 복지지원형과 고용창출확대형(고용형과 협동창업형) 등 두 가지로 구분할 수 있다. 먼저 복지지원형은 자기 조직에서 취업 훈련을 통해 취업약자를 노동시장에 통합시키는 것을 목적으로 실시하고 있다. 종래 중간(지원)조직에 해당되는 NPO법인이나 협동조합이 이러한 역할을 담당하는 경우도 있다. 반면에 자기 조직에서 일할 장소를 창출하여 취업약자를 노동시장에 통합시키는 것을 목적으로 하는 것이 고용창출확대형이다. 고용창출확대형은 취업약자를 자기 조직에 적극적으로 고용하는 고용형 조직 및 취업곤란자의 전문성을 살리고 동료들과 함께 일할 장소를 창출하는 협동창업형 조직으로 분류할 수 있다. 사회적기업 중에는 이러한 기능을 동시에 가지고 있는 경우도 더러 있다. 이 연구의 분석대상은 복구지원형 사회적기업으로 복지지원형과 고용창출확대형이라는 두 가지 성격을 모두 함의하고 있다.

2. 일본 사회적기업의 서비스 형태

일본에서는 그동안 주로 사회적으로 발생된 다양한 문제에 대하여 주로 마을회, 자치회, 시정촌, 자조단체 등을 중심으로 해결하기 위한 노력이나 대응이 이루어져 왔다. 일본 사회적기업의 조직형태는 영리조직, 비영리조직, 행정과의 협동 등 다양한 형태가 존재한다. 이들 사회적기업의 활동내용을 살펴보면 재화 및 서비스 제공, 조직지원, 전문기능 제공 등이 있다. 일본에서는 1998년 NPO법 제정 이후 특정비영리활동법인을 NPO법인으로 지정하였다. 따라서 일본에서 일반적으로 NPO란 NPO법인으로 이해되고 있다. 그러나 일본 법제도에 따르면 NPO란 주로 신공익법인

제도에 의한 재단법인 및 사단법인, NPO법인, 학교법인, 사회복지법인, 종교법인, 갱생보호법인, 의료법인 등이 이에 해당된다. 사업형 NPO법인은 사회적기업에 가까운 존재이다. 사회적기업의 구성원에 대한 다양한 재화 및 서비스를 제공하는 조직형태, 활동목적, 활동자원, 활동내용을 살펴보면 다음 〈표 4-1〉과 같다(木村富美子·萩原清子·堀江典子·朝日ちさと, 2001: 2-3).

▌표 4-1▐ 사회적기업의 재화와 서비스제공 형태

<table>
<tr><th colspan="2">조직 형태</th><th>활동 목적</th><th>사업활동 자원</th><th>활동내용</th></tr>
<tr><td>정부</td><td>중앙,
지방정부</td><td>국민의 생명
및 재산을
지킴</td><td>세금</td><td>공공재화,
서비스
공급</td></tr>
<tr><td rowspan="2">영리조직</td><td>영리기업</td><td rowspan="2">이윤확보
과제해결</td><td rowspan="2">수익, 차입금
투자자금</td><td rowspan="2">사적재화,
서비스
공급</td></tr>
<tr><td>사회지향형
기업</td></tr>
<tr><td rowspan="2">비영리조직</td><td>사업형 NPO</td><td rowspan="2">사명수행</td><td>사업수익, 기부
보조금 등</td><td rowspan="2">사회적
과제
해결</td></tr>
<tr><td>자선형 NPO</td><td>기부, 보조금 등</td></tr>
</table>

일본에서는 정부정책이나 비즈니스 기회 등의 관점으로부터 제공되는 재화 및 서비스 이외에도 '사회적 문제해결이 필요한 과제에 주목하여 그 과제를 인지하고 문제해결을 도모하려는 조직은 모두 사회적기업'으로 간주하고 있다. 그밖에도 영리조직 중 사회적 목적을 가진 기업을 운영하는 조직은 '사회지향형 기업'으로 사회적기업이라고 할 수 있다. 또한 사회적기업 중에서 비영리조

직 내에 사업수익이 발생하고 회비, 기부 등 다양한 자금원 및 자원에 의해 사회적 문제를 해결하려고 시도하는 조직을 '사업형 NPO', 사업수익이 거의 없고 보조금과 기부금을 주요 재원으로 사회적 문제해결을 도모하는 조직을 '자선형 NPO'라고 지칭하고 있다. 그러면 일본에서 복지지원형과 인재창출형 사회적기업의 고용창출 효과에 대하여 기존자료를 통해 분석하고자 한다.

3. 복구지원형 사회적기업의 고용창출효과

분석자료는 2011년 일본 내각부에서 실시한 복구지원형 지역사회고용창출 사업의 사업성과 데이터를 활용하였다. 복구지원형 지역사회 고용창출사업은 2011년 3월에 발생한 동일본대지진에 대한 복구 기본방침(2011년 7월 29일 결정-2011년 8월 31일 개정)에서 '산업창출을 담당하는 인재육성'이 적합한 복구시책의 하나로 결정되어 지진피해지에서 지역의 현안문제를 해결하기 위한 신규성 사업을 수행하는 '사회적기업'의 창업, 사회적기업을 담당하는 인재육성을 지원하는 사업으로 동일본대지진으로부터 복구에 적합한 창업지원과 고용창출확대를 목적으로 실시되었다. 이 사업은 일본 내각부 주도로 2014년 3월말까지 진행되었으며 여기에서 산출된 데이터를 분석에 활용하였다.

당시 일본에서 지역사회 고용창출확대사업으로 복구지원형사업은 두 가지 형태로 진행되었다. 하나는 사회적기업의 창업인큐베이션 사업으로 600명의 사회적기업가를 육성하는 창업지원 사업이었다. 이 사업은 사회적기업 기획경쟁에서 채택된 사람들을 대상으로 300만 엔 상한의 인재, 상품, 자본 등을 종합적으로 지원하여 지진피해지에서 사회적기업을 창업하도록 지원하는 사업이었다. 또 하나는 사회적기업 인재창출인턴쉽사업으로 약 2,000명의 사회적기업을 담당할 인재를 육성하는 사업이었다. 사회적기업에 대한 인턴쉽과 연수 등 총180시간 이상의 교육프로그램을 이수하도록 하여 피해지에서 사회적기업을 담당하는 인재를 양성하는 사업의 일환이었다. 또한 이들 교육수강생들이 일정 조건을 달성했을 경우 수강자 모두에게 활동지원금을 지급하였다. 다음 〈표 4-2〉는 당시 시행된 일본정부의 복구지원형 지역사회 고용창출사업의 사업내용을 나타내고 있다.

다음 〈표 4-2〉에 제시한 바와 같이 사회창업인큐베이션사업은 목표치 600명의 기업가 육성, 사회적기업 인재창출인턴쉽사업의 목표치인 사회적기업을 담당하는 인재 2,000명의 육성을 목표로 100%이상의 성과를 거두었다. 이 사업으로 파생된 사회적기업의 고용창출 효과를 상세히 살펴보면 위의 〈표 4-2〉와 같다.

먼저 사회창업인큐베이션사업에서는 선정사업자마다 목표달성의 정도가 다르고 목표달성 사업체가 8개, 미달성사업체가 4개였다. 미달성사업자의 목표에 대한 부족분을 달성사업자들이 커버하고 12개 사업자가 전체적으로 당초목표를 초과하여 총 608명의 지원대상자가 창업하였다. 608명의 창업자를 현별로 살펴보면 이와테 현이 28.8%, 미야기 현이 37.8%, 후쿠시마 현이 26.5%로 지진피해지역 3현에서 모두 균형 있는 창업이 이루어진 것으로 나타났다.

| 표 4-2 | 복구지원형 고용창출 사회적기업 사업내용(2014년)

사업단체명	창업 지원	인재 육성	사업의 주요 내용
NPO법인 이시마키 복구지원 네트워크	20명	50명	미야기 현 이시노마끼 주변 시정촌을 중심으로 여성, 청년 창업을 지원하며 지방에서 사회적 사업을 담당하는 여성과 청년 육성
이와끼 리에존 오피스	30명	50명	기업가들이 넘쳐나고 즐거운 후쿠시마 현 이와끼 시를 조성하기 위해 창업지원, 인재육성을 지방밀착형으로 지원
NPO법인 ETIC	50명	300명	도쿄 시부야구 지역 복구지원활동의 허브가 되는 지진복구 리더와 연계하여 복구에 도전하는 사회적기업가와 담당자 육성
NPO법인 그라운드 워크 미시마	50명	150명	시즈오카 현 피해지역 사람들의 마음의 건강과 자립의욕을 촉진하고 지역자원의 재발굴과 지역비즈니스 창업을 통한 지역 활력 재생 지원
일반사단법인 SAVE IWATE	50명	140명	이와테 현 이와테 시 10년 후를 예상한 지속가능한 지역의 복구를 지향하여 피해지 생활, 직업, 볼거리를 창출하는 사회적기업 육성 지원
일반사단법인 Social Business Network	60명	140명	전국 사회적기업과 피해지역 마을만들기 회사가 협동하여 피해지역으로부터 누구나가 공감할 수 있는 사회를 만들기 위한 프로그램 실시
주식회사 지역협동 추진기구	30명	180명	전국 다양한 사람들이 응원하고 싶은 사회창업기획을 모집하여 소셜미디어의 활용이나 자금조성 등을 통해 지원

사업단체명	창업 지원	인재 육성	사업의 주요 내용
사단법인 동북 뉴비즈니스 협의회	30명	0명	창업 경영의 경험자 등에 의한 상세한 멘토링을 중심으로 창업가 한 사람 한 사람의 사업확대를 지역에서 종합적으로 지원
20세기 아카이브 센다이	10명	40명	문화사업의 프로페셔널을 결집하여 문화에 의한 복구 이노베이션을 지향하는 사회적기업의 창업을 지원 및 담당자 육성
공익사단법인 일본 제3섹터 경영자협회	60명	150명	피해지역에서 필요로 하는 성장산업인 복지 분야에 초점을 맞추어 여성파워를 살린 지역고용창출 담당자 육성
NPO법인 100만인 고향회귀 순환운동추진 지원센터	90명	400명	복구6기 프로젝트에서는 피해지의 지역자원을 살린 6차산업화에 의한 창업지원, 인턴쉽 파견 지원
일반사단법인 HIT	120명	400명	한 발을 더 내딛는 사람, 활약하는 장소, 지역의 직업 만들기를 지원하기 위해 새로운 일보프로젝트 추진

또한 사회적기업의 사업 분야별로 608명이 창업한 업종을 살펴보면 농업/임업/축산업이 93건(15.3%), 의료/복지/건강이 70건(11.5%), 물건 만들기가 67건(11.0%) 등 이들이 상위 3위를 차지하였다. 이러한 창업결과는 선정사업자의 창업지원방침이 다양한 것을 반영하고 있으며 창업분야도 다양하게 분포되어 있다는 것을 의미한다. 다음으로 창업형태를 살펴보면 개인에 의한 신규사업(신규법인설립, 신규개인사업의 개업), 기존법인에 의한 신규사

업(기존 개인 사업주에 의한 신규사업 포함)을 양쪽 모두 인정하는 것으로 선정사업자를 지원하였다. 선정사업자 608명의 창업형태는 개인에 의한 신규사업이 73.7%로 매우 높게 나타났으며 기존법인에 의한 신규사업은 26.3%정도 낮게 나타났다. 사업주체의 법인분류를 보면 주식회사, NPO법인, 기타법인, 개인사업주 등으로 나타났다. 608건의 사업주체 가운데 개인사업주가 전체 39.3%로 가장 높게 나타났으며 그 다음으로 법인에 의한 창업으로 유한회사, 조합법인, 기타법인 등이 24.7%, 주식회사가 23.5%, NPO법인이 12.5%로 나타났다. 창업지원대상자의 성별분포는 남성이 60.5%, 여성이 39.5%로 남성의 비율이 높게 나타났다. 창업자의 연령별 분포에서는 50대가 27.0%, 70대가 0.7% 등 다양한 연령대가 창업지원의 대상이 된 것으로 나타났다.

4. 인재창출형 사회적기업의 고용창출효과

인재창출형 사회적기업의 고용창출효과에 대하여 상세히 살펴보면 〈표 4-3〉과 같다. 이 사업에서는 참가자모집을 일본 전 지역으로 확대하여 실시한 결과, 선정사업자(동북뉴비즈니스협의회를 제외한 11개 단체)의 다양한 배경 때문에 목표달성의 성과도 다양하게 나타났다. 예를 들면 이와끼 시를 중심으로 사업을 수행한 단체의 달성정도는 목표치 68.0%정도 이었지만 목표인원 수가 150-400명 정도로 많았으며 나머지 6개 단체는 모두 100% 이상을 초과 달성하였고 12개 사업자 전체에서 당초목표를 78명 정도 초과한 2,078명이 연수를 수료하였다. 이들 연수사업 수료자 2,078명의 내역을 정리하면 다음과 같다.

❙ 표 4-3 ❙ 인재창출형 사회적기업 성과와 고용창출효과

사업단체명	사회창업인큐베이션사업					사회적기업 인재창출 인턴십 사업				
	목표인원수	창업지원 대상자 수(사퇴 포함)	창업자 수	고용창출 효과		인재육성(목표 인원 수)	연수 참가자 수	연수 수료자 수	취업 및 창업자 수	활동 지원금 대상자 수
				상근	비상근					
NPO법인 이시마키복구 지원네트워크	20	20	20	43	38	50	53	50	31	4
이와키 리에존 오피스	30	29	29	43	25	50	43	34	13	6
NPO법인 ETIC	50	50	50	81	79	300	303	303	0	0
NPO법인 그라운드 워크 미시마	50	53	52	79	33	150	165	162	49	26
일반사단법인 SAVE IWATE	50	50	49	70	67	140	204	142	4	0
일반사단법인 Social Business Network	60	61	59	131	50	140	145	133	42	0
주식회사 지역협동추진기구	30	33	33	55	12	180	236	221	0	24
사단법인 동북 뉴비즈니스협의회	30	30	28	45	22	0	0	0	0	0
20세기 아카이브 센다이	10	10	10	13	17	40	50	38	0	3
공익사단법인일본 제3섹터 경영자협회	60	63	63	147	40	150	202	150	61	11
NPO법인 100만인 고향회귀 순환운동 추진지원센터	90	96	95	137	144	400	427	402	43	0
일반사단법인 HIT	120	120	120	200	114	400	472	443	123	22
합계	600	615	608	1,044	641	2,000	2,300	2,078	366	96

먼저 사회적기업의 연수수료자의 성별, 연령별 분포를 살펴보면, 성별로는 남성이 49.1, 여성이 50.9%로 남녀비율이 거의 절반 정도로 나타났다. 연령별 분포를 보면, 20대의 33.5%가 다른 연령과 비교하여 수료자가 가장 높은 것으로 나타났으며 다음으로 30대, 40대, 50대, 60대 등이 각각 10%를 약간 초과하는 정도로 폭넓은 연령대가 참가했던 것으로 나타났다. 사회적기업의 연수수료자의 거주지를 현별로 살펴보면 이와테 현 21.8%, 미야기 현 25.5%, 후쿠시마 현 27.9%, 기타 3현이 24.9%로 지진피해지역 3현 기타 지역이 약 4분의 1정도를 차지하는 것으로 나타났다. 피해지역 3현 이외를 거주지로 하는 수료자는 지진피해지역 출신으로 다른 현에서 거주하고 있는 자, 피해지역 3현 이외의 피난처에서 거주하고 있는 피해자, 피해지역의 취업의향을 가지고 있으면서 피해지역 3현 이외에 거주하고 있는 자 등을 포함하고 있다는 점에 주의하여 이해할 필요가 있다. 이들의 사회적기업 연수 후 수료자의 진로상황을 살펴보면 선정사업자(연수프로그램 제공사업자와는 별도의 사업자인 경우를 포함함)의 창업지원 프로그램에 응모하여 창업한 자가 187명(9.0%), 취업이 확인된 자가 179명(8.6%)이었다. 기타 진로 미확정자가 1,712명(82.4%)으로 많았지만 이 수치가 선정자의 사업기간 수료시점(2014년 3월 말)에서 수정되지 않고 그 후 계속 증가되었을 경우를 고려하면 사업성과의 취업자는 매우 증가했을 것으로 추정된다.

5. 사회적기업 고용창출 사례: 「고령자인재센터」

최근 일본정부도 사회적기업에 의한 고용창출이나 사회적 문제

해결에 많은 노력을 기울려 왔다. 사회적기업은 사업활동을 통해서 사회적 문제해결을 지향하는 기업이나 사회성과 기업성의 양립을 지향하는 기업체라고도 할 수 있다. 사회적기업은 1980년대 이후 미국이나 유럽 등을 중심으로 확대되었지만 최근에는 동북아시아의 한국이나 일본 등에서도 주목받아 왔다. 이러한 배경에는 유럽에서 형성된 복지국가시스템의 위기론 가운데 시민운동과 협동조합운동이 결합되어 다양한 시민사업조직이 출현한 것에서 기인하고 있지만 최근 심각해지고 있는 사회적 배제문제나 실업·고용문제들도 그 요인 중의 하나이다.

사회적기업은 사회성, 사업성, 혁신성이 필수적이다. 사회성이란 현재 시급한 해결이 요구되고 있는 사회적 문제를 사업활동의 목표로 삼는다는 뜻이고, 사업성은 기업의 목표를 비즈니스 형태로 전환하여 계속적으로 사업활동을 전개한다는 의미이고, 혁신성은 새로운 사회적 상품과 서비스를 제공하기 위한 구조를 개발하거나 활용한다는 것을 나타낸다. 특히 이러한 사회적기업의 활동들이 사회적으로 확대됨으로써 새로운 사회적 가치를 창출하는 것을 사회적기업의 목표로 정의하기도 한다(松本典子, 2010: 1-2).

이러한 사회적기업의 가치창출에 대한 대표적인 지역인재 고용창출사례에 대하여 니가타 현 나가오카 시에서 시행하고 있는 '고령자인재센터'에 대하여 살펴보고자 한다. 본 센터는 1983년 일본에서 고령화 사회가 진행되는 가운데 고령자들이 일을 함으로서 스스로 보람과 지역사회에 공헌하는 것을 목적으로 설립되었다. 일본에서 정년퇴직자 등 고령자들이 증가함으로서 그들의 라이프스타일에 맞추어 임시적, 단기적, 그리고 비교적 가벼운 일들을

제공하여 봉사활동을 비롯한 다양한 사회참여활동을 통해 고령자들의 건강하고 보람 있는 삶의 실현과 지역사회 복지향상에 공헌하자는 취지였다.[3] 본 「고령자인재센터」의 특색을 살펴보면 일본 정부의 '고령자 고용안정 등에 관한 법률'에 의해 운영되고 있는 공익법인으로 시내에 거주하는 60세 이상의 건강하고 일할 의욕이 왕성한 고령자들을 회원으로 등록시키고 있다. 센터는 가정, 민간기업, 공공단체로부터 고령자에게 적합한 임시적, 단기적, 그리고 비교적 가벼운 일을 맡아(하청이나 위임) 회원들에게 제공하고 있다. 또한 일본 고령자사회의 다양한 수요에 대응하기 위한 취업지원으로 직업소개사업, 노동자 파견사업을 시행하고 있으며 등록회원의 실적에 따라 보수를 지급하고 있다. 센터에서는 고령자들이 다양한 직업에 대응할 수 있도록 각종 기능강습회를 개최하여 개인의 기능향상에도 힘쓰고 있으며 상조회나 지역활동을 통해 봉사활동이나 친구만들기 프로젝트도 돕고 있다(三菱UFGリサーチ&コンサルティング株式会社, 2015: 67-71).

본 센터는 나가오카 시 주변 「고령자인재센터」와 통합하는 방식으로 성장을 거듭하여 현재 본부 및 5개소의 사무소, 워크센터 3개소를 운영하고 있다. 2015년 12월 기준 직원 25명, 아르바이트 직원 46명으로 회원 수는 남성 1,856명, 여성 924명으로 총 2,780명의 회원을 보유하고 있다. 등록회원의 평균연령은 71.1세이며 회원자격은 60세 이상으로 나가오카 시 총인구의 2.8%에 달한다. 대부분의 고령자 회원들은 하루 2-4시간 정도의 단시간 노동에

3) 公益財団法人長岡市シルバー人材センター：http://www.nagaoka-sjc.jp/g1_annai.html(검색일: 2017.09.14.).

임하고 있으며 센터는 2011년부터 공익재단법으로 변경하여 운영되고 있다.

본 센터 설립초기에는 정원손질, 풀베기, 주차장정리 등 '고령자인재센터'의 전형적인 사업부터 시작되었는데 현재는 주 20시간, 월 10일 정도의 임시적, 단기적, 비교적 가벼운 일들까지도 담당하고 있다. 2015년 예산내역을 보면 경상수익 11.4억 엔으로 이들 가운데 위탁사업이나 독자사업은 10.5억 엔, 파견사업은 0.1억 엔, 보조금은 0.7억 엔 등이었다.

현재「고령자인재센터」에서 실시하고 있는 사회적 비즈니스로서는 인재파견사업, 어린이양육 응원사업, 학생복 및 체육복 리사이클사업 등이 있다. 이들 사업에 대해 상세히 살펴보면, 먼저 인재파견사업은 취업의욕이 강한 회원의 경우 비교적 장시간의 취업을 희망하기 때문에 기존의 하청업보다 수입이 많아지는 일반노동자 파견사업을 실시하는 경우이다. 2014년도 수주건수는 100건, 취업실인원수는 199명, 파견인원은 21,771명, 계약금액은 약 1억 엔에 달했다. 일본에서 60세 이상의 파견기간이 3년이라는 상한선이 폐지되어 향후 수주가 계속 증가할 전망이다. 어린이양육 응원사업은 2013년부터 개시되었다. 회원의 취업기회를 늘리기 위하 목적으로 어린이 양육경험을 살린 여성회원을 대상으로 하고 있다. 사업 중에는 일시적 어린이 돌봄교실 1개소, 방과 후 아동클럽 11개소 등을 운영하고 있다. 일시적 어린이 돌봄교실은 1시간당 500엔으로 2015년 일본정부의 보조사업으로 지원받고 있다. 다음으로 리사이클사업은 지역학교의 학생복이나 체육복을 회수하여 필요에 따라 수선하여 판매하는 사업이다. 자원재활용 사업

전반을 '3R사업'이라고 부르는데 재생자원업무나 재생자원거점 회수업무 가운데 하나의 사업이다.[4] 이 사업은 2014년도 개시하여 준비기간을 거쳐 2015년 2월부터 본격적인 활동에 들어갔다. 2014년 접수 회수건수 423건에 판매건수 13건이었으나 2015년에 접수건수 844건에 판매건수 176건으로 확대되었다. 3R사업 개시 초기에는 재고확보가 필요하여 폐지 제공 등을 호소하였다. 이 사업에서 취급하는 학생복이나 체육복이 중고품으로 학교나 사이즈별로 달라 구입희망자의 수요에 맞는 상품을 준비하기가 어려웠는데 상품의 제공자를 늘리고 준비하는 것이 최대의 난제였다.

이상과 같이 「고령자인재센터」는 처음에는 임시적, 단기적 그리고 비교적 가벼운 일자리를 제공해왔는데 최근에는 직업의 보람이나 사회참가 이외에도 취업의욕이 강한 고령자들이 회원으로 가입하는 사례가 늘고 있다. 또한 최근에는 고령자의 컴퓨터스킬의 활용 등 비교적 고도 업무에 대한 회원들의 수요도 꾸준히 증가하고 있어 직종의 다양화가 진행되고 있다. 현재 '고령자인재센터'는 과거의 고령자 위주의 단순 업무뿐만 아니라 점차 복합적인 업무로 진화되어 가고 있는 중에 있다.

제4절 ▶ 사회적경제와 지역고용확대

이 장의 목적은 일본에서의 사회적기업(Social Enterprise) 활동

4) '3R사업'은 쓰레기를 줄이는 것과 동시에 순환형 사회를 형성하기 위하여 필요한 3가지 요소를 가리킨다. 3R(Reduce, Reuse, Recycle)은 구체적으로 쓰레기를 줄이고, 사용 가능한 것은 재활용하며, 사용할 수 없는 것은 자원으로 이용하자는 것을 지칭하고 있다.

이 지역고용 창출확대에 미치는 효과에 대하여 일본사례의 검토를 통해 살펴보는데 있다. 특히 연구는 일본에서만의 특징인 복지취업형구조에서 벗어나 유럽식 사회적기업의 발전방향으로서 고용창출확대라는 '중간노동시장' 형성의 관점에서 2011년 3월에 발생한 후쿠시마 대지진과 같은 고용상황이 심각한 피해지역에서의 복구사례, 재해복구에서의 고용창출확대효과, 사례검토를 통한 향후 예상되는 일본 사회적기업의 발전방향 등을 고려하여 새로운 노동시장의 고용창출로서의 사회적기업의 방향성을 고찰하였다.

일본에서 사회적기업이 제공하고 있는 서비스의 대부분은 취업이 곤란한 사람들을 대상으로 한 고용창출, 사회서비스나 커뮤니티 돌봄 서비스 등과 같은 지역성이 강한 서비스들로 구성되어 있는 것으로 나타났다. 이들 사회적기업의 서비스 가운데에는 사회적 배제와 지역주민의 생활문제가 직접적으로 연계되어 있다.

일본에서 사회적기업의 개념이 본격적으로 확대 보급되기 시작한 것은 2000년대 이후로 역사는 2001년 고이즈미(小泉) 내각의 경제산업성 주도로 고용대책, 지역활성화 대책의 일환으로 추진되어 온 커뮤니티 비즈니스, 소셜비즈니스의 연장선상에서 이루어져 왔다. 이 연구에서 다루고 있는 일본의 노동통합형 사회적기업의 유형은 크게 복지지원형과 고용창출확대형(고용형과 협동창업형)두 가지로 구분된다. 본 연구에서 분석대상으로 다루고 있는 복구지원형 사회적기업은 지원형과 고용창출확대형이라는 두 가지 성격을 모두 포함하고 있다.

본 장의 분석은 2011년부터 2014년 3월까지 일본 내각부에서 시행한 복구지원형 지역사회고용창출 사업의 사업성과 자료를 활용하였다. 당시 일본에서 지역사회 고용창출확대사업으로서 복구지원형사업은 두 가지 형태로 진행되었다. 하나는 사회적기업의 창업인큐베이션 사업으로 600명의 사회적기업가 육성을 위한 창원지원 사업이었다. 이 사업은 비즈니스기획경쟁에서 채택된 사람을 대상으로 300만 엔 정도를 상한으로 한 인재, 상품, 자본 등을 종합적으로 지원하여 피해지에서 사회적기업의 창업을 돕는 사업이었다. 또 하나는 사회적기업 인재창출 인턴쉽사업으로 약 2,000명의 사회적기업을 담당할 인재를 육성하는 사업이었다. 특히 이 사업은 사회적기업에 대한 인턴쉽과 연수 등 약 180시간 이상의 프로그램을 실시하여 피해지역에서 사회적기업을 담당할 인재를 양성하는 사업이었다. 분석결과를 살펴보면 다음과 같다.

첫째, 복구지원형 사회적기업의 일환인 사회창업인큐베이션사업은 목표치 600명의 사회적기업가를 양성하는 사업으로 당초목표를 초과하여 총 608명의 지원대상자가 창업한 것으로 나타났다. 이들 608명의 창업자를 출신 현별로 살펴보면 이와테 현이 28.8%, 미야기 현이 37.8%, 후쿠시마 현이 26.5%로 가장 큰 지진피해지역 3현에서 균형 있는 창업이 이루어진 것으로 나타나 어느 정도 목표성과는 달성한 것으로 나타났다.

둘째, 사회적기업의 인재창출인턴쉽사업 목표치는 사회적기업을 담당하는 인재 2,000명 양성을 목표로 시행되어 100%이상의 성과를 거둔 것으로 나타났다. 특히 인턴사업 12개 선정사업자 전체에서는 당초목표치를 78명 정도 초과한 2,078명이 연수를 수료한 것으로 나타났다. 하지만 연수 후 수료자의 진로를 살펴보면 선정사업자(연수프로그램 제공사업자와는 별도의 사업자인 경우를 포함함)의 창업지원 프로그램에 응모하여 창업한 자가 187명(9.0%), 취업이 확인된 자가 179명(8.6%), 그리고 기타 진로 미확정자가 1,712명(82.4%)으로 많았지만 이 수치가 선정자의 사업기간 수료시점에서 수정되지 않았기 때문 그 후 계속 증가되었을 것으로 추정된다.

일본에서 사회적기업은 기업의 이익을 추구하기보다는 지역의 다양한 사회적 문제를 해결하기 위한 수단으로 비즈니스 방식을 적용하여 다양한 사회적 서비스를 제공하는 기업체로서 지역고용 창출확대에 큰 역할을 담당하고 있는 것으로 나타났다. 또한 최근에는 노동시장으로부터 배제된 사람이나 사회적으로 배제된 사람을 포용하는 주체로서 주목받고 있다. 일본 사회적기업은 미국과 유럽의 영향을 받아 사회적 문제를 해결한다는 목적은 거의 일치하고 있다. 그러나 중요한 것은 일본정부와 지방자치단체 간의 사회적기업의 고용창출 확대과정에서 정책상의 괴리 해결과 관료기구를 초월하여 정책적 통합을 어떻게 이루어 나갈 것인가가 주요 과제로 부상하고 있다.

결론적으로 일본 사회적기업은 공적 사회사업과 기업의 이윤을 동시에 추구해야 하는 부담감을 안고 있기 때문에 어떻게 사업의 채산성을 확보하고 사업체로서 자립할 것인지가 가장 큰 문제이다. 또한 사회적기업은 고용창출확대나 사업으로서 경제적 성공(고용창출효과나 매출액의 성장 등)도 매우 중요하지만, 조직 내 민주적 운영과 사회변혁의 주체이기 때문에 지역과의 연대, 사업 네트워크 구축, 사회적 자본의 가치실현, 노동의 형태 등 해결해야 할 과제들이 산적해 있다.

Chapter 5

일본의 평생교육과 사회적경제

제1절 평생학습과 평생교육

일본에서는 아주 오래전부터 인간의 삶의 한 방편으로서 생애를 통한 자기연마나 자기형성을 중시하는 경향이 있었다. 이러한 관점은 오늘날 교육 혹은 학습을 생애에 걸쳐 지속하는 교육의 생애화로서의 생애교육으로 연결되고 있다. 그러나 이것은 어디까지나 일본인 개인의 결심이나 노력으로 생각될 수 있고 일부 사람들에 한정된 사교육으로서 생애교육이라 할 수 있다. 오늘날 일본정부가 일컫는 생애교육 혹은 생애학습의 특징은 개인의 의사나 환경에 의존하기보다는 사회시스템으로 정비하여 제도적으로 실시해 나가는 것을 목표로 삼고 있다.

일본에서 생애학습이라는 관점이 등장하게 된 배경은 지금으로부터 약 50년 전 유네스코 성인교육추진국제위원회가 '인간의 일생을 통하여 행해지는 교육의 과정을 축적하고 활동시키는 원리로서 생애교육이라는 구상을 승인해야 한다.'는 것을 권고하여 유네스코 총회에서 생애교육이 교육의 기본원리로 채택된 이후 본격화되었다.[1] 그 이전까지만 해도 인생의 초기단계에서의 교육이 중요시되어 생애에 걸친 교육이 중요하다는 교육관의 전환이 제안되었다. 일본에서는 1977년 '사회환경의 급격한 변화에 따라 향후 인간형성상의 중요한 문제로서 생애교육의 관점으로부터 모든 교육체제를 종합적으로 정비할 것을 검토과제'로서 제기하여 1987년 중앙교육심의회 답신 "생애교육에 대하여"에서 본격적으로 논의하였다. 당시 일본에서 생애교육이 중시된 이유로서는 첫째, 시대적으로 사회 경제의 급격한 변화로 사람들에게 다양한 지식과 기술의 습득이 요구되고 있었던 점, 둘째, 사람들의 교육적 문화적 요구가 증대하고 있었던 점, 셋째, 사람들의 다양한 학습활동을 가능하게 하는 경제적 사회적 조건이 구비되고 있었던 점, 넷째, 향후 일본이 자유롭고 역동성 있는 사회를 유지하고 한층 발전하기 위하여 위로부터 적절한 사회적 대응이 요구되고 있었던 점 등을 들 수 있다.

먼저 일본에서 생애학습과 생애교육의 개념정의에 대해 살펴보면 미묘한 차이가 존재한다. 먼저 생애학습은 개인이 자발적 의사에 근거하여 필요에 따라 자기에게 적합한 수단과 방법을 스스로 선택하여 생애에 걸쳐 수행하는 것을 말한다. 그리고 이러한 생애학습을 위해 스스로 학습의욕을 불태우고 사회의 다양한 교육기능을 상호 관련성을 고려하여 종합적으로 정비 혹은 충실하려는

1) 生涯学習とは: https://www.city.taito.lg.jp/index/kurashi/gakushu/shogaikakusyujigyo/shishin.files/08.pdf#search(검색일: 2018.08.06)。

것이 생애교육이라고 정의하고 있다. 결국 일본에서는 각 개인들이 생애에 걸쳐 수행하는 주체적인 학습활동을 생애학습, 사회의 다양한 교육기능을 종합적으로 정비하고 충실을 기하는 것을 생애교육의 개념으로 정의하였다. 일본에서는 한국과는 달리 평생교육(생애학습)은 이 두 가지 의미를 포함한 개념으로서 생애학습이라는 용어가 정착되었는데[2] 이는 학습자의 시점에서 과제를 검토한다는 의미가 강조되었기 때문이다.[3] 일본에서 생애학습은 국민이나 시민들이 스스로 수행하는 학습활동이라 할 수 있다.[4] 1977년 이래 일본에서는 생애학습과 관련하여 순차적으로 생애학습체계로의 이행과 관련된 생애에 걸친 학습기회 정비, 생애학습을 위한 가정과 학교, 사회의 연계, 평가의 다원화 및 생애학습 기반으로서의 생애학습을 진행하는 마을만들기, 시설의 인텔리젠트화, 문부성의 조직개편과 법체계 정비, 각 성청간의 연락 및 조정 등이 수행되어 왔다.

결국 일본에서 생애학습은 생애에 걸쳐 모든 기회와 모든 장소에서 학습할 수 있고 그 성과를 적절하게 실릴 수 사회실현을 목표로 삼고 있다. 생애학습은 단지 학습자의 수요-지원-성과달성-

2) 金明姫(2014)「韓国における大学生涯学習に関する序説」,『創価大学大学院紀要』, 第36集, pp.203-222.

3) 일본에서의 생애학습은 한국에서는 평생교육(lifelong education, lifelong learning, recurrent education, continuing education)이라는 용어로 정착되었다. 평생은 한국어로 일생 혹은 생애를 통해 라는 의미로 일본에서는 생애에 걸친 학습이라는 학습자의 입장이 강조되어 생애학습이 일상적인 용어로 활용되고 있다. 본 연구에서는 일본의 입장에서 평생교육을 다루고 있기 때문에 생애학습이라는 용어로 통일하여 그대로 사용하였다.

4) 山崎ゆきこ(2013)『ユネスコにおける生涯学習概念の再検討—フランスの教育改革を視野に入れて—』, pp.1-15.

자기실현도 중요하지만 사회적 서비스의 제공이나 학습성과의 평가 및 인증제도의 정비도 필수 요소이다. 본 연구에서는 이러한 일련의 일본에서의 생애학습(평생교육)의 변천과정을 고찰하고 학교, 가정, 지역 연계과정에서 생애학습에 의한 고용창출에 초점을 두고 고용창출 사례를 분석하는 것을 목적으로 한다.

제2절 평생교육정책의 전개과정과 동향

일본에서 1981년 출판된 중앙교육심의회 "생애교육에 대하여"라는 답신에서 처음으로 '생애교육(평생교육)'이라는 단어가 등장하였다.[5] 여기에 따르면 생애학습은 자기의 충실, 계발이나 생활향상을 위해 각 사람들이 자발적 의사에 의해 필요에 따라 자기에 적합한 수단과 방법을 스스로 선택하여 일생을 통해 수행되는 학습을 가리키고 있다. 즉 생애학습은 일본 국민이나 시민들이 스스로 수행하는 학습활동을 가리키는 것으로 시설로는 통신교육, 대학(사회인입학), 방송대학, 도서관, 공민관, 생애학습센터, 커뮤니티센터, 스포츠센터, 기타 학습센터 등 다양하게 존재하고 있다.[6]

일본 생애학습심의회 1992년 답신에서는 '사회의 급격한 변화에 대응하여 인간성이 풍요로운 생활을 영위하기 위하여 사람들

5) 中角直樹(2014)『日本における生涯学習の現状と課題』, pp.1-3.

6) 앞의 논문, 中角直樹(2014, p.2) 참조. 일본에서 대학을 활용한 평생교육기관은 사회인 입학제도가 일반적으로 알려져 있다. 이것은 사회에서 취업하여 일하면서 혹은 휴직하고 재입학하여 배우는 시스템을 가리킨다. 사회인 입학은 시간상의 제약, 경제적 여유문제, 재취업의 곤란, 학위와 자격취득에 따른 낮은 메리트 등으로 매우 저조한 것으로 나타났다.

이 학습할 필요성이 있는 과제'를 생애학습의 현대적 과제로서 들었다.[7] 구체적으로 '생명, 건강, 인권, 풍요로운 인간성, 가정 및 가족, 소비자문제, 지역연대' 등이다. 이러한 현대적 과제에 관한 학습의 필요성이 증가한 사회적 배경에는 과학기술의 고도화, 정보화, 국제화, 고령화, 가치관의 변화와 다양화, 남녀공동 참여형 사회 형성, 가정과 지역의 변화 등을 들 수 있다. 이러한 7개의 사회적 배경 중 가장 큰 문제는 고령화, 국제화, 정보화라고 할 수 있다. 이러한 과제는 공적교육기관이 생애학습의 진흥에 당면하여 사회성, 공공성, 현대성, 긴급성을 필요로 하는 학습내용이다.

특히 고령화 사회에서는 가치관이 다양화되는 가운데 학습을 통해 정서적 풍요로움과 보람의 충족기회가 요구되고 경제사회의 변화에 대응하여 끊임없이 새로운 지식이나 기술을 습득할 기회가 필요해짐에 따라 생애 언제든지 자유롭게 학습기회를 선택하여 배울 수 있고 그 성과가 적절히 평가되는 생애학습사회의 형성이 주목되고 있다. 또한 고령자가 연령에 제한받지 않고 다른 세대와 함께 사회의 중요한 일원으로서 보람을 가지고 활약할 수 있도록 보란티어활동을 비롯한 고령자의 사회참가활동을 촉진함과 동시에 고령자가 자유 시간을 유효하게 활용하여 충실히 보낼 수 있는 조건의 정비가 필요하게 되었다. 더욱이 보란티어활동을 비롯한 NPO 등과 실버인재센터에서 수행하는 활동은 자기실현에의 욕구 및 지역사회에의 참가의욕을 충족함과 동시에 복지혜택에 깊이를 더하는 등 지역사회에 공헌하여 세대 간, 세대 내의

7) 立田慶裕(2013) 『生涯学習の学習需要の実態とその長期的変化に関する調査研究』, 平成22~24年度 プロジェクト研究調査研究報告書.

교류를 강화하여 세대 간 연대 및 상호부조의 의식을 양성하는 것으로부터 누구나가 언제든 어디에서든 장소에 구애됨 없이 가볍게 참가할 수 있도록 자발성을 존중하면서 기반정비를 도모하고 있다.

일본정부는 〈표 5-1〉에 제시한 바와 같이 국민의 생애를 통한 다양한 학습수요에 대응한 학습기회가 적절히 제공되기 위해서는 정부나 지방공공단체를 비롯한 대학과 민간교육사업자, NPO 등의 각종단체 등 다양한 주체가 연계 및 협력 체제를 구축함으로서 생애학습의 진흥에 대하여 적극적이고 종합적으로 대처해나가는 것이 중요하다. 이를 위해 2006년 12월에 개정된 교육기본법(법률 제120호)에서는 생애학습의 이념을 새롭게 규정하기도 하였다. 또한 '생애학습의 진흥을 위한 시책의 추진체제 등 정비에 관한 법률(1990년 법률 제71호)'와 중앙교육심의회의 답신 등에 근거한 생애학습사회의 실현을 향한 대응을 진행함과 동시에 민간에서의 생애학습추진을 위한 대응을 지원하는 창구나 교육문화 및 스포츠 진흥에 의한 시정촌 등의 지역 만들기를 지원하기 위한 창구를 설치하여 생애학습의 추진을 도모하고 있다.

2007년 7월에는 지방공공단체에서도 생애학습의 추진체제정비를 도모하기 위하여 생애학습담당부국이 전국 도도부현에 설치되고 도도부현생애학습심의회(생애학습에 대응하기 위한 시책의 종합적인 추진에 관한 중요사항을 조사심의 하는 기관)를 38개 도도부현에 설치하였다. 1999년 설치된 전국 생애학습시정촌협의회에는 2007년 4월 134개 시정촌이 가맹하고 있다. 2008년 2월에는 중앙교육심의회로부터 '새로운 시대를 개척하는 생애학습의 진흥방책에 대하여-지(知)의 순환형 사회의 구축을 목표로-'가 제출되어 국민 한 사람 한 사람의 생애를 통한 학습지원을 위한 방책, 사회전체의 교육력 향상을 위한 방책 등에 대한 제언이 주창되었다.[8)]

▎표 5-1▐ 일본 평생교육정책의 동향과 변천과정[9)]

연도	심의회명	주요 답신 내용의 변화
1965년	유네스코	유네스코 성인교육추진국제위원회의에서 폴 랭그랑(Paul Lengrand) 의장을 중심으로 '생애교육'이라는 아젠다 제창. 인간은 변화가 빠른 사회로부터 도전을 받고 있으며 비판정신이나 사물을 객관적으로 볼 수 있는 새로운 능력을 배양하지 않으면 이러한 도전에 승리할 수 없고 이를 위해서는 교육과 학습의 존재형태가 문제라고 주장하였음.
1971년	사회교육 심의회	사회교육심의회 보고 '급격한 사회구조의 변화에 대처하기 위한 사회교육의 존재형태에 대하여'가 등장. 일본에서 처음으로 공적 장소에서 생애교육 개념이 기술되었음. 생애교육의 관점에서 가정교육, 학교교육, 사회교육의 수정이 불가피하다고 지적하였으며 유아기부터 고령자까지 인생의 각 단계에서의 사회교육의 과제를 설명하였음. 이후 '향후 학교교육의 종합적인 확충정비를 위한 기본적 방책에 대하여'
1981년	중앙교육 심의회	중앙교육심의회 보고 '생애교육에 대하여'가 등장. 생애교육과 생애학습이라는 언어를 정의. 국민 한 사람 한 사람이 충실한 인생을 보낼 수 있도록 지향하여 생애에 걸쳐 수행하는 학습을 지원하기 위하여 교육제

8) 中央教育審議会: http://www.mext.go.jp/b_menu/shingi/chukyo/chukyo0/index.htm(검색일: 2018.08.06.)。

9) 生涯学習に関する主な変遷(案): https://www.city.kashiba.lg.jp/kyouiku/cmsfiles/contents/0000001/1058/files022552.pdf#search(검색일: 2018.08.06.)。

연도	심의회명	주요 답신 내용의 변화
		도 전체가 생애교육의 관점에서 서야한다고 주장. 생애교육의 개념을 승인하였음.
1985년~1987년	임시교육심의회	1985년 임시교육심의회로부터 교육개혁에 관한 제1차~제4차에 걸쳐 보고. '생애교육'을 '생애학습'이라는 표현으로 통일하였음. 학교중심 교육제도를 수정하여 광범위한 교육과 학습의 기회를 정비하고 학습한 것이 적절하게 평가되도록 '생애학습체계에의 이행'을 제언. (임시교육심의회는 교육기본법 정신에 입각하여 교육개혁에 관한 국가자문기관임). 교육체계의 종합적인 재편성, 개성중시, 교육 자기책임, 수익자부담, 민간활력 도입, 1988년 문부성기구개혁 평생학습국 설치
1990년	중앙교육심의회	중앙교육심의회 보고 '생애학습의 기반정비에 대하여'가 등장. 생애학습추진상의 유의점과 기반정비의 존재형태를 제시. 그 가운데 '생애학습은 생활 및 직업상의 향상 및 자기충실을 지향하여 자발적 의사에 근거하여 수행하는 것을 기본'으로 제시하였음.
	문부성 통산성	'생애학습 진흥을 위한 시책의 추진체제 등 정비에 관한 법률' 생애학습에 관한 유일한 법률이 제정되었음. 제1조(목적) 이 법률은 국민이 생애에 걸쳐 학습할 기회가 골고루 요구되고 있는 상황을 감안하고 생애학습의 진흥에 이바지하기 위하여 도도부현의 사업에 관한 추진체제의 정비, 기타 필요한 사항을 정하고 특정지구에서 생애학습과 관련된 기회의 종합적인 제공을 촉진하기 위한 조치에 대하여 정함과 동시에 도도부현 생애학습심의회의 사무에 대하여 정하는 등의 조치를 협의함으로써 생애학습을 위한 시책의 추진체제 및 지역에서의 생애학습과 관련된 기회의 정비를 도모하여 생애학습의 진흥에 기여하는 것을 목적으로 하고 있음. 생애학습심의회 설치

연도	심의회명	주요 답신 내용의 변화
1991년	중앙교육 심의회	'새로운 시대에 대응하는 교육의 모든 제도 개혁에 대하여'
1992년	생애학습 심의회	생애학습심의회 보고 중 '향후 사회동향에 대한 생애학습 진흥방책에 대하여'가 제출되었음. 당면하고 있는 주요 과제를 제시하고 가정, 학교, 행정 등 각계각층에 대하여 생애학습 진흥을 위한 대처를 호소하였음. 또한 생애학습사회를 '사람들이 생애가운데 언제든 자유롭게 학습기회를 선택하여 배울 수 있고 그 성과가 사회에 적절하게 평가되는 사회'로 정의하였음. 학교 5일제 도입 개시
1996년	생애학습 심의회	'지역에서의 생애학습 충실방책에 대하여'
1998년	생애학습 심의회	'사회변화에 대응한 향후 사회교육해정의 존재형태에 대하여'
1999년	생애학습 심의회	'학습의 성과를 폭넓게 살리는 생애학습의 성과를 살리기 위한 방책에 대하여'
2000년	생애학습 심의회	'새로운 정보통신기술을 활용한 생애학습의 추진방책에 대하여'(2001년 생애학습심의회 개조 중앙교육심의회 평생학습분과회)
2004년	중앙교육 심의회 생애학습 분과회	'향후 생애학습 진행방책에 대하여'(심의 경과보고)
2006년		12월 '교육기본법'이 전부 개정되어 새로운 시대의 교육이념을 명확히 함과 더불어 생애학습의 이념(제3조)을 처음으로 도입하여 생애학습사회의 실현에 대하여 규정하였음. 또한 가정교육(제10조)과 사회교육(제12조), 학교, 가정, 지역의 연계협력(제13조) 등에

연도	심의회명	주요 답신 내용의 변화
		대해서도 정하였음. 제3조(생애학습의 이념) 국민 한 사람 한 사람이 자기의 인격을 연마하고 풍요로운 인생을 보낼 수 있도록 그 생애에 걸쳐 모든 기회에 모든 장소에서 학습할 수 있고 그 성과를 적절히 살릴 수 있는 사회실현을 도모해야 함을 강조.
2008년	중앙교육 심의회	2월 중앙교육심의회에서 '새로운 시대를 개척하는 생애학습 방책'의 보고에서 '국민 한 사람 한 사람의 생애에 걸친 학습지원(국민의 학습의욕을 지지하는)' 과 '사회전체의 교육력 향상(학교, 가정, 지역을 연계하기 위한 시스템 만들기)'를 향후 방책의 두 가지 핵심기둥으로서 '지의 순환형사회'을 구축하기 위한 구체적 방책 등을 제안하였음(중앙교육심의회는 국가 교육행정의 자문기관).
2013년	중앙교육 심의회 생애학습 분과회	'제6기 중앙교육심의회 평생학습분과회에서 논의 정리(안)'

그리고 2008년 일본중앙교육심의회 답신 '새로운 시대를 여는 생애학습의 진흥방책에 대하여-지(知)의 순환사회를 향하여'라는 2013년 평생학습분과회 논의 보고가 이후 전개되었지만 답신에서는 '지식기반사회 시대에 적합한 인재양성이 생애학습사회에 필요하며 치열한 경쟁과 기술혁신이 발생하여 상승적 글로벌화가 진전된다. 때문에 변화에 대응하기 위하여 스스로 과제를 발견하고 생각하는 능력, 유연한 사고력, 체험적 지식과 기술을 활용하여 복잡한 과제를 해결하는 능력 및 타인과의 관계를 구축하는

능력 등 풍부한 인간성을 포함한 종합적 '지(知)'를 가진 자립한 개인이 기술되어 있다.'[10] 그러나 지역사회에서는 남녀공동참가, 인권, 환경보전, 소비자문제, 방재 및 안전 등 지역문제와 생활문제가 산적하고 있지만 과제해결을 위해서는 네트워크 구축과 활력 있는 커뮤니티 형성을 위한 학습기회의 충실이 요구되고 있다는 것을 강조하고 있다. 여기에는 일본인 각자에게 자기책임에 의한 배움을 환기시키고 이러한 학습을 커뮤니티에서 살려야한다는 국민의 의무화를 강조하고 있다.

제3절 평생교육을 통한 지역재생과 고용창출 사례

일본에서 평생교육(생애교육)을 주관하고 있는 내각부에서 실시한 2013년도와 2015년 조사에 따르면 60세 이상 고령자의 60% 이상이 사회참가활동의 일환으로 그룹 활동에 참여한 적이 있는 것으로 나타났다.[11] 고령자들이 그룹 활동에 참여한 이유에 대해서는 새로운 친구를 사귈 수 있고 삶의 보람을 느낄 수 있었기 때문이었고 참가하고 싶은 단체는 마을회나 자치회, 취미와 건강스포츠, 보란티어단체 등이었다. 이들 중 생애학습에 참여하고 있는 고령자는 40%이상으로 주로 취미(음악, 미술, 화도, 무용, 서도, 여가활동 등)와 건강스포츠(건강법, 의학, 영양, 조깅, 수영 등), 보란

10) 河野和枝(2014)「日本の生涯学習政策の動向と課題: 国民の新たな「学び」に注目して」,『北星論集(社)』, 51, pp.106-111.

11) 高齢者の社会参加活動: http://www8.cao.go.jp/kourei/whitepaper/w-2017/zenbun/pdf/1s2s_05.pdf#search(검색일자: 2018.08.24.).

티어활동에 필요한 지식과 기능습득 등으로 이로 인해 삶이 보다 풍부해졌고 자신의 건강도 유지할 수 있었다고 응답했다.

이 장에서는 일본지역에서 고령자를 대상으로 실시한 일본 군마 현 평생교육에 의한 지역재생사례와 사가 현 레이가디아대학 평생교육성공사례를 통해 그 의의와 시사점을 살펴보고자 한다.

1. 평생교육과 고용창출

일본의 생애학습정책의 특징은 1970년대 이후 북미유럽과 같은 민간중심의 성인교육이나 계속교육, 혹은 개발도상국의 문맹교육 중심이라기보다는 관제개념으로 도입되었다는 주장이 강하다. 1980년대 후반부터는 신자유주의정권에 따른 민간 활력의 도입과 이에 따른 교육학습의 공정성에 대한 도전이라는 방향전환을 통해 국가체제로서 '생애학습사회로의 이행'이 이루어졌다.[12] 1990년대 들어서는 버블경제의 붕괴와 신자유주의 후퇴로 생애학습 진흥정비법이 성립되어 지방분권추진이 주창되자 지역중심과 민간 활력 도입에 따른 효율성과 합리성을 추구하게 되었다.

일본에서 직업에 관한 생애학습은 학교교육, 대학고등교육기관 등에서 '캐리어교육'으로서 활발히 전개되어 왔다. 전술한 바와 같이 생애학습은 자기계발이나 생활향상을 위해 개인이 자발적 의사에 의해 수행하는 학습을 일컫는다. 달리 말하면 생애학습의 유형은 스스로 인간성(자기계발, 보람 등을 위한 문화교양학습)을 향상시키는 학습, 생활에 직결되는 수입을 얻기 위한 학습, 생

12) 앞의 논문, 山田一隆(2001), p.153.

활의 질을 높이기 위한 학습 등이 있다. 그러나 지방자치단체에서 시행하는 생애학습의 경우 취미교양강좌가 중심적이어서 자기계발이나 문화교양학습 등이 활발히 진행되어 왔고 수입과 직결되는 생활향상이나 직업능력 향상에 관한 생애학습은 상대적으로 적은 편이었다. 생애학습의 난제는 학습성과를 어떻게든 현실생활에서 살리는 것이 요구되고 있다는 점이다. 생애학습의 학습성과는 직업캐리어에 활용한다거나 보란티어에 적용하는 등 지역활성화에 적극 활용해야 한다고 요구하고 있다.[13] 그리고 이러한 요구에 따라 실제로 일본에서 생애학습 성과는 다음 〈표 5-2〉와 같이 마을재생 및 지역활성화에 활용하는 사례들이 많은 것으로 나타났다.

❙표 5-2❙ 군마 현 평생교육을 통한 지역재생과 일자리창출 사례[14]

분야	구체적인 내용	특색	사례 주최
특산품 만들기	카레이가와 에키벤토 (역 도시락)	지역특산품 등에 의해 에키벤토 등을 만들어 판매	카레이가와 에키벤토
	시민대학 소주생산 판매	소주의 전 과정을 학습하여 생산	시부시시 시민대학
공동체 사랑방	일요 교류시장	빈 점포를 활용하여 회원들이 손으로 만든 상품 출점	시비시시 창년 시민대학

13) 文部省生涯学習審議会答申(1999)『学習成果を幅広く生かす』, 平成11年6月9日.

14) 福留強(2012)「これからの生涯学習·社会教育のありかた: 社会教育における「職業に関する学習」の現状と課題」,『生涯学習ぐんま』, vol.47, pp.2-3.

분야	구체적인 내용	특색	사례 주최
	교류다방	지역민들의 사랑방으로서 동료들끼리 투자하여 가게 운영	송사리 상담사
취미특기	채소원을 활용한 식품 판매	공민관학습으로 취미 채소원을 기업화하여 야채 등 판매	마녀의 직송편
	인터넷	홈페이지 작성 등에 의해 지역네트워크 구축	
	광고찌라시 만들기 편집	취미나 특기를 살려 상점가 등의 광고를 작성하는 사례	
동료와 공동회사 만들기	배달회사	지역의 식재료를 연구하여 파티 등의 배달회사를 기업화	
	레스토랑 운영	간단한 부식에서 중식 등 레스토랑 경영	와글와글 아틀리에
개호복지 대행	쇼핑대행 등	복지사업으로서 지역의 고령자 대상 쇼핑대행을 기업화	
교육 및 어린이 대상사업, 어린이 교육	어린이 돌봄지원	어린아이를 돌보는 엄마를 대상으로 돌봄 지원을 기업화	
	학습학원	지역 창년들이 특기를 살려 지역에서 개설[15]	
관리 대행	시설의 지정 관리 수탁	마을만들기 연구회가 지역시설운영을 관리	도토리현 호쿠에이초 애니메이터 마을만들기 연구회
	환경정비	공원관리 등 위탁을 받아 수익 향상	다치가와 시오야마단지 자치회

위의 〈표 5-2〉에 제기한 사례에서 일본에서 평생교육을 통한 지역재생과 일자리창출 사례를 살펴보면 특산품 만들기 등을 배우고 그 성과를 상품화하여 운영주체를 기업화한 사례들이다. 평생교육과 관련된 일자리창출 사례는 아직까지 미미한 편이지만 지역에 고용창출효과를 나타내고 있다는 것은 고무적인 일이라 할 수 있다.

이러한 평생교육을 통한 고용창출 성공사례는 다음과 같은 몇 가지 공통적인 요소를 함의하고 있는 것으로 나타났다. 첫째는 유효한 자격취득에 관련된 사항의 학습을 취업과 직업으로 연결되는 내용을 프로그램화 했다는 점이다. 그리고 주최 단체와의 연계를 전제로 자격취득관련 과목을 개설하고 있었다. 둘째는 시민대학 등의 프로그램에 위치하고 있는 것으로 매력 있는 시민대학을 만들기 위해 학습프로그램에 자격취득에 연결되는 과목 등을 개설하는 것이 효과가 있었다는 점이다. 셋째는 기업과 연계한 사업으로 교육위원회 사업으로서 시행이 곤란할 경우 관계있는 기업, 단체 등과 연계하여 기획하고, 사업에 관한 학습, 취업에 유리한 과목 등을 학습할 수 있는 프로그램을 준비하는 것이다. 넷째는 교육위원회사업으로서 커뮤니티 비즈니스연구를 진행하는 사업을 기획하는 것이다. 학습자는 자주적으로 종료 후 학습에 의해 자립학습을 지속할 수 있을 것이다. 다섯째는 행정실시가 곤란한 사업에 대해서는 NPO단체 등과 사업을 공동개최하는 등 연계하여 실시하는 것이다. 여섯째, 캐리어교육과 추진에 관한 연계협력

15) 일본에서 새롭게 무언가를 창조하고 일구어 가는 앞선 세대라는 의미에서 노인들을 '창년세대(創年世代)'라 칭하고 있다.

으로 향후 캐리어교육이 학교교육의 전 분야에서 수행될 필요가 있다.

향후 교육에서 취업활동, 직업교육 등은 필수적인 것으로 캐리어교육의 충실, 사회로의 접속지원, 산학관 연계에 의한 중심적 전문 인재와 고도직업인의 육성충실강화 등이다. 일본에서는 최근 일자리가 증가하고 있는 추세이지만 여전히 고용불안, 이직, 실업문제 등으로 각 지역이 평생교육에 집중해야 하는 상황에 놓여있다. 이러한 가운데 일본의 평생교육이 직업과 관련된 사업을 배제하고 취미교양강좌에 치중하는 경향이 있었다. 지역재생 사업 중에 일자리 창출효과도 보이지만 평생교육의 과제로서 캐리어교육이나 고용창출은 일본에서도 해결해야 할 과제로 남아 있다.

이 장에서는 이러한 고령자 지역재생사업 이외에도 고령자의 평생교육 성공사례에 초점을 두고 이들의 평생교육활동에 관한 실태와 현상을 살펴보고자 한다. 왜냐하면 1990년대 이후 일본에서는 고용관행 등 사회경제시스템의 변화, 고령화, 연대약화와 같은 지역사회문제가 부상하여 종래의 평생학습이 여가의 연장선에서 이해되어왔지만 학습과제의 전문성을 제고하여 지역사회의 문제를 주민의 손으로 극복해나가는 능력개발을 수행하기 위한 교육프로그램의 실천으로서 평생교육으로 전환되었기 때문이다.[16)]

---

16) 山田一隆(2001)「高齢者の社会参加からみた地域社会における生涯学習団体の現状と課題: 京都府舞鶴市におけるケーススタディ」,『政策科学』, 8(2), pp.151-155.

2. 고령자대상 평생교육-일본 사가 현 레이가디아 대학 성공사례

일본 사가 현 레이가디아 대학은 고령자의 사회참가의욕의 고조에 대응하여 고령자가 지식이나 교양, 기술을 배우고 지역의 주체로서 활약할 수 있도록 지원하기 위한 목적으로 1978년에 개교되었다. 레이가디아대학의 평생교육은 사가 현의 지정을 받아 '사가 현 사회복지협회'에 의해 개설 운영되고 있다. 2009년 사가 현이 재정난을 이유로 휴교를 발표했지만 졸업생과 재학생, 현의 사회복지협의회가 일체가 되어 존속운동을 펼친 결과 2010년 5월에 대폭경비절감, 사가 현 사회복지협의회와의 협동(대학운영을 지원하는 조직을 만들어 지원)을 전제로 존속이 결정되었다.[17]

사가 현 레이가디아대학은 사가 현 내 거주하는 60세 이상의 고령자를 대상으로 2년제 6학과를 운영하고 있다. 1978년 개교 이래 5,000명 이상의 졸업생을 배출하고 있다. 수강자가 부담하는 수업료는 연간 5만 엔(2016년 현재) 정도로 1일 4시간강좌로 1개월에 5일 정도의 통학을 목표로 하고 있다. 커리큘럼은 필수과목과 선택과목으로 구성되어 고령자의 흥미나 관심에 따라 학습할 수 있도록 배려하고 있다. 대학 내에서는 지역에서 활동하는 보란티어활동 모집을 하고 있어 공부만이 아니라 고령자가 지역사회의 리더로서 활약할 수 있도록 만들기 위한 실천의 장소를 제공하고 있다. 필수과목으로서는 전학생을 대상으로 인간이해, 향토이해, 사회참가 등에 대한 학습을 지향하고 있다. 선택과목은 환

17) 内閣官房まち·ひと·しごと創生本部事務局(2017) 「生涯活躍のまち」に関する取組事例集: https://www.kantei.go.jp/jp/singi/sousei/about/ccrc/jireishu.pdf#search(검색일: 2018.08.24.).

경학과, 지역문화학과, 건강만들기학과, 전통문화학과, 원예학과, 도예학과 등 6개학과로 캠퍼스는 구사쓰학교와 요네하라학교로 구분되어 있다.

레이가디아대학은 학습활동이외에도 클래스활동이나 위원회활동, 클럽활동을 통해 새로운 교류를 목적으로 한 사업도 실시하고 있다. 클래스활동은 학생들이 자주적으로 운영하여 각 클래스마다 상업내용이나 운영방법, 학교행사 등에 필요한 협의, 연락, 조정을 수행하는 장소가 되고 있다. 위원회활동은 학생이 학과장, 부학과장, 회계담당, 체육위원회, 문화위원회, 과제학습위원회, 정보위원회, 지역활동추진위원회(보란티어의 날 담당, 지역활동체험학습담당) 등의 각종 역할을 담당하고 있다. 클럽활동에서는 회화, 서도, 바둑, 시 낭독, 레크리에이션 댄스, 포토워크 등 다양한 분야에서 활동할 수 있다. 졸업생으로 구성되는 '서포트대원'이 컴퓨터교실의 개최나 선택강좌의 실습보조 등 학교생활을 서포트하고 있다. 또한 재학생과의 교류사업도 활발히 전개하고 있으며 졸업생과 재학생의 연계를 밀접하게 전개하고 있다. 대학에서 배운 것을 지역이나 보란티어활동에서 살리기 위해 동창생의 활동을 발표하고 동료 간의 정보교환이나 활동에 대한 의욕향상을 격려하기 위해 동창회원에 의한 '지역활동사례발표회'를 개최하고 있다. 대학 졸업생들은 재학 중에 수행한 과제학습을 보다 발전시킨 활동이나 재학 중에 작성한 종이연극의 상연, 마을만들기활동의 기획운영, 지역학교나 공원, 공공시설 등의 수목의 전정, 관광보란티어가이드 등 재학 중에 배운 지식이나 경험을 살려 활약하고 지역사회에 공헌하고 있다.

레이가디아대학의 평생교육은 수강대상자를 졸업 후 대학의 학습성과를 살린 지역활동 등에 의욕이 있는 분들로 명기하고 향후 지역활동을 위한 학습에 관심 있는 분들을 목표로 하고 있다. 또한 비와코환경학과, 지역문화학과, 전통문화학과 등 그 지역특유의 사항에 대하여 학습할 수 있는 프로그램을 제공하여 수강자들이 졸업 후 마을만들기 활동의 기획운영, 지역학교와 공원, 공공시설 등의 수목의 전정, 관광보란티어가이드 등에 종사하여 지역에서 활약하는 인재를 양성하고 있다.

3. 한일 평생교육의 차이점

한일평생교육의 비교를 통한 상호 차이점과 공통점은 〈표 5-3〉과 같다. 한국에서는 평생교육이 지역사회에 공헌하기 위한 서비스차원뿐만 아니라 많은 수강생을 유치하여 대학경영의 향상과 영리적 수입을 얻기 위한 수단으로 활용되거나 적절한 시기에 교육을 받지 못한 성인들을 위한 재취업과 재교육수단으로 활용되기도 한다. 또한 학교교육이외의 고등교육기회의 확대를 위하여 다양한 형태의 평생교육시설을 제도화하고 단위은행제도나 독학학위제도를 통해 고등교육에 대해 급증하는 수요에 대응하고 있다.

한국의 평생교육이 65세 이하의 성인대상이 특징인데 반하여 일본은 60세 이상의 고령자를 대상으로 하고 있다는 점에서 가장 큰 차이가 있다. 일본의 평생교육은 취미교양강좌에서 출발하여 보란티어활동, 지역재생과 창업활동, 고령자들이 지역에서 실제로 활용할 수 있다는 기술이나 지식습득, 노후경제활동 준비나 자격취득 등을 지향한다는 점에서 한국과는 차이를 두고 있다. 그러나 한일 평생교육이 지역사회에 공헌하는 지(知)의 거점역할, 사회인입시나 통신교육, 공개강좌실시, 고령자를 위한 평생교육을 지향하고 있다는 점에서는 공통점이 존재한다.

| 표 5-3 | 한일 평생교육활동의 비교[18]

평생교육	한국	일본
차이점	지역사회 공헌 영리적 목적의 수입 성인대상 재취업과 재교육 교육소외계층 고등교육 기회 제공 확대	취미교양강좌 보란티어활동 지역재생과 창업활동 지역에서 실제로 활용할 수 있는 인재양성 고령자대상 경제활동 준비, 자격 취득 등을 위한 평생학습
공통점	지역사회에서 지(知)의 거점 사회인 입시, 주야간 개강제도, 과목 등 이수생, 통신교육, 이수증명제도, 공개강좌 실시 학령인구감소에 따른 대학 도산 사태 대응차원 고령자의 생애학습	

제4절 평생교육과 지역활성화

이 장의 목적은 일본에서의 생애학습(평생교육)의 변천과정을 고찰하고 평생교육을 통한 생애학습과 고용창출에 초점을 두고 고용창출 사례를 분석하는데 있다. 본 연구에서는 일본지역에서

18) 한국의 평생교육의 현황과 실태에 대해서는 앞의 논문, 金明姬(2014, pp.221-222) 참조. 본 한일 평생교육의 비교표는 필자가 작성하였다.

고령자를 대상으로 실시한 일본 군마 현 평생교육에 의한 지역재생사례와 사가 현 레이가디아대학 평생교육성공사례를 통해 그 의의와 시사점을 살펴보았다.

일본에서 평생교육의 변천과정을 살펴보면 1965년 이후 치열한 경쟁과 글로벌시대의 변화에 대응하기 위하여 스스로 과제를 발견하고 생각하는 능력, 유연한 사고력, 체험적 지식과 기술을 활용하여 복잡한 과제를 해결하는 능력 및 타인과의 관계를 구축하는 능력 등 풍부한 인간성을 포함한 종합적 '지(知)'를 가진 자립적 개인의 양성을 지향하고 있다. 최근 일본정부는 평생교육을 통해 지역사회의 산적한 문제를 해결하기 위한 지역네트워크 구축과 활력 있는 커뮤니티 형성을 위한 학습기회의 충실, 개인책임에 의한 배움을 환기시키고 이러한 학습성과를 지역커뮤니티에서 살려야한다는 국민의 의무화를 강조해왔다. 즉 종래의 평생학습이 여가의 연장선에서 이해되어왔지만 지역사회의 문제를 주민의 손으로 극복해나가는 능력개발을 수행하기 위한 교육프로그램의 실천으로서 평생교육으로 전환되어 왔다는 것이다. 본 연구결과는 다음과 같다.

첫째, 일본에서 60세 이상이 참여하고 있는 평생교육에 대한 내각부 조사에서 사회활동 참여이유는 친구와의 만남, 삶의 보람이었고 참여하고 싶은 단체는 마을회나 자치회, 취미와 건강스포츠, 보란티어활동으로 특히 보란티어활동에 필요한 지식과 기능습득을 위해 평생교육에 참여하고 있는 경우가 많은 것으로 나타났다.

둘째, 군마 현에서 실시한 평생교육을 통한 지역재생과 일자리 창출 사례를 보면 일본정부의 평생교육의 학습성과를 직업캐리어에 활용한다거나 보란티어활동에 적용하는 등 지역활성화에 적극 활용해야 한다는 정부요구에 따라 지역특색에 맞는 창업활동을 통해 마을재생 및 지역활성화에 적극 활용하는 것으로 나타나고 있다.

셋째, 사가 현 레이가디아대학의 평생교육은 처음부터 수강대상자들이 졸업 후 평생교육의 학습성과를 살린 지역활동 등에 의욕이 있는 분들로 명기하고 향후 지역활동을 위한 학습에 관심 있는 분들의 양성을 목표로 하고 있다. 이들은 졸업 후 지역사회에서 마을만들기 활동의 기획운영, 지역학교와 공원, 공공시설 등의 수목의 전정, 관광보란티어가이드 등에 종사하여 실제로 지역에서 활약하는 인재양성을 목표로 하고 있었다.

넷째, 한일 평생교육을 비교하면 한국에서는 성인대상의 재취업과 재교육, 영리목적의 고등교육기회의 제공확대가 강조되지만 일본에서는 고령자대상의 보란티어활동과 지역에서 활약하는 인재양성이라는 점에서 큰 차이를 보이고 있다.

결론적으로 고령자를 대상으로 한 일본의 평생교육과정은 취미교양강좌와 보란티어활동, 지역재생과 창업활동, 지역에서 실제로 활용할 수 있는 인재양성을 목표로 추진되어 왔음을 알 수 있다. 이러한 일련의 변화과정은 고령자의 평생교육이 최근 크게 변화하고 있다는 것을 시사하고 있으며 종래의 교양과 취미를 위한 평생학습에 만족하지 않고 보란티어활동을 수행하기 위한 경제활동의 준비, 자격 취득 등을 위한 평생학습이 강화되고 있음을 의미한다.

Chapter

6

일본 사회적경제의 지역재생과 사회적 포용

제1절 사회적경제와 사회적 포용

최근 일본사회는 고령화로 인한 급속한 인구감소와 글로벌 다문화의 영향으로 국지적인 지역쇠퇴나 황폐화 등이 심각해지고 있는 상황에서 지역재생을 위한 적극적인 정책들이 추진되어 왔다. 이러한 일본의 지역적인 현실에서 지역 현장에서의 구체적인 사회적기업의 활동사례를 분석함으로써 지역재생과 구체적인 해결방안이 모색될 수 있을 것이다. 일본에서 사회적기업은 기본적인 경제적 구조를 유지하면서 지역산업의 국지적인 문제 해결을 시도하는 사회적 포용의 주체이자 이를 실현하는 핵심으로 간주되어 왔다.

본 장은 일본 사회적기업을 통해 사회적 포용의 문제를 해결하기 위해서 지역재생과 지역활성화의 관계를 살피고 일본의 지역재생정책을 파악하여 일본의 지방, 특히 각 지역에서 인구감소,

고령화, 지역적 쇠퇴 등 다양한 문제의 해결방안에 대한 지역재생의 사례를 제시한다. 특히 지역재생의 관점에서 사회적기업의 대두와 사회적 포용(Social Inclusion)이라는 접근방식을 통해 심각한 지역사회의 국지적 쇠퇴에 따른 활성화 방안에 대하여 일본의 사례를 통해 논의한다. 일본 사회적기업에서 적극적인 참가나 개입을 보이고 있는 고령자, 장애자, 실업자 등을 포함한 다양한 주민들의 사회적기업으로의 포용방식을 살펴봄으로써 종래와는 다른 중층적인 커뮤니티 형성의 가능성과 지속가능한(sustainable) 지역운영의 가능성 등을 도출할 수 있고 지역활성화에 필요한 시사점을 제공할 수 있을 것이다.

본 장의 구성은 다음과 같다. 먼저 2절에서는 지역재생에 관한 선행연구를 검토하고 이론적 배경을 파악하고, 3절에서는 일본 사회적기업의 지역재생과 고용창출에 관한 사례를 제시한다. 마지막으로 4절은 주요 결론을 정리하고 정책적 시사점을 언급한다.

제2절 지역소외와 사회적 배제

본 장에서 분석 방법은 일본 사회적기업의 지역재생과 사회적 포용이라는 측면에서 접근하고 있다. 이것은 지역적 인구감소와 쇠퇴에 직면하여 지역재생을 통해 사회적 포용을 기대할 수 있기 때문이다. 사회적기업의 '사회적'이라는 것은 사회문제의 해결, 즉 사회적 목적에 있다. 사회적기업은 주로 사회적 목적을 동반하는 비즈니스로 사업에서 산출된 잉여금을 주식이나 소유자의 이익최대화를 위해 활용하기보다는 사회적 목적을 위해 비즈니스나 커

뮤니티에 재투자하는 기업체라 할 수 있다.[1]

사회적기업의 연구에서 사회적 포용은 사회적 소외에 대한 문제 해결차원의 접근을 가리킨다. 이런 점에서 사회적기업과 지역재생은 밀접한 관련성을 가지고 있다. 지역재생은 쇠퇴한 지역을 재생한다는 의미로 경제적 측면이나 환경적 측면뿐만 아니라 사회로부터 소외된 지역이나 개인의 생활을 개선하도록 지역주민의 역량을 강화하고 지역소외와 빈곤상태를 개선하는 것을 말한다.[2] 즉 지역재생사업은 빈곤지역에 대한 대책으로 고용, 교육, 건강, 범죄, 주택 등과 같은 복수의 문제들을 포함하고 있다. 일본에서 지역재생은 지역경제의 활성화, 지역사회(커뮤니티)의 재건, 마을만들기 등 경제, 사회, 정치, 도시계획 등 다양한 의미를 함의하고 있다.[3]

이런 점에서 사회적기업과 지역재생은 지역과 밀접한 관련성을 가지고 되는데 최대의 역할은 고용창출에 있다. 이것은 사회적기업의 정의에서도 보여주고 있는 바와 같이 공동체에의 재투자, 지역공동체나 단체의 역량강화, 주변 지역의 재생과 지속적인 발전 공헌을 표방하고 있기 때문이다.[4] 지역재생은 지역에서의 사업 참가나 지역민주주의가 중요해지는데 지역주민이 주체적으로 자

---

1) Cabinet Office(2006), *Social Enterprise Action Plan : Scaling new heights*, p.10.
2) 岩満賢次(2018), 「地域再生における社会的企業の社会的所有の意義」, 『人間福祉学研究』, 4(1), pp.21-28.
3) 八木橋慶一(2011), 「英国地域再生と社会的企業: 労働党政権期における朝鮮とその意義」, 『人間福祉学研究』, 4(1), p.31.
4) 藤井敦史(2010), 「「社会的企業」とは何か」, 原田晃樹·藤井敦史·松井真理子 『NPO再構築への道: パートナーシップを支える仕組み』, 勁草書房, pp.114-117.

신들의 지역을 창조해나가는 힘을 부여할 수 있는 공동체 역량이 필요해진다. 따라서 쇠퇴지역의 고용창출을 위해 지역경제의 재생은 매우 중요하며 지역 밖으로부터 기업 활동이나 공공사업을 유치하는 것이 지역재생의 근간을 이루고 있다.

사회적기업은 사회적 빈곤이나 소외의 문제를 해결하기 위한 지역재생의 수단으로 작동하고 있으며 〈표 6-1〉에 제시하고 있는 단계적 역량 강화를 통해 기존 국가시스템이나 시장으로부터 소외되고 있는 사람들을 어떻게 사회적으로 포용할 것인가를 중요한 과제로 삼고 있다.

▎표 6-1 ▎ 사회적기업의 지역재생을 위한 공동체 역량강화 3단계[5)]

단계별	공동체 역량 강화의 주요 내용
제1단계	개개인의 지식이나 기술을 향상시키는 단계-기술향상 단계학습, 기능연마, 자각 향상, 행동으로부터 학습, 조직화, 안전한 환경
제2단계	개개인들을 연결하면서 조직을 형성해가는 단계-조직화 단계 인프라, 인적자본과 사회적관계자본, 개인과 조직의 능력
제3단계	공적기관 거버넌스 및 경제정책참가 단계 지역서비스 운영, 지역사업과 자산 개발, 시민활동, 참가 등

사회적기업은 지역성과 사회성을 강조하고 있다. 이것은 사회적 소외의 대상이 되는 사람과 지역의 사회적 포용이 사회적 목적이기도 하며 사회적 포용을 가능하게 하는 공동체형성이 필요

5) Taylor, Marilyn(2003), *Public Policy in the Community*, Palgrave. p.178을 참조로 필자가 작성하였다.

한 자원을 사회관계자본이라 할 수 있다. 지역성이 강조되는 것은 사회적기업이 취업곤란자의 고용확보, 사회서비스나 공동체(커뮤니티) 돌봄 서비스 등 지역성이 강한 서비스이기 때문이다.[6]

알란 케이(Alan Kay, 2007)는 사회적 배제의 정의에 대하여 "실업, 미숙련, 저소득, 열악한 주택환경, 범죄율이 높은 환경, 건강상태의 악화, 가족붕괴라는 연쇄적인 문제를 개인이나 지역이 다수 안고 있는 경우에 발생하기 쉽다."고 지적하고 있으며 사회적 배제를 경제적 요소, 사회적 요소, 지리적(구조적) 요소로 나누어 설명을 시도하고 있다.[7] 구체적으로 살펴보면, 경제적 요소는 미숙련에 의한 고용기회가 낮은 장기실업자들에게 직업제공, 신체장애자 대상의 고용 제공 및 스킬 향상 등을 목적으로 사회적기업이 커뮤니티 서비스를 통한 고용, 연수프로그램, 금융서비스 등을 제공한다. 사회적 요소는 범죄율이 높은 환경에서 생활하는 집단에 대한 편견과 차별로 인해 사회적 배제가 발생하는 것으로 지역에서의 탁아 및 개호서비스, 상업적 커뮤니티 서비스(카페나 숍), 위원회 유급 스텝 및 봉사활동 등 사회적기업으로 특정분야에서의 지역 연대감을 강화시켜주는 역할을 한다. 지리적 요소는 비교적 벽지에 살기 때문에 지방인구감소로 인구밀도가 저하되고 지역 쇠퇴로 취업이 힘들어 타 지역으로의 지역인재 유출이 발생하는 곳을 말한다. 가령 인프라정비를 촉진하는 기업, 환경활동(리사이클활동), 주택서비스 등에 속하는 사회적기업이 여기에

6) C. ボルザガ·J. ドゥフルニ編 (内山哲朗·石塚秀雄·柳沢敏勝訳) (2004), 『社会的企業: 雇用·福祉のEUサードセクター』, 日本経済評論社, pp.472-474.

7) NIRA委託研究報告書(2008), 『社会的包摂手法による地域の再生』, 財団法人神戸都市問題研究所, p.12.

해당된다.

사회적기업에서 사회적 배제에 대한 사회적 포용은 지역재생과 밀접한 관련을 맺고 있으며 지역재생을 위한 사회적 포용의 접근은 다음과 같은 세 가지 방식을 함의하고 있다. 첫째, 공동체 기반 접근은 지역고유의 문제에 대한 도전이기 때문에 문제 전체에 대한 통합적 노력과 시간의 흐름가운데 과정을 중시하고 있다. 둘째, 포괄적 접근은 지역문제에 다양한 요소들이 복잡하게 얽혀 사회적 배제의 구도가 형성되어 있다는 입장이다. 셋째, 과정 중시형 접근은 도시문제나 문제해결에 대한 시점이 중층적인 요소들로 얽혀있어 변화를 지속하고 있다는 입장에서 과정 지향적 접근을 말한다.

일반적으로 사회적기업은 이익을 추구하기 보다는 상업 활동을 통한 사회적 목표달성을 추구하며 축적된 재산과 부는 공동체와 수익자의 이익을 위해 활용되고 구성원들은 평등한 권리와 협동을 기본으로 참가를 장려한다. 사회적기업에서 경제는 주로 제품과 서비스 제공, 생산, 분배를 의미하는데 구체적으로는 노동력과 환경 등의 자원을 활용한 비즈니스, 공적서비스와 관리경제, 사회나 공동체의 공헌을 목적으로 한 조직 등으로 세분화되는 경향을 보이기도 한다.[8)]

8) 앞의 보고서(2008, p.17) 참조.

| 표 6-2 | 사회적기업의 고용창출 형태9)

고용창출 유형	구체적인 사례
항구적 조성금에 의해 고용을 제공하는 유형	장애자에 대한 보호고용 제공
노동시장에 불리한 입장의 사람들에게 중기적으로 안정된 직장을 제공하는 유형	커뮤니티 비즈니스, Social Farm
복지적인 취업제공, 생산 활동을 통한 사회화 목적 유형	정신적 사회적으로 심각한 문제를 안고 있는 노동자나 장애자 대상 보란티어 활동
직업훈련기회나 노동시장 이행적인 고용, 매개노동시장, 과도기적 고용제공 유형	주류 노동시장에 노동자를 조기 재통합을 목적으로 하는 WISE(work integration social enterprise) 프랑스 직업가입기업

사회적기업의 고용창출 형태는 위의 〈표 6-2〉에 제시한 바와 같이 주로 조성금에 의한 고용창출유형, 사회적 약자들에게 안정된 직장을 제공하는 유형, 정신적 육체적 장애자들을 위한 사회화 목적 유형, 직업훈련기회나 매개노동시장을 통한 과도기적 고용제공 유형 등으로 구분할 수 있다. 이러한 사회적기업의 특성은 사회적 약자들의 사회적 소외로부터의 포용에 중점을 두고 있다는 점을 지적할 수 있다. 사회적 소외(배제)자의 대상은 소수민족과 난민그룹, 신체장애자(정신질환자), 범죄전력 및 범죄예비군, 홈리스 등 다양하게 특정할 수 있다.

본 장은 사회적 소외자의 포용에 의한 지역재생의 역할자로서

9) 앞의 논문, 八木橋慶一(2011, p.32) 참조하여 필자 작성.

의 사회적기업에 초점을 두고 있으며 일본에서의 사회적기업의 대두, 사회적 소외, 지역재생, 사회적 포용의 상호 관계를 명확하게 파악하고 있다. 이것은 사회적기업을 통해 사회적으로 소외된 집단을 특정함으로써 사회적 소외를 경제적, 사회적, 지리적(구조적)으로 해결할 수 있기 때문이다.

제3절 ▶ 사회적 포용과 공동체 활성화

1. 사회적 문제 해결과 지역재생

최근 일본에서도 사회적기업에 의한 고용창출이나 사회적 문제 해결에 관한 관심이 높아지고 있다. 사회적기업은 사업활동을 통해서 사회적 과제해결을 지향하는 기업이나 사회성과 기업성의 양립을 지향하는 기업체라고도 할 수 있다. 사회적기업은 1980년대 이후 미국이나 유럽 등을 중심으로 전개되었지만 최근에는 한국이나 일본 등에서도 주목받고 있다. 이러한 배경에는 유럽에서 형성된 복지국가체제의 위기가운데 시민운동과 협동조합운동이 결합되어 다양한 시민사업조직이 출현한 것으로부터 기인하며 최근 심각화 되고 있는 사회적 배제문제나 실업·고용문제들이 자리잡고 있다.

사회적 문제 해결을 위한 비즈니스에는 다양한 유형이 있지만 본 장에서는 지역재생과 활성화라는 관점에서 커뮤니티 비즈니스와 소셜비즈니스에 대하여 살펴보고자 한다. 커뮤니티 비즈니스(Community Business)는 지역의 사회적 문제를 해결하기 위해 추진되어 온 비즈니스로 지역성에 한정되어 있지만 사회성, 사업성, 혁신성이 중시되고 있다.[10] 사회성은 현재 해결이 요구되고 있는 사회적 문제에 사업활동의 목표로 할 것과 사업성은 목표를 비즈니스 형태로 표현하여 계속적으로 사업활동을 전개할 것, 그리고 혁신성은 새로운 사회적 상품과 서비스를 제공하기 위한 구조를 개발하거나 활용하는 것 등이다. 특히 이러한 활동들이 사회적으로 확대되는 것을 통해 새로운 사회적 가치를 창출하는 것으로 정의되고 있다(松本典子, 2010: 1-2).

커뮤니티의 개념은 공동체를 의미하지만 역사와 문화를 공유하고 정치와 경제 등 다양한 측면에서 연결된 지역사회를 가리키며 일반적으로는 지역에 뿌리내린 지역공동체로 이해되고 있다. 일본에서는 마을회나 자치회가 대표적인 공동체의 기본단위로서 인식되고 있다. 여기에서는 지역이라는 개념은 일상 생활권을 의미하는 커뮤니티(Community)로부터 국가 간 정해진 지역(Region)까지 다양하다. 커뮤니티 비즈니스는 커뮤니티에 밀착된 사회공헌적인 활동을 사업화하는 노력으로 스스로 지역사회를 발전시켜보겠다는 지역변혁의 의지가 강한 비즈니스이다. 또한 커뮤니티 비즈니스는 지역시민이 주체가 되어 지역자원을 활용하여 지역의 문제를 비즈니스적인 방법으로 해결하고 활동으로부터 얻은 이익을 지역에 환원함으로서 지역활성화와 고용을 도출하는 지역재생형 비즈니스 모델이다. 기업도 행정도 해결하기 어려운 커뮤니티

10) 境新一(2010), 「社会的問題解決ビジネスと社会的企業に関する考察: イタリアの社会的協同組合とイギリスのコミュニティ利益会社の事例をふまえて」, 『成城·経済研究』, 187, pp.317-318.

의 다양한 사회적 문제에 민간 비즈니스 수법을 활용하여 해결하려는 사업체를 총칭하기도 한다. 영국의 경우 지역재생을 대대적인 국가전략으로 추진한 결과 지역재생의 현장에서의 사회적기업의 활동공간이 확대된 전례가 있다.

❙ 표 6-3 ❙ 커뮤니티비즈니스와 소셜비즈니스[11]

비교대상	커뮤니티비즈니스 (Community Business: CB)	소셜비즈니스 (Social Business: SB)
사업대상 영역	국내지역, 활동영역 및 사회적 과제에 지리적 한계	국내외 포함, 활동범위의 사회적 과제에 지리적 범위가 없음
사업의 특성	사업성과 혁신성보다는 사회성 높음	사회성, 사업성, 혁신성 모두 높음
사업활동	보란티어, 지역커뮤니티 활동 등	비즈니스형 사회지향형 기업, 사업형 NPO법인 등

소셜비즈니스(Social Business)는 사회적 과제를 해결하기 위하여 비즈니스 수법을 활용하는 것으로 조직형태는 주식회사, NPO법인, 중간법인 등 다양하다. 위의 〈표 6-3〉에 제시한 바와 같이 지역재생 차원에서 커뮤니티 비즈니스와 소셜비즈니스의 차이를 대상영역, 특성, 사업활동별로 비교해보면 다음과 같다. 먼저 대상영역에서 CB는 국내지역이라는 지리적 한계가 있지만 SB는 지리적 범위가 국내외로 광범위하다. 사업의 특성에서도 CB는 지역문제에 중점을 두고 있기 때문에 사회성이 높은 반면, SB는 사회성, 사업성, 혁신성을 모두 중시하는 경향을 보이고 있다. 사업활

11) 境新一(2010, p.319) 참조로 필자 작성하였다.

동적인 측면에서는 CB는 보란티어나 지역사회활동을 지향하고 있지만 SB는 비즈니스형이나 사업형을 목표로 삼고 있다.

2. 지역재생사업의 특례조치와 지역활성화 사례

일본에서 지역재생의 문제가 등장하게 된 배경은 저출산고령화의 진전과 산업구조의 변화 등 사회경제정세의 변화에 대응차원에서 출발하게 되었다. 일본정부는 지역재생을 추진하기 위해 마을, 사람, 직업의 창생에 관한 시책을 공포하였다.[12] 지역재생이란 자주, 자립, 자고에 의해 지역경제의 활성화, 지역고용기회 창출, 지역 활력의 재생 등을 말한다. 지역재생을 위해 지역은 꿈과 희망을 가지고 상호 아이디어를 모으고 절차탁마하여 지혜와 연구를 통해 새로운 아이디어 경쟁을 위해 노력하는 것을 말한다. 일본정부는 이러한 지역의 자주적 자립적인 대응이 더욱 가속화될 수 있도록 환경을 정비하고 지역의 종합적인 노력을 지원하고 있다.[13]

일본의 지방창생법의 목적은 "저출산고령화 사회의 도래에 적절히 대응하고 인구 감소에 제동을 거는 한편 동경주변으로의 인구과밀집중을 방지하고 각각의 지역에서 살기 좋은 환경을 확보하여 장래에 활력 있는 일본사회를 유지해나가기 위해 마을, 사람, 직업 창생에 관한 시책을 종합적이고 계획적으로 실시한다."는 것이었다. 구체적으로 마을은 국민 개개인이 꿈과 희망을 가지고 풍요로운 생활을 안심하고 영위해나갈 수 있는 지역사회 형성,

12) 일본 지방창생법은 2014년 제정되었다.

13) 내각부 지역재생사업 추진실: http://www4.city.kanazawa.lg.jp/data/open/cnt/3/4646/6/shuyaku_2.pdf#search(검색일자:2018.04.03.).

사람은 지역사회를 책임지는 개성이 풍부한 다양한 인재확보, 직업은 지역에서 매력 있는 다양한 취업기회 창출 등이었다.

지역재생의 목표는 인구감소와 지역적 쇠퇴가 가장 큰 원인이기 때문에 지역활성화를 위한 다양한 대책들을 수립하고 있다. 지역재생은 지역과 사회적기업, 그리고 정부가 하나가 되어 지역활성화를 도모하게 되는데 지역적 사회문제의 발굴, 사회적기업에 대한 특례 및 지원조치, 정부의 적극적인 재생정책의 지원 등이 없으면 성공하기 힘들다. 일본의 지역재생의 목표와 특례, 지원조치는 〈표 6-4〉에 나타나 있다. 이러한 일본정부의 지역재생정책은 정확한 목표설정, 지원조치 및 특례법 제정, 정부와 각 성청이 협력하는 지역재생 지원시스템의 구축 등이 돋보인다고 볼 수 있다.

▎표 6-4 ▎ 지역재생의 목표와 지원특례법[14)]

지역재생		주요 내용
목표	농산어촌 지역 생활환경 개선	• 도시농촌 교류촉진, 인근도시를 중심으로 농가민박, 체험농업 등을 목적으로 한 도시부로부터 방문객 증가 촉진 • 오수처리보급율의 향상에 의해 생활환경 개선, 기존집락, 별장 지정 지역 촉진
	시가지 도로망 정비	• 새로운 교통네트워크로 농산촌지역과 시가지 지역 및 시가지 간의 사람, 상품의 흐름 활성화를 통해 시가지 활성화, 농산촌 지역 생활환경 향상 촉진
	항구마을의 재생	• 관광어업의 추진이나 어업생산물의 가공, 출하체제의 정비, 새로운 유통시스템 개척 등을 통해

14) 일본 내각부 지역재생추진실의 내용을 정리하여 필자가 작성하였다.

지역재생		주요 내용
		특산품이나 항구를 브랜드화하고 어업수업 증대 촉진
지원책 특례	교부금 교부	• 지역재생기반 강화를 위한 교부금 교부
	과세특례	• 민간기업 지역재생 투자에 대한 세제상의 우대조치로 민간기업 유치에 의한 민간의 힘에 의한 지역재생 촉진
	전용승인 절차 특례	• 보조대상 재산을 효율적으로 활용한 지역재생을 지원하기 위해 사회경제정세의 변화에 따른 수요 감소의 보조대상재산의 전용절차 간소화 및 신속화 도모. 지역변화에 신속히 대응하고 추가적 재정부담 억제
지원 조치	교부금의 종합적 실시	• 지역재생계획에 따른 목적별 기능별 교부금의 종합적 실시(객관적 평가에 따른 두 개 이상의 교부금 연계)
	기타 지역재생 계획 인정	• 지역재생에 적합한 NPO 등 활동지원(내각부) • 공공시설 전용에 따른 지방채 만기 전 상환 면제(총무성) • 공공시설을 전용하는 사업으로의 리뉴얼 조치(총무성) • 조합 등 시행 토지구획정리사업에 대하여 지방채 부담금으로의 기채조치(총무성) • 문화예술에 의한 창조마을 지원사업 활용(문부과학성) • 지역제안형 고용창조촉진사업(패키지사업)(후생노동성) • 일본정책투자은행의 저금리융자 등(재무성) • 국민생활금융공고의 '신창조융자제도' 요건 완화

지역재생		주요 내용
		(재무성, 후생노동성) • 중소기업재생지원협의회, 정리회수기구 등 연계 (금융청, 경제산업성) • 지역통화모델지원시스템 도입지원(총무성) • 지역재생지원을 위한 '특정지역 프로젝트팀' 편성 (국토교통성· 총무성, 재무성, 후생노동성, 농림수산성, 경제산업성, 환경성, 내각부) • 지역자본시장육성을 위한 투자가교육 프로젝트와의 연계(금융청)
	관련 시책	• 지역재생계획의 책정 및 실시를 위한 인재파견, 정보제공 • 지역재생에 적합한 분야별 시책 추진

일본정부는 2014년 지역재생법[15]의 일부를 개정하는 '일본재흥전략'을 각의 결정하였다. 주요 내용은 "각 성청이 가지고 있는 각종 지역활성화 관련 시책을 종합적으로 운용하여 의욕 있는 지역에 대하여 집중적으로 정책자원을 투입하고 정책효과를 최대화할 것. 지역활성화 관련 계획 등과의 연계를 원스톱으로 수행하고 지역에서 사용하기 편리한 지원책을 포함하여 각 지역활성화 관련 시책을 동시에 실현하는 지역창생의 틀을 구축"하는 것이었다.

이를 계기로 일본 내각부는 2015년 3월 27일 지방창생추진실에서 지역활성화 모델케이스를 선정한 바 있다. 도시, 지역, 산업 등 종합적인 개혁을 시도하는 업체를 공모하여 일본 전국에서 135건

15) 일본정부는 2003년 10월 지역재생본부를 설치하였으며 지역경제의 활성화나 지역 고용기회의 창출 등 지방공공단체의 자주적 자립적인 노력에 의해 지역활력의 재생을 종합적이고 효과적으로 추진하기 위한 목적으로 고이즈미 내각기인 2005년 4월에 지역재생법을 제정하였다.

의 응모가 있었고 테마별 유형별 33건이 선정되었다. 선정내역을 살펴보면, 먼저 초고령화/인구감소사회에서 지속가능한 도시 지역의 형성이라는 차원에서 지방도시 10건, 농산어촌 과소지역 등 6건이었다. 다음은 지역산업의 성장/고용의 유지 창출이라는 차원에서 지방지역자원활용 5건, 광역지역 자원활용 6건, 산업집적 활용 6건 등이었다. 다음 〈표 6-5〉는 지역재생의 지역별 유형사례를 제시하고 있다.

일본 지역재생의 지역유형과 활성화사례는 〈표 6-5〉에서 보면 지방도시형, 농산어촌 과소지역형, 지방지역 자원활용형, 광역지역 자원활용, 산업집적활용형 등으로 구분되어 있으며 각 유형에 따른 지역별 사례를 제시하고 있다. 지역적 문제의 주요 원인은 인구감소와 지방쇠퇴, 인재유출, 지역 잠재자원의 미활용 등으로 해결방안으로 인재양성, 지역산업 재생 및 창업, 고용창출, 지역자원 활용을 통한 가치창출 등을 제시하고 있다.

▌표 6-5▐ 지역재생과 지역활성화 사례16)

지역 유형	지역사례	지역재생 활동 내용
지방도시형	도야마 겐 도야마시 (富山県富山市)	■ 지역 문제와 과제 - 농업의 쇠퇴(일손부족, 경작지 방치 확대 등) - 지역경제 활성화(수출산업 창출) - 시민건강증진(생활습관병 예방) ■ 해결방안 - 약용식물의 일종인 들깨 대규모 노지재배 - 병설 소프트 캡슐공장에서 들깨기름 영양 보조식품 제조 - 생활습관병 예방에 적합한 수출산업 창출

16) 일본 지역재생계획에 의한 지역창생(2015) http://local-first.jp/documents/naruse.pdf#search(검색일: 2018.03.31.).

지역 유형	지역사례	지역재생 활동 내용
농산어촌 과소지역형	에히메 사이조시 (愛媛県西条市)	■ 지역 과제 - 교류 인구감소, 종합6차산업도시를 선도하는 핵심 인재부족, 경작지 방치 토지 증가 ■ 해결 방안 - 이해관계자와 함께 실천적 인재양성 - 지역 내 새로운 이노베이션 창출 - 공장 철거 토지, 미활용농지를 활용하여 식물의 시설재배 및 수산가공 복합시설 정비
지방지역 자원활용형	홋카이도 시모가와쵸 (北海道下川町)	■ 지역 과제 - 인구감소, 열과 전력의 역외유출 12억엔 - 마을 9할이 산림지역 충분한 자원활용 미흡 - 농림업, 농림시스템 미구축, 농림업 인재 및 고용 미창출 ■ 해결 방안 - 지역자원을 활용하여 고용창출, 에너지 자급, 역내순환, 역내 생산액 증가
광역지역 자원활용형	후쿠시마 겐 아이즈 와카마쓰시 (福島県会津若松市)	■ 지역 과제 - 인구감소, 지방산업 쇠퇴, 지방대학 졸업생 역외유출, 저출산고령화 진전 ■ 해결방안 - 데이터 분석 인재의 전략적 육성 및 집적 - 지역산업 재생 및 활성화
산업집적 활용형	미에겐 (三重県)	■ 지역 과제 - 특정 업종에 과도하게 편중되지 않은 산업 구조구축 - 겐 내 '음식'에 관한 다양한 잠재자원 활용 ■ 해결 방안 - '음식'의 클러스터 형성을 위한 매력발산, 기업유치, 인재집적 - 지역 간 연계 강화에 의한 새로운 상품, 비즈니스, 가치 창출

제4절 사회적 포용과 고용창출 사례

1. 지역실업자 대상 고용창출

본 절에서는 지역재생 차원에서 일본 사회적기업의 실업자 지역고용창출을 노동자협동조합, 워커즈 콜랙티브, 중소기업협동조합 등의 사례를 중심으로 구체적으로 살펴보고자 한다.[13] 워커즈 콜랙티브는 자본, 경영, 노동의 삼위일체형 조직으로 공동체 수요를 사회적 과제로 여기고 비즈니스로 해결하려는 비영리 사업체이다. 첫째, 일본노동자협동조합연합센터 사업단은 협동노동에 의한 직업개발과 마을만들기의 협동조합으로서 활동을 하고 있으며 일본노동자협동조합운동의 견인차역할을 담당하는 조직이다. 업무형태는 일본노동자협동조합연합센터 사업단 외에도 고령자, 아동, 장애자 등 복지사업을 주 사업으로 하는 기업조합농협센터 사업단과 자녀, 보육사업 및 공공시설의 지정관리, 운영사업을 수행하는 형태 등 업무내용에 따라 각각 다른 형태의 활동이 행해지고 있다. 일본 전국 12개의 사업본부, 개발본부, 특구 등 250개 사업소가 있으며 매출액은 2008년도 115억 엔에 달했다. 센터사업단에서는 고용노동보다는 고용되지 않고 일하는 형태를 지향하고 있으며 협동조합에 의한 직업개발, 일하는 사람들을 중심으로 사업을 운영해나가는 방식을 취하고 있다. 즉 조합원 스스로가 출자하여 일하고 경영에 참가하는 형식이다.

---

13) 松本典子(2010), 「ソーシャル·エンタープライズによる地域雇用創出」, 『日本計画行政学会コモンズ研究会』, pp.1-2.

둘째, 워커즈 콜렉티브는 자본출자, 경영, 노동을 일체화한 사업에서의 민주주의, 평등, 연대 등의 가치와 원칙실현을 추구하는 조직으로서 여성주부나 고령자를 주체로 다양한 분야에서 지역수요에 적합한 사회적 필요성을 파악하여 재화와 서비스생산 및 공급 사업을 전개하고 있다. 2009년도 일본전국 워커즈 콜렉티브 수는 530개 단체, 구성원 수는 16,990명, 매출액은 148억 엔에 달한 것으로 나타났다. 이 단체의 사업내용은 안정성에 중점을 둔 식품사업, 환경보전 리사이클 사업, 교육문화사업, 지역복지서비스 사업 등이다.

셋째, 사업협동조합은 중소기업조합의 대표적인 법인으로 중소기업 등 협동조합법에 의해 규정되어 중소기업자가 상호부조의 정신에 의거하여 공동으로 경제 사업을 수행함으로서 경영의 근대화, 합리화 및 경제적 지위의 개선향상을 도모하는 것을 목적으로 하는 조합이다. 사업협동조합이나 상점가진흥조합 중에는 사회적 과제의 해결을 이념으로 하는 지역커뮤니티의 시민사업조직이나 시민과 연계하는 사례가 증가하는 특징을 가지고 있다. 예를 들면 농림어업자와 연계하고 있는 중소기업조합의 선진사례로서 소개되고 있는 이시카와 현 노토 '사와노우엉 협동조합'은 사와노우엉의 전통을 지킨다는 사회적 과제에 지역이벤트 참가나 학교와의 연계라는 시점에서 지역고용창출에 노력하고 있다.[14] 아키타 현 오다테시 오마치상점가 진흥조합은 상점가의 공동화라는

14) 일본의 협동조합에 의한 구체적인 고용창출 사례 참조. 이우형·김일태(2016), 「일본의 지역고용정책과 사회적경제의 일자리 창출」, 『사회적경제와 지역혁신』, pp.285-288.

사회적 문제를 지역특산물 직송 그룹과 공동이벤트 개최, 시민과의 협동 등으로 지역고용창출에 노력하고 있다.

2. 동북대학 지역재생 모델과 고용창출효과

일본 동북지역을 비롯한 전국 각지에서 글로벌화, 저출산고령화, 인구감소, 인구유출이 급속도로 진행됨에 따라 종래의 비즈니스 모델로는 고용감소와 지역경제의 쇠퇴를 막을 수 없는 심각한 사태가 발생되고 있다. 이러한 지역경제의 쇠퇴를 극복하기 위한 지역기업의 이노베이션과 사업재구축지원으로 고용창출과 지역사회 재생이 동북지역의 중요 문제로 부상하였다. 이에 동북대학은 지금까지 축적된 경제학, 경영학, 공학, 의학, 농학 등 지역 내 경쟁력 있는 학제적인 지적성과를 활용하기 위한 '지역이노베이션연구센터'를 동북지역 지역재생을 위한 총괄추진 중핵센터로 지정하여 시장을 주도하고 고부가가치의 탁월한 비즈니스 모델의 창출을 모색하였다.[15)]

구체적으로는 지역기업, 자치단체, NPO, 금융기관 실무자들이 협력의 장을 형성하는 활동 및 실천운동, 검증에 의한 행동과 연구를 통해 기업이노베이션 지원 체제를 구축하는 것이었다. 이 모델은 지역의 산학금관(産学金官)이 협동으로 추진하는 '지역이노베이션 프로듀서 스쿨(RIPS)', '지역이노베이션 어드바이저 스쿨(RIAS)'을 중심으로 한 지역기업의 사업 이노베이션을 지원하기

---

15) 人々が光輝く地域社会 - 社会にインパクトある研究 - Tohoku University: http://impact.bureau.tohoku.ac.jp/doc/E-3_gd170705.pdf#search(검색일자: 2018.04.18.).

위한 시스템이다. 이를 통해 지역 전체의 이노베이션 능력향상을 도모함으로서 동북지역은 물론이고 일본 전국 각지의 산업진흥과 경제발전에 공헌하고 지역사람들이 자랑스러워하는 '고향'을 창출하여 세계에 노하우와 우수한 성과를 발신하는 것을 목표로 하였다.

동북지역의 가장 큰 문제는 고령화와 인구유출에 의한 심각한 지역경제의 쇠퇴였다. 그러나 종래 일본의 지역경제 및 고용대책에서는 대도시권의 대기업 제조업 공장의 지역유치와 공공투자 등을 중심으로 한 외발형 지역경제정책이 일반적이었다. 그러나 경제의 글로벌화로 공장의 해외이전가속화, 동북지역 지진피해복구 완료에 따른 공공투자의 종식으로 지역경제의 쇠퇴가 본격화되었다. 이에 따라 동북지역 고용기회의 확보와 경제재생을 위해 지역 중소기업지원을 중심으로 한 내발형 지역정책이 필요하게 되었다. 이를 해결하기 위한 방법은 사업이노베이션 지원에 의해 지역기업의 비즈니스모델을 재구축하고 새로운 고용기회를 창출하는 것이었다. 동북대학은 지역기업, 자치단체, NPO, 금융기관 등과 협력하는 사업이노베이션 지원시스템과 경영인재육성모델을 구축하여 지역 이노베이션 능력의 향상을 시도하였다.

동북대학경제학연구과 지역이노베이션센터에서는 2012년 RIPS, 2015년에는 RIAS를 개설하여 인재육성 실적과 시스템이 이미 축적되어 있었고 경제학, 경영학, 공학, 농학 등 우수한 학제적 지식을 활용한 다양한 사업이노베이션을 지원 가능하였다. 또한 이 사업은 고용창출과 경제활성화를 통한 동북지역의 재생뿐만 아니라 지역기업의 사업이노베이션 지원시스템과 경영인재육성모델 구축, 타 지역의 재생에도 유용한 시스템과 모델로서 보급시키는 것이 가능하였다. 동북대학은 지역이노베이션연구센터가 중심이 되어 프로젝트를 추진하였으며 '동북지역 이노베이션추진컨소시엄'을 2015년 8월에 개설하여 산학금관(産学金官)의 연계체제를 확립하였다.

1990년대 이후 동북지역은 대기업의 노동집약적인 조립공장의 폐쇄와 글로벌경제의 도래에 따라 국내에서 해외로 기업이전에 따른 고용 변동이 심각한 상황이었다. 지역기업의 해외이전과 폐쇄로 동북지역 노동자 5,949명이 전업을 하거나 해고당한 것으로 〈표 6-6〉에서 보여주고 있다. 또한 동북지방은 1995년 대지진 피해로 일시적으로나마 외발형 지역경제를 지탱해온 지진복구사업에 따른 공동투자가 거의 막바지에 다다르고 있는 상황이었다.

이러한 지역경제 실정은 대기업의 유치와 공동투자만으로 동북지역경제의 활성화를 기대할 수 없는 상황이었고 지역에서의 고용창출을 높이기 위해서는 고성장중소기업 지원이 필수적이었다. 조사결과에 따르면 동북6현에서 중소기업이 전체 종업원 수의 절반이상을 차지하였고 이에 따라 고용창출 효과에는 중소기업이 절대적인 것으로 나타났다.[16] 또한 조사대상 중소기업 536개사의 설립 10년 전후의 신규고용 창출자 수를 추적한 결과, 상위 5.6%를 차지하는 30개사의 고성장중소기업이 신규고용자 전체의 64%를 창출하는 것으로 나타났다.[17]

---

16) 中小企業庁編(2016), 『中小企業白書(2016年版)』.

17) 忽那憲治(2014), 「IPO後の高成長企業と低成長企業」, 『一橋レビュー2014年AUT.』, 62巻2号, 東洋経済新報社, pp.6-21.

▌표 6-6▐ 동북지역 지역경제와 고용정책 한계(2010년 이후 공장폐쇄 현황)[18]

기업명	공장명	대상인수(전업, 해고 등)
교와 발효기린 (協和発酵キリン)	시즈오카/후지, 사카이 등	410명
고마쓰(コマツ)	이시카와 고마쓰	500명
유키지루시 메가밀크 (雪印メグミルク)	간사이 치즈 등	449명
후지테크니카 (富士テクニカ자회사)	시즈오카/미시마, 기후 카니 등	370명
르네상스일렉트로닉스 (ルネサンスエレクトロニクス)	후쿠오카	1,200명
삼양전기(三洋電機)	군마, 기후	2,000명
모리나가제과(森永製菓)	효고/쓰카구치	320명
TDK주식회사(TDK株式会社)	기사가타(TDK, TDK-MCC), 가호	700명

동북대학은 지역경제의 쇠퇴를 막고 지역재생의 사업화를 추진하기 위해 고성장중소기업을 대상으로 지원시스템을 구축하여 사업을 실시하였다. 사업결과에 따른 고용창출효과를 살펴보기 위해 2016년도 5월 동북대학 RIPS스쿨 졸업생 74명을 대상으로 설문조사를 실시하여 64명으로부터 응답을 회수하였다. 설문조사에 따른 고용창출효과를 살펴보면, 고용창출효과에 대한 질문에서는 RIPS스쿨 졸업생이 속해있는 64개사의 종업원 수는 입학시점보다 통계적으로 141명이 증가한 것으로 나타났다. 또한 지원중소기업의 경상이익증대에 대한 질문에서는 RIPS스쿨졸업생의 절반이상의 회사가 경상이익이 증대되었다고 응답했다. 경제활동의

18) 日本国土交通省(2016),『平成26年度建設投資見通し』, pp.1-16.

활성화 질문에서는 RIPS스쿨졸업 후 64개사 중 11개사가 새로운 투자를 모색하거나 융자를 받은 것으로 나타났다.

제5절 사회적 포용과 지역경제

이 장은 일본 지방, 혹은 각 지역에서 인구감소, 고령화, 지역적 쇠퇴 등 다양한 사회적 문제에 직면한 일본의 지역재생의 사례를 분석하고 있다. 구체적으로 사회적기업과 사회적 포용의 문제, 지역재생과 지역활성화의 관계, 일본정부의 지역재생 정책과 지역문제 해결방안 등을 검토하고 지역재생 사례를 제시하고 있다.

사회적기업과 지역재생은 밀접한 관련성을 가지고 있다. 지역재생은 쇠퇴한 지역을 재생한다는 의미인데 이는 경제적 측면이나 환경적 측면뿐만 아니라 사회로부터 소외된 지역이나 개인의 생활을 개선하도록 지역주민의 역량을 강화하고 지역소외와 빈곤상태를 개선하는 것을 말한다. 이런 점에서 지역재생은 지역경제의 정체, 지역사회 연대의 쇠퇴, 교육수준저하, 마을만들기, 저출산고령화대책 등 다양한 문제들과 연관되어 있으며 구체적인 사업은 사회적으로 배제된 빈곤지역에 대한 대책으로 고용, 교육, 건강, 범죄, 주택 등의 문제들을 포함하고 있다.

사회적기업은 지역재생의 수단으로서 사회적 빈곤이나 배제의 문제로서 지역의 단계적 역량 강화를 통해 기존 국가시스템이나 시장으로부터 배제되고 있는 사람들을 어떻게 사회적으로 포용할 것인가를 중요한 과제로 삼게 된다. 사회적기업의 고용창출은 주로 조성금에 의한 고용창출 유형, 사회적 약자들에게 안정된 직장을 제공하는 유형, 정신적 육체적 장애자들을 위한 사회화 목적 유형, 직업훈련기회나 매개노동시장을 통한 과도기적 고용제공 유형 등의 형태로 이루어지고 있다.

본 장에서 도출된 시사점은 첫째, 일본에서 사회적 문제 해결을 위한 비즈니스는 커뮤니티 비즈니스와 소셜비즈니스로 구분되는데 커뮤니티 비즈니스(Community Business)의 특징은 지역사회의 문제를 해결하기 위해 추진되어 온 비즈니스로 지역성에 한정하여 사회성을 중시하고 있는 것이다.

둘째, 일본정부의 지역재생의 목표는 인구감소와 지역적 쇠퇴가 가장 큰 원인이기 때문에 지역활성화를 위한 지역재생법과 지방창생법 등 다양한 대책들을 수립하여 실시해 오고 있다. 일본정부의 지역재생정책의 특징은 정확한 목표설정, 지원조치 및 특례법 제정, 정부와 각 성청이 협력하는 지역재생 지원시스템의 구축하고 있다는 점이다.

셋째, 일본의 지역재생과 활성화 사업으로는 지역유형별로 지방도시형, 농산어촌 과소지역형, 지방지역 자원활용형, 광역지역 자원활용형, 산업집적활용형 등으로 구분되고 있다. 지역적 문제의 주요 원인으로는 인구감소와 지방쇠퇴, 인재유출, 지역 잠재자원의 미활용 등으로 해결방안은 인재양성, 지역산업 재생 및 창업, 고용창출, 지역자원 활용을 통한 가치창출 등을 제시하고 있다.

넷째, 동북대학은 지역경제의 쇠퇴를 막고 지역재생의 사업화를 추진하기 위해 지역이노베이션 프로듀서 스쿨(RIPS)을 중심으로 종래의 대기업 제조업 공장유치를 과감히 탈피하여 고성장중소기업을 대상으로 지원하여 고용창출, 경상이익증대, 지역경제

활성화라는 기대효과를 거둔 것으로 나타났다.

결론적으로 사회적기업과 지역재생의 관계성은 양자 상호 보완적인 관계에 있다. 지역재생을 목표로 하는 사회적기업은 지역의 사회적 연대의 회복에 매우 큰 역할을 수행하고 지역의 사회관계자본을 유용하게 활용할 수 있다. 이런 점에서 지역재생은 개개의 지역, 자치단체, 사회적기업가에 맡길 것이 아니라 정부가 적극적으로 지역재생정책을 추진해 나갈 필요가 있다. 즉 정부가 지역재생정책을 사회적기업이 활동하기 위한 조건정비 정책으로서 적극적으로 추진한다면 사회적기업들은 보다 적극적으로 사회문제에 필요한 서비스를 전개할 수 있을 것이다.

Chapter 7

사회적경제와 한일 전통시장의 활성화

제1절 전통시장의 쇠퇴와 사회적경제의 도입

이 장의 목적은 한일 전통시장의 위기와 더불어 지역사회 쇠퇴 문제를 사회구조적 문제로 접근하는 사회적경제 개념의 도입에 의한 비교연구를 통해 정책 전개상의 한일간의 차이점, 이를 통한 한국 전통시장의 정책적 시사점을 도출하는데 있다. 한일 양국에서 시장을 둘러싼 용어와 정의는 매우 다양하다. 마찬가지로 한일 간 전통시장의 해석을 둘러싼 용어들도 다양하다. 먼저 전통시장에 대한 한일 간의 용어와 개념의 차이부터 살펴보고자 한다. 과거로부터 현재까지 단순히 시장을 지칭해 온 용어를 살펴보면, 한국에서는 「전통시장(伝統市場)」과 「재래시장(在来市場)」으로, 일본에서는 흔히 「상점가(商店街)」로 일컫는 다양한 명칭들이 존재하는데 이들 용어들 간의 의미도 상당히 미묘한 차이를 보이고 있다. 한국에서 전통시장의 개념은 "과거 재래시장을 포함하여 자연발생적 혹은 사회경제적 필요에 의해 만들어져 상품 혹은 용역의 거래가 상호신뢰에 의해 주로 전통적인 방식으로 거래되고 있는 장소로 정의되고 있다."[1] 재래시장은 해방 전 정기시장을 지칭하기도 했지만 최근에는 상설시장을 재래시장으로 부르기도 한다. 일본에서는 전통적 상업집적지를 통틀어 '상점가'라고 부르는데 최근에는 전통시장의 개념이 점차 확대되어 다양화 되고 있는 추세이다. 본 장에서는 종래 재래시장의 개념과 일본의 상점가 개념을 모두 포함하여 「전통시장」의 개념으로 하나로 통일하여 사용하였다.[2]

전통시장은 한국과 일본사회에서 예나 지금이나 지역경제나 지역주민의 생활과 매우 밀접한 관련이 있는 중요한 존재로 여겨져 왔다.[3] 그러나 2000년대 이후 한국에서도 유통근대화정책에 따라 대형 슈퍼마켓이나 대형 마트의 과잉경쟁에 밀려 고사위기에 직면하고 있다. 이들 전통시장들이 지속적으로 생존하고 발전하기 위한 전략으로서 한국과 일본정부는 지속가능한 전통시장활성화 정책을 개발하여 지원해오고 있다. 이에 따라 선행연구에 제시한 바와 같이 한일 관련 학계에서도 관심을 가지고 다양한 관점에서

1) 김학만·권정만(2019) 「'사회적' 용어를 중심으로 한 사회적경제의 개념에 대한 시론」, 『사회적경제와 정책연구』, 9(1), 충북대학교 사회과학연구소, p.35.

2) 전통시장 유형에 대한 연구로는 이상준·송지현·이정수(2010) 「전통시장 유형별 활성화 방안 연구-충청남도 전통시장을 대상으로」, 『Urban Design』, 40, 한국도시설계학회, pp.113-128.

3) 본 장에서 전통시장의 개념은 과거 재래시장으로 자연발생적 혹은 사회경제적 필요에 의해 조성되어 상품 혹은 용역의 거래가 상호신뢰에 의해 주로 전통적인 방식으로 거래되고 있는 장소로 정의하였다.

전통시장에 대한 연구들을 발표해 오고 있다.

본 장은 기존연구와는 다른 차원에서 전통시장에 대한 사회적경제 관점에서 접근하여 전통시장이 직면하고 있는 위기상황을 비경제적요인에 중점을 두고 지역사회의 쇠퇴라는 사회구조적 관점에서 해결방안을 모색하는데 있다. 전통시장의 쇠퇴에 대한 사회적경제 개념의 도입은 스멜서와 스웨드버그(Smelser and Swedberg, 1994)가 주장하는 경제활동이 경제적 동기(이윤, 수입, 효용의 최대화 등)뿐만이 아니고 비경제적 요소인 사회적 영향력이나 권력, 문화 등 사회적 구조에 의해 제한된다는 가설에 근거하고 있다.[4] 본 연구는 한일전통시장의 경제행위와 정책적 변화가 비경제적 동기인 사회구조(인간관계와 문화)에 의해 제한된다는 개념에 착안하였다. 즉, 전통시장의 위기는 경제적 요인에 의한 쇠퇴보다는 사회구조적으로 발생되는 문제이며 한일정부는 이를 해결하기 위해 정책적 도입을 적극 추진해왔다는 것이다.

이러한 관점에서 본 장은 먼저 한국과 일본정부의 전통시장 활성화정책과 관련된 법적 제도적 도입과정을 살펴보고 한일 간 전통시장의 사회구조적 차원에서 발생되는 차이점과 이를 발생시키는 요인이 무엇인지에 대하여 사회적경제 관점에서 고찰할 것이다. 또한 본 장은 사회구조 변화에 따른 한일 전통시장정책의 변화과정을 분석하고 한일 간의 차이점을 파악하여 향후 한국 전통시장정책에 주는 시사점을 제공하고자 한다.

---

4) Smelser Neil J. and Richard Swedberg(1994) *Handbook of Economic Sociology*, Russel Sage Foundation and Princeton University Press, pp.4-5.

제2절 전통시장의 재생과 지역사회 활성화

한국에서 전통시장 관련 기존연구들은 시장활성화 방안이나 혹은 도시재생의 측면에서 접근하는 경우가 많았다(〈표 7-1〉 참조). 가령 전통시장 활성화와 관련된 기존연구들을 살펴보면, 김호석(2018)의 "대학생들의 전통시장 먹거리 인식에 대한 주관성 연구", 이정희외(2018)의 "골드키즈 트렌드로 접근한 전통시장 활성화 방안 연구: 부산 자갈치시장을 대상으로", 정상규외(2018)의 "공간네트워크 분석을 통한 전통시장 활성화 요인 도출" 등이 있다. 또한 도시쇠퇴나 지역쇠퇴에 따른 도시재생과 전통시장과 관련된 연구로는 박재수(2018)의 "전통시장과 도심활성화", 이범현외(2019)의 "도시재생 측면에서 입체도시계획의 기능과 제도개선 방안" 등을 들 수 있다. 일본 전통시장과 관련하여 이마이(今井久, 2013), 하데이시외(波出石誠, 2014), 카미하라외(神原理, 2010) 등에 의한 상점가 연구에 따르면 한국과는 달리 시장활성화와 지역사회문제 해결방안으로 사회구조적 관점에서 사회적경제의 도입을 주장하고 있다.

이상에서 살펴본 바와 같이 한국과 일본에서 전통시장에 대한 기존연구는 크게 다음과 같은 세 가지 관점에서 진행되어 온 것으로 생각된다. 첫째, 초기 철학적 인문학적 관점에서 전통시장의 정의나 용어의 개념[5]에 대한 고찰에 초점을 둔 연구들이라 할 수 있

5) 김학만·권정만(2019) 「'사회적' 용어를 중심으로 한 사회적경제의 개념에 대한 시론」, 『사회적경제와 정책연구』, 9(1), 충북대학교 사회과학연구소, pp.35-56.

다.[6] 둘째, 시장의 물리적 시설환경적 관점에서 전통시장의 문제점, 성공조건에 관한 시장활성화 연구들이다.[7] 셋째, 사회적경제라는 제도적 정책적 관점에서 전통시장의 사회구조적 문제로 발생되는 지역사회쇠퇴와 도시재생 및 성공사례연구들이라 할 수 있다.[8]

본 장은 전통시장의 쇠퇴라는 사회구조적 문제의 해결방법으로서 지역사회의 도시재생이라는 측면에서 사회적경제(Social Business)의 관점을 도입하는데 있다. 즉, 기존연구들이 전통시장에 대한 개념이나 활성화 방안에 연구의 중점을 두었다면 이 연구는 전통시장의 쇠퇴에 대하여 사회적경제 개념의 도입을 통한 지역사회 문제해결에 초점을 두고 있다. 그 이유는 전통시장과 사회적경제의 관계가 과거 활성화연구에서 최근에는 지역 상점가의 쇠퇴에 따른 지역사회 문제해결이라는 사회구조적 문제로 이동하는 경향을 보이기 때문이다.

김나현·김경배(2018)의 연구에 따르면 사회적경제는 18세기 진행된 산업혁명 이후 자본주의 발달과 더불어 빈부격차, 환경파괴, 지역쇠퇴 등 사회구조적 문제의 해결방안으로 출발하였다.[9] 이에

---

6) 今井久(2013) 「ソーシャルビジネスの可能性: グローバル経済からローカル経済へ」, 『社会科学研究』, 33, 東京大学社会科学研究所, pp.1-18.

7) 波出石誠·福代和宏(2014) 「地域活性化に資する廃校を活用したソーシャル·ビジネスに関する研究」, 『日本建築学会技術報告集』, 20(44), 日本建築学会, pp.299-304.

8) 佐々木利廣(2013) 「ソーシャルビジネスモデルのスケールアウト: ビジネスモデルの模倣と移転」, 『経営教育研究』, 16(1), 日本経営教育学会, pp.17-28.

9) 김나현·김경배(2018) 「도시재생과 사회적경제 개념을 활용한 빌라촌 재생계획 모델에 관한 연구」, 『대한건축학회 추계학술발표대회논문집』, 32(2), 대한건축학회, pp.649-650.

따라 사회적경제는 지역사회의 필요에 기반을 둔 공공성 및 지역성 등 사회적 가치와 사람을 중심에 두고 있다. 사회적경제는 다양한 지역사회 구조적인 문제를 해결하기 위해 수행하는 다양한 사업을 포함하고 있다. 왜냐하면 사회적경제는 전통시장의 쇠퇴를 지역사회의 구조적인 문제로 인식하고 사업의 육성 및 성장지원을 통해 지역경제의 활성화를 도모하고 있기 때문이다.[10)]

| 표 7-1 | 전통시장 연구의 특성 및 차별성[11)]

선행연구 세 가지 유형 관점	주요 논문 및 내용
제1유형 : 시장의 철학적 인문학적 관점 전통시장의 용어의 도입이나 정의에 관한 고찰	今井久(2013), 김나현·김경배(2018), 김학만·권정만(2019)
제2유형 : 시장의 물리적인 시설환경적 관점 전통시장의 문제점, 성공조건 등 물리적 측면과 내용적 측면의 전통시장활성화 연구	波出石誠·福代和宏(2014), 이정희외(2018), 김호석(2018), 정상규외(2018), 송정현(2018)
제3유형 : 시장의 제도적 정책적인 관점 전통시장의 지역쇠퇴와 관련 도시재생 및 사회적경제 도입 사례연구	佐々木利廣2013), 波出石誠(2014), 神原理(2010), 박재수(2018), 이범현외(2019)
차별성 : 본 연구는 기존 전통시장에 대한 용어의 개념이나 활성화 방안 연구보다는 지역사회 문제해결과 도시재생이라는 관점에서 사회구조적 혁신을 강조하는 사회적경제 개념의 도입을 통한 한일전통시장정책상의 변화과정을 고찰하고자 함.	

10) 송정현(2017)「일본 장수기업의 기업문화와 사회적기업에 관한 연구」,『대한일어일문학회 학술대회발표논문 요지집』, 대한일어일문학회, pp.153-155.

11) 이 표는 선행연구 분석을 통해 필자가 작성하였다.

전통시장의 쇠퇴라는 지역사회문제 해결을 위한 사회적경제의 관점은 사업추진과정에서 사회성, 사업성, 혁신성이 강조된다.[12] 구체적으로 이들 용어의 의미를 구체적으로 살펴보면, 첫째, 사회성은 사회구조적 문제해결이 가장 시급한 사안을 해결하기 위한 사업활동을 목적으로 하고 있다는 점이다. 둘째, 사업성은 사회적 문제를 비즈니스 형태로 바꾸어 지속적으로 사업활동을 전개해 나가는 과정을 말한다. 셋째, 혁신성은 새로운 사회적 상품이나 사회서비스를 제공하기 위해 사회적 구조를 혁신하는 것을 지칭한다. 이러한 사회적경제 활동은 사회구조 전체에 확산 혹은 전파됨으로서 지역사회 문제해결을 통한 새로운 사회적 가치창출을 목표로 하고 있다. 최근 한국사회에서도 지역쇠퇴나 도시쇠퇴 등 다양한 사회구조적 문제가 발생하면서 정부나 지방정부차원의 노력으로는 해결하기 어렵다. 이러한 사회적 틈새시장에서 지역사회에 기반을 둔 사회적기업, 협동조합, 마을기업, 자활기업 등에 의해 지역사회의 구조적인 문제 해결을 위한 사회적경제가 출현하게 되었다. 이들 사회적경제는 수익을 지역사회에 재투자하거나 정부보다 세심한 배려로 지역사회의 구조개혁이나 공동체통합에 기여하고 있다.

한일 전통시장정책은 지역사회 구조적 문제해결이라는 지역상점가 활성화와 상인공동체의 사활을 책임져 왔다. 때문에 전통시장을 운영하는 상인조직은 지역공동체의 쇠퇴, 혹은 축소에 따른 다양한 사회구조적인 문제를 해결하고 이를 통해 지역발전에 공헌하는 주체로서 간주되고 있다. 이러한 역할 때문에 전통시장의

12) 大守隆編著(2018)『ソーシャル·キャピタルと経済』, ミネルヴァ書房, pp.46-47.

상인조직은 사회적경제를 주도하는 주체자로서 인정받고 있다. 전통시장에서 사회적경제는 다양한 지역주민들을 활용한 네트워크 구축, 연계 및 협동에 의한 상호 의존관계 등을 중시하고 있다.[13] 이러한 지역사회 활동을 통해 상인조직은 지역사회의 관계성, 생태계구축, 지역주민의 안전과 재생, 고용창출과 지역경제 활성화를 도모할 수 있다.[14] 그러나 상인조직이 사회적경제를 지역사회에서 전개해 나갈 경우 인적 물적자본의 한계에 직면하기 쉽다. 따라서 이러한 한계를 극복하기 위해 상인조직은 비경제적 요소인 네트워크 구축을 통해 정부, 자치단체, 기업, 비영리단체, 봉사활동단체, 지역공동체 단체들과의 다양한 자원을 공유하면서 전통시장의 활성화를 도모할 필요가 있다. 최근 전통시장정책은 과거 정부주도에서 상인주도로 전환되는 과도기 상태에 놓여있다.[15] 상인조직은 지역사회 공헌뿐만 아니라 경제단체로서의 역할을 담당해야 하고 모든 지역에서 공통적인 사회구조적 문제 해결을 시도하는 수단으로서 사회적경제를 확대해 나가는 주체가 되고 있다.

한일 전통시장정책은 지금까지 시간적 차이는 있지만 정부주도의 물리적 환경적 측면의 개선에 초점을 두고 추진해 왔다. 본 장은 기존연구들이 사회적경제 차원에서 지역경제 쇠퇴라는 사회구

13) 神原理(2010) 「ソーシャル·ビジネスによる社会関係資本の再構築」, 『社会関係資本研究論集(1)』, 社会関係資本研究センター, pp.89-90.

14) 임영언(2017) 「일본에서의 사회적 기업문화가 고용창출에 미치는 효과」, 『대한일어일문학회 학술대회발표논문 요지집』, 대한일어일문학회, pp.285-292.

15) 우은지·남기영(2018) 「상인주도의 골목상권 활성화를 위한 디자인 개입 장치 가이드라인」, 『한국디자인학회발표논문집』、한국디자인학회, pp.128-133.

조적 문제해결의 주체로서 문제를 해결하는 다양한 이해관계자로 구성된 상인조직의 중요성을 간과하고 있다는 점에 착안하였다. 따라서 한일 전통시장정책의 전개과정에 대한 비교분석을 통해 정책전개 상의 차이를 파악하고 이를 통해 전통시장의 지역쇠퇴 문제를 해결하기 위한 혁신의 주체로서 비경제적 요소인 상인조직 활동의 중요성을 제시할 수 있을 것으로 생각된다. 이를 위해 먼저 한일전통시장의 정책상의 제도적 변천과정을 살펴봄으로써 한일정부가 전통시장에 대해 어떤 정책을 전개해왔고 전통시장 정책상 사회구조적 혁신을 강조하는 과정에서 사회적경제 개념의 도입이 어떻게 이루어져 왔는지에 대해 상세히 분석하고자 한다.

제3절 일본정부의 전통시장정책

1. 고도경제성장기(1950년-1973년)

일본정부의 전통시장정책은 크게 고도성장기, 버블경제기, 버블붕괴 이후 등으로 구분할 수 있다. 전통시장정책의 태동은 고도성장기의 초기인 1950년대로 거슬러 올라간다. 1950년대 이후부터 1973년 오일쇼크까지 일본은 고도성장기를 맞이하여 대량생산과 소비를 연결하는 유통시스템 구축이 필요했다. 특히 1950년대 이후부터 1960년대에 걸쳐서 일본전국에 출현하게 된 슈퍼마켓은 대량생산과 대량소비를 연결하는 대표적인 유통산업이었다. 일본정부는 경제성장과 더불어 고도성장기에는 대량 생산된 상품을 원활히 유통 가능한 유통구조시스템의 구축을 목적으로 유통근대화정책을 시행하였다.

일본정부의 유통근대화정책의 기본취지는 중소상공인의 경제효율성을 높이기 위해 중소상공인의 협업화와 연대를 추진하여 대형백화점이나 슈퍼마켓이 중소상공인과의 규모의 격차를 줄이기 위해 시행되었다. 구체적인 정책으로는 볼런터리 체인(Voluntary Chain)의 조직화, 점포공동화, 상점가의 정비 등이었다. 볼런터리 체인은 독립소매업자가 같은 목적을 가진 중개업자를 조직화하여 만든 체인형태 소매점이라 할 수 있다. 구체적으로는 연쇄점이나 회사형 체인이 자본으로 결합되어 있다면 체인점은 주로 도매상이 중심이거나 소매상이 협력하여 만든 체인 형태이다. 체인가맹점들이 독립성을 유지하면서 공동구입, 공동홍보, 종업원교육, 상품개발, 상품관리 등을 수행하고 가맹점의 판매촉진, 경영근대화 등을 도모하였다.[16]

그러나 고도성장기 이후 1970년대에 들어서면서 일본정부는 독특한 일본 유통정책가운데 도시계획 등 마을만들기와 같은 용어들을 혼용하여 사용하기 시작했다. 이들 가운데 하나가 '유통근대화 지역비전(1970년)'과 '1970년대 유통비전(1971년)'의 영향으로 입안된 '상업근대화지역계획' 등이라 할 수 있다. 상업근대화지역계획은 일본시정촌의 도시계획 등과의 조정을 통해 지역전체로 확대하여 상업근대화를 도모할 목적으로 계획되었지만 지원대상이 계획책정에 한정되었으며 계획대로 실행되지 못한 것이 많았다.

---

16) 볼런터리체인(voluntary chain): http://100.daum.net/encyclopedia/view/31XXXXX20630(검색일: 2018.10.04.).

2. 저성장기와 버블경제기(1973년-1990년)

일본경제가 고도경제성장기를 거쳐 1970년대 이후 저성장기에 접어들었음에도 불구하고 슈퍼마켓 등 대규모 소매업자가 계속적으로 급증하자 중소소매업자의 경영환경이 급속히 악화되었다. 이러한 문제를 정책적으로 대응하기 위하여 중소유통업의 진흥을 위한 '중소소매상업진흥법'이 1973년에 제정되었다. 진흥법은 주로 일본 저성장경제시대의 상황에서 경제효율화를 한층 발전시키기 위한 목적으로 상점가정비사업, 점포공동화사업, 연속화사업(볼런터리 체인의 조직화를 위한 사업지원)등을 주요 내용으로 중소소매상을 지원하여 상인들의 조직화를 통한 경쟁력 강화를 도모했다. 이들 사업들이 경제장관으로부터 인정을 받으면 고도화사업으로 인정되고 금융권으로부터의 자금지원을 받을 수 있다.

이 무렵 일본 백화점이나 슈퍼마켓 등 대규모 소매점포의 출점을 규제하는 조정정책이라는「대규모 소매 점포에서 소매업의 사업활동 조정에 관한 법률(대점포법)」이 1973년에 제정되었다. 이 법은 소매점포의 규제대상을 기업단위가 아니라 건물단위로 규제범위를 확대하고 허가제에서 신고제로 완화하였다. 또한 소매점포의 점포면적이나 개점일, 폐점시각, 휴업일수 등 4개 항목을 조정하였다. 대점포법은 대상에 대하여 규제강화를 목적으로 규제방법에 대해서는 완화를 목적으로 전개되었으며 슈퍼마켓이나 백화점, 중소소매업자들이 수용할 수 있는 규제 중의 하나였다.

일본경제는 1973년에 발생한 제1차 오일쇼크로 시장 확대가 둔화되었지만, 슈퍼마켓은 대규모화, 대점포화가 진행되었다. 대점포법이 시행되었지만 대규모점포의 출점을 둘러싼 분쟁이 확산되면서 1979년 법률이 개정되었다. 이 개정 법률은 조정대상을 제1종과 제2종으로 구분하고 조정주체를 중앙정부에서 자치단체로까지 확대하여 행정지도에 의한 억제 등 규제를 강화하였다. 일본정부는 1983년 상점가의 사회적 역할, 도시상업정책이나 커뮤니티마트 구상을 주요 내용으로 하는 '1980년대 유통산업 비전'을 수립하여 발표했다. 이 유통비전은 상점가의 지역 문화적 측면을 담당하거나 커뮤니티 기능의 담당자로서 사회적경제의 역할을 강조하였다.

특히 일본정부의 상점가의 사회적 유효성이나 커뮤니티 기능을 강조한 커뮤니티마트 구상은 지금까지 수행되어 온 아케이드설치나 칼라포장 등과 같은 물리적인 측면에 집중된 지원책으로는 상점가의 지역적 쇠퇴를 막을 수 없다는 반성에서 출발하고 있다. 커뮤니티마트 구상에 따른 일본정부의 지원책은 다음과 같은 특징을 가지고 있다. 첫째, 상업기반시설 정비사업으로서 커뮤니티홀 등의 교양문화시설 및 체육시설, 아케이드 설치, 칼라포장, 주차장 등 물리적 측면을 정비하기 위한 보조금제도 등을 신설하였다. 둘째, 이때 수석고문의 전통시장파견 등 상점가활성화 전문지도사업과 중소상업활성화를 위한 조사계획 등이 책정되었다. 셋째, 모델적 실험적 커뮤니티활동의 지원 등 커뮤니티마트 사업을 추진하기 위해 신설되었다.

3. 버블붕괴 이후(1990년 이후-현재)

일본정부는 1986년 대점포법의 운용적정화 차원에서 규제완화에 대한 논의를 시작하면서 대점포법은 '미일구조협의(1989-1990

년)'을 계기로 단계적 완화를 제안하였다. 1998년에는 대규모소매점포입지법(대점포입지법)이 제정되어 2000년 6월에 시행되었다. 그리고 대점포입지법에 따른 대점포에 대한 새로운 규제, 도시계획법의 개정으로 조닝(Zoning)에 의한 소매점의 입지를 지방자치단체가 적절히 통제하는 제도를 마련하였다. 이 법은 「중심시가지에서 시가지 정비개선 및 상업지역 활성화의 일체적 추진에 관한 법률(중활법)」로 중심시가지에서 상업 등의 활성화를 지원하기 위한 지원책을 규정한 3개의 법률을 일체화하여 상호 보완하도록 「마을만들기(마치즈쿠리) 3법」을 만드는 계기가 되었다.

먼저 일본에서 대점포입지법(2000년 6월 시행)은 1990년대 이후 유통조정정책이 완화되는 선에서 폐지하기로 결정되었지만 대규모점포의 규제가 완전히 파기되면서 시작되었다. 1998년에 성립된 대점포입지법에서는 대규모점포의 설립자가 주변지역의 생활환경의 유지를 위하여 주차장의 수요 등 교통, 보행자의 통행, 소음방지, 폐기물 등을 고려해야 하며 대규모점포의 신축 혹은 증축 시 신고나 설명회 등을 개최하여 지역 마을이나 주민 등 도도부현의 의견을 모두 청취하도록 규정하였다. 이것은 유통조정정책이 대규모소매점의 출점 등의 경제적 규제가 1990년대 이후 완화되어 도시문화와 마을만들기 등 생활환경보전이라는 사회적 규제로 변화하면서 유통조정정책이 도시정책과 연결되는 형태로 전환되었다는 점이다.

중심시가지활성화법(2006년 개정, 중활법)은 1980년대 이후 모터리제이션(Mortorization)의 발달과 더불어 주택지가 교외로 이동 확대되면서 중심부의 정주인구가 감소하는 공동화현상을 초래하여 대형점포의 교외입지가 가속화된 것에서 시작되었다. 중심시가지에서 영업하고 있던 대점포들이 매출실적이 저조하여 도산과 폐업하는 점포가 속출하고 상점가의 쇠퇴가 가속화되어 중심시가지에서 소매점포가 급감하였다.

이러한 중심시가지의 상권쇠퇴와 지역공동화를 개선하기 위한 목적으로 1998년에 시행된 중활법은 다음과 같은 특징을 가지고 있다. 첫째, 일본 유통정책과 도시정책의 연계를 법제화한 최초의 법률이라 할 수 있다. 둘째, 일본 시정촌이 주도권을 쥐고 있는 TMO(Town Management Organization)기관을 사업주체로 관계기관과의 연계와 협력을 통해 시행되고 있다. 셋째, 지금까지의 점(개인 점포, 특정 상업 집적)과 선(쇼핑센터)의 대책으로부터 면(중심시가지)의 대책으로서 지역공동화 정책의 개선방향으로 전환하였다. 이처럼 2006년 중활법은 일본사회의 저출산고령화에 따른 인구감소에 대응하고 동시에 도시기능의 집약보다는 사회적 비용을 억제하고 환경친화적이며 안전하고 활기찬 마을만들기를 추진하기 위한 목적으로 하고 있다.

2006년 개정된 중활법의 법률내용을 살펴보면 다음과 같다. 첫째, '지역에서 사회적, 경제적, 문화적 활동의 거점으로서 지역에 어울리는 매력 있는 시가지 형성을 도모하는 것을 목적으로 하고 있다. 지방자치단체와 주민들이 연계하여 주체적으로 협력하는 상황에서 정부가 집중적, 효과적으로 지원하는' 것을 기본이념으로 국가, 지방공공단체, 사업자들의 중심시가지활성화를 위한 의무규정을 신설하였다. 둘째, 일본 시정촌이 책정한 중심시가지활성화 기본계획에 대하여 총리가 인정한 제도로 개정하였다. 또한 내각에 총리를 본부장으로 하는 중심시가지활성화본부를 설치하여 국가에 의한 '선택과 집중'의 틀을 도입했다. 셋째, '중심시가지활성화협의회'를 중심시가지마다 설치하여 상업활성화에 집중된 사업을 추진해 온 TMO를 근본적으로 수정하여 마을만들기 전체에 관련된 활동을 종합적으로 실시할 수 있는 타운매니지먼트 시스템을 구축하였다.

도시계획법은 1998년 당시 교외개발이 인정되기 쉽고 조닝(Zoning)에 대하여 광역적인 관점이 반영되지 않는 문제점이 있었다. 도시계획법은 2006년에 개정하여 조닝(Zoning)강화에 의한 무질서한 입지억제를 추진하였다. 이 법은 연상면적 1만 제곱미터가 넘는 대규모 집객시설이 입지할 수 있는 용도지구로서 상업지역, 근린상업지역, 준공업지역(단 3대도시권 및 지정도시 이외는 특별용도지구로서 입지를 억제하였다.)에 한정하였다. 또한 시가지화 조정구역에 대해서는 종래 계획적인 대규모개발(20ha이상)의 경우 특례로서 대규모상업시설의 입지가 강화되었지만 이러한 특례가 폐지되어 원칙적으로 금지되었다. 지금까지 개발허가가 불필요한 병원, 복지시설, 학교 등의 공공시설에 대해서도 개발허가의 대상이 되었다.

한편 도시계획법상의 제안제도의 절차를 거쳐 합의가 이루어지면 토지이용규제의 내용을 변경할 수 있고 입지도 가능하게 되었다. 중심시가지활성화사업에 집중하고 있는 시정촌에 인접한 시정촌이 중심시가지활성화대책에 영향을 미치는 대형점포를 유치하여도 수장이 의견을 내거나 도도부현지사의 조정권이 없었지만 개정을 통해 새로운 광역조정의 틀을 마련했다. 마을만들기 3법의 특징은 크게 두 가지로 요약된다. 첫째, 대규모소매점의 면적이라는 경제적 규제로부터 대규모소매점의 입지라는 사회적 규제로 전환되었다. 즉 대규모소매점의 입지가 주변지역에 미치는 영향을 고려하였다. 둘째, 중소소매점업에 관한 정책은 중심시가지 활성화로 불리는 도시정책과 연계하여 추진되었다.

지역상점가활성화법은 2009년 8월부터 본격적으로 시행되었다. 지역상점가활성화법(상점가의 활성화를 위한 지역주민의 수요에 따른 사업활동의 촉진에 관한 법률)은 상점가가 지역공동체 담당자로서 수행하고 있는 지역주민의 생활편의를 제고하는 노력을 지원함으로써 지역과 일체된 공동체 마들기를 촉진하고 상점가의 활성화, 상점가를 담당하는 인재양성의 강화를 추진하기 위하여 제정되었다. 이 법률에 의해 경제산업장관은 상점가활성화사업[17]의 촉진의의나 기본적인 방향 등을 책정하여 상점가진흥조합 등은 상점가활성화계획을, 지원기관은 상점가활성화지원사업계획을 기획하여 경제산업국에 신청하였다. 경제산업장관은 도도부현 및 시정촌으로부터 의견을 청취한 후 인정여부를 결정한다. 인정을 받은 경우 지역상점가활성화법에 의해 인정사업에 대한 보조금의 보조율(중소상업활력향상보조금)을 최대 2/3, 인정사업을 수행하는 상점가 등에 토지를 양도한 자에 대하여 15,000엔을 상한으로 양도소득의 특별공제를 지원하였다.

다음 〈표 7-2〉는 1950년대 이후 일본 전통시장의 상업정책의

17) 商店街活性化促進事業について: https://www.kantei.go.jp/jp/singi/sousei/meeting/tihousousei_setumeikai/h30-06-01-shiryou5.pdf#search(검색일: 2018.10.08.).

변화과정을 표로 정리한 것이다. 일본정부는 전통시장의 상업 정책적 측면에서 1980년대 이전까지 공간개념의 도시계획정책을 추진했으나 1980년대 이후부터 주민의식을 수용하기 시작했다. 그리고 2000년대 이후부터는 전통시장정책이 사회적 유효성과 사회적 편익을 강조하는 정책으로 전환되면서 전통시장의 다양한 주체의 의견수렴과 가치관을 수용하는 사회적경제 개념을 본격적으로 도입하였다.

| 표 7-2 | 일본 상업정책의 변화(1950년 이후)[18]

상업정책	공간개념-도시계획	비상업구성원	경제효율성중시 정도
상업조합법	거의 없음-상점가	없음	경제효율성 중시
상점가진흥조합법/상업근대화지역계획	- 진흥조합법-상점가구역상점근대화-광역경쟁상점가 배치	- 진흥조합법-참가 인정 - 상업근대화-경제 전반 포함	- 경제효율성 중시
80년대 비전	- 도시상업정책 (미실현)	- 커뮤니티 마트구상에 의한 주민의식 수용	- 경제효율성 - 사회적 유효성
90년대 비전	- 교외 신흥상업 집적	- 마치즈쿠리 회사를 통해 참가	- 경제효율성 중시
21세기 비전	- 중심시가지 - 교외상업집적	- 없음	- 경제효율성 - 사회적 편익
마치즈쿠리 3법[19]	- 도시계획법에 의한 입지규제 - 중심시가지	- 중심시가지활성화협의회에 의한 다양한 주체의 참가/의견수렴	- 수치목표에 의한 검증 - 다양한 가치관 수용

18) 矢作敏行外編著(2017)『商業近代化から地域商業の底力を探るまちづくりへ』, 白桃書房, pp.204-227.

19) 渡辺達朗著(2014)『商業まちづくり政策: 日本における展開と政策評価』,

제4절 한국정부의 전통시장정책

1. 해방이후 유통산업근대화정책(1950년-1980년)

한국정부의 전통시장정책과정은 해방이후 유통산업근대화정책, 유통산업발전법과 재래시장 특별법 성립, 전통시장활성화사업 추진이라는 순서로 발전되어 왔다.

한국에서 전통시장의 개념은 자연발생적 혹은 사회경제적 필요에 의해 조성되어 상품 혹은 용역의 거래가 상호신뢰에 의해 주로 전통적인 방식으로 거래되고 있는 장소로서 특별자치도지사, 시장, 군수, 구청장 등이 인정한 장소를 지칭한다(전통시장 및 상점가 육성을 위한 특별법 제2조). 종래 전통시장은 재래시장이라 불리기도 했지만 이 용어에 함의되어 있는 전근대적인 혹은 시대착오적인 부정적인 이미지를 개선하기 위하여 최근에는 「전통시장」으로 대체하여 부르는 경우가 많았다.[20] 그리고 2009년경에는 재래시장 및 상점가 육성을 위한 특별법(2006년 제정)이 「전통시장 및 상점가 육성을 위한 특별법」으로 개정되어 공식적으로 '전통시장'이라는 용어를 사용하게 되었다.[21]

한국에서의 유통정책관련 법령은 1951년 제정된 「중앙도매시장법」과 1961년 제정된 「시장법」에서 유래된다. 이 법은 한국전

有斐閣, pp.47-90.

20) 재래시장은 해방 전 농촌지방의 정기시장을 재래시장이라 부르기도 했지만 최근에는 상설시장을 재래시장으로 부르기도 한다.

21) 崔相鉄·柳到享(2014) 「韓国における流通政策の展開と伝統的商業集積の問題性」, 『流通研究』, 17(2), 日本商業学会, pp.45-46.

쟁 이후 당시 생활필수품 등의 물자부족문제에 대처하기 위한 물가안정을 목적으로 정부에 의해 제정되었다.[22] 한국에서 전통시장의 유통산업과 관련하여 체계적으로 제도적 정책이 정비되기 시작한 것은 1980년대이다. 이때 유통산업의 근대화를 위한 「유통산업근대화촉진법」과 「도소매업진흥법」이 제정되었다. 특히 이 법은 유통부문에 대한 투자확대와 지원강화, 종합적 혹은 체계적 사업추진을 통해 유통구조의 근대화를 촉진할 목적이 컸다. 1995년에는 유통산업근대화촉진법이 경제기획원에서 통상산업부로 이관되어 명칭을 「통상산업합리화촉진법」으로 전환하였다. 그리고 도소매진흥법은 대형점포 규제, 유통산업진흥, 새로운 판매형태와 관련법 규정 등 도소매업을 효율적으로 관리하고 건전한 상거래질서 확립, 소비자 보호, 국민경제의 균형적 발전에 이바지하기 위한 목적으로 1986년 제정되었다.[23]

2. 유통산업발전법과 재래시장 특별법의 제정(1990년대 이후)

한국정부는 1988년 국내유통시장의 개방에 대비하여 유통시장 3단계 개방계획을 수립하고 단계적 개방을 통해 1996년에는 마침내 유통시장을 완전히 개방하기에 이르렀다. 한국 유통시장의 개방은 외국소매업이 한국 진출 시 매장면적이나 점포수의 제한이 전면 폐지되었다. 그리고 1997년에는 종래 유통산업근대화촉진법과 도소매진흥법을 통합하여 한국 유통관련법의 모법이 된 「유통

22) 崔相鉄·柳到享(2014), pp.29-30.

23) 柳到享(2016) 「韓国における小売競争構造の変化と流通政策の課題」, 『経済理論』, 383, 経済理論学会, pp.71-86.

산업발전법」이 제정되었다.[24)]

위와 같은 한국 유통정책과는 달리 중소상인 대상의 전통시장 관련 최초의 법률은 1995년에 제정된 「중소기업 구조개선 및 경영안정지원을 위한 특별조치법」에서 그 유래를 찾을 수 있다. 이 법은 중소기업대상으로 전통시장에서 재개발이나 재건축을 위한 시설자금융자 및 세제지원 등을 우선 지원하였다. 그리고 한국에서 전통시장과 직접적으로 관련된 정책이 시행된 것은 2002년 「중소기업의 구조개선과 재래시장활성화를 위한 특별조치법」이 제정된 이후라 할 수 있다. 이 법은 전통시장정책의 대상을 재래(전통)시장으로 명확히 설정하고 있기 때문에 이때부터 전통시장의 환경개선사업을 본격적으로 추진할 수 있었다. 2004년에는 「재래시장육성을 위한 특별법」이 제정되어 전통시장의 현대화촉진, 지역경제 활성화 및 국민경제발전기여 등을 목적으로 전통시장의 경영혁신과 시설근대화를 추진할 수 있는 근거가 마련되었다.

2005년에는 중소기업청의 전통시장전문부서에 '재래시장소기업과'가 설치되어 산하기관으로 「시장경영지원센터」가 설립되었고 전통시장 대상의 본격적인 지원시스템이 정비되었다. 2006년에는 국내 전통시장의 환경변화에 따른 재래(전통)시장이나 지방중소도시 상점가의 경영난을 개선하기 위해 「재래시장 및 상점가 육성을 위한 특별법」을 제정하였다. 그리고 2009년에는 이법이 「전통시장 및 상점가의 육성을 위한 특별법」으로 명칭이 변경되어 시장 및 상점가 활성화사업 촉진, 상업기반시설현대화 지원, 경영현대화 촉진, 시장정비사업 촉진 등을 추진하였다.[25)]

24) 崔相鉄·柳到享(2014), p.30.

3. 전통시장활성화사업 추진(2010년대 이후)

2010년대에 들어서면서 한국에서도 대형마트시장의 포화상태가 지속되면서 대기업소매업(SSM)이 골목시장에 진출하기 시작했다. SSM의 급속한 증가는 중소상인과 전근대적인 경영에 안주해 있던 중소슈퍼마켓들에게 위협적인 존재가 되었고 정부가 SM 규제정책을 시행하도록 요구하기 시작했다. 이에 따라 정부는 2010년 11월 「유통산업발전법」, 12월에는 「대중소기업상생협력 촉진에 관한 법률」의 개정을 통해 대점포의 출점을 규제하는 제도를 도입하였다.

결국 한국정부는 2006년 제정된 「대중소기업상생협력 촉진에 관한 법률」에서 2012년 12월 SSM을 규제대상에 포함하였다. 이에 따라 2012년 4월 대형마트나 SSM을 전개하는 대기업소매기업들은 업무제한에 대하여 의무휴업일지정처분의 집행정지가처분을 지방재판소에 신청하였다. 이러한 업무제한에 대해 2013년 9월 지방재판소는 영업규제에 대한 합법판결을 내렸다. 그리고 2014년 2월 기준으로 174개 지방자치단체는 조례제정을 통해 대형마트와 SSM에 대한 의무자율휴무를 규정하였다.

4. 한일 전통시장정책의 비교

그러면 이상과 같은 내용을 바탕으로 한일전통시장의 정책적 전개과정에서 사회적경제 개념이 어떻게 도입되었는지 살펴보고

---

25) 関根孝·趙時英(2008) 「韓国 「在来市場」の発展方向: 伝統的商業集積の活性化の途を探る」, 『専修大学都市政策研究センター論文集』, 4, 専修大学都市政策研究センター, pp.193-194.

자 한다. 다음 〈표 7-3〉은 지금까지 기술한 내용을 바탕으로 한일 전통시장정책의 사회적경제 개념에 따른 전개과정을 비교 정리한 것이다. 전술한바와 같이 한일 전통시장정책에서 사회적경제 개념의 도입은 시장 활성화정책 이후 지역쇠퇴와 도시재생이라는 상황과 맞물려 진행되어 왔다.

본 장에서 중점을 두고 있는 한국과 일본에서 사회적경제와 전통시장과의 연계과정을 고찰하면 다음과 같다. 일본 전통시장의 상업정책은 1970년대 초부터 1980년대까지 「중소소매상업진흥법」에 의한 유통근대화정책 등을 통해 중소유통업을 지원하여 대규모 소매업과의 경쟁력을 높이기 위한 진흥정책의 실시, 유통조정정책으로서 대규모소매업의 규제를 주요 내용으로 하는 「대규모점포법」을 시행하였다. 1970-1980년대에는 중소소매업의 경제적 역할을 중시하는 정책을 추진하였다. 일본정부는 1990년대 이후 대규모소매점포의 교외분산과 중심시가지의 공동화, 인구감소, 저출산·고령화 사회에 직면하여 중소소매업만을 대상으로 하는 활성화정책이 아니라 중심시가지활성화라는 지역전체의 체계적 관리의 관점에서 지역상업의 활성화를 도모하였다. 상점가의 역할도 쇼핑공간이라는 경제적 역할에서 지역커뮤니티의 담당자, 지역사회, 문화의 담당자로서의 상점가의 역할이 주목되어 환경의 변화와 지역주민의 다양한 수요에 대응할 수 있는 상점가를 상정하여 지원하였다.[26] 이러한 일본정부의 상업정책의 근본적 변화에는 지역문제의 해결이라는 사회적경제 관념이 깊숙이 자리

26) 石原武政·渡辺達朗編著(2018) 『小売業起点のまちづくり』, 碩学舎中央経済社, pp.12-29.

하고 있다. 즉 전통시장에 대하여 과거의 상업유통화 정책과 대규모점포법에서 시가지활성화, 그리고 지역쇠퇴라는 문제해결차원으로 점차 진화되어 왔다.

한국 전통시장정책은 1980년대까지 유통시장의 근대화정책 실현을 위한 법률정비에 집중되었다. 그러나 1990년대 이후 국내 유통시장의 과잉경쟁에 따른 중소기업의 구조개선 및 경영안정지원을 위한 특별조치법의 제정으로 규제를 강화하기 시작했다. 한국 전통시장정책의 사회적경제와의 접점은 2000년대 이후 시작된 것으로 생각된다. 특히 2001년 재래시장시설개선지원사업의 추진으로 2002년 재래시장활성화 특별조치법이 발의되어 전통시장활성화사업이 활기를 띠었다. 이후 전통시장정책은 지역쇠퇴와 도시재생이라는 차원에서 새로운 전환점을 맞이하게 되었다.

이렇게 볼 때 한국과 일본 전통시장의 사회적경제 개념의 도입 및 연계는 활성화정책의 시행 이후 지역공동화로 인한 지역쇠퇴 현상과 맞물려 진행된 것으로 보인다. 하지만 한일전통시장정책에서 사회적경제 개념의 도입은 일본이 1980년대 후반, 한국이 90년대 후반부터 도입되기 시작한 것으로 약간의 시기적 차이를 간과해서는 안 될 것이다. 특히 2000년대 초반에 사회적경제 관점에서 지역문제해결을 위한 전통시장활성화정책이 본격화되었다고 볼 수 있다.

❙표 7-3❙ 한일 전통시장정책의 전개과정 비교[27)]

연도	일본의 전통시장정책 변화	연도	한국의 전통시장정책 변화
1950-1973년	1950년 한국전쟁 1954년 고도경제성장과 유통 혁명론 1956년 전후복구 종료선언, 대량생산체제 1956년 슈퍼 등장 1957년 마루와 푸드서비스 유통근대화 기여 1950-60년 고도경제성장기, 대량생산 상품 유통 가능한 유통구조시스템 구축, 유통근대화정책 1962년 상점가진흥조합법 성립 1964년 경제산업성 유통정책 관심 1968년 도시계획법 제정 1970년 유통근대화정책-상업근대화지역계획(도시계획과 마을만들기 등) -지역경제와 유통근대화	1950-1980년대	1951년 중앙도매시장법 1961년 시장법, 물가안정을 위한 시장통제 1980년 유통산업근대화정책-투자지원을 통한 유통산업 근대화, 소매시장진흥법, 유통법규정비 1981년 신시장법(시장법 전면개정) 1986년 도소매업진흥법
1973-1990년	1972년 홋카이도 쇼핑공원 실현1973년 중소소매상업진흥법 제정(대점포법제정)-1974년부터 시행 1975년 상업근대화지역실시 계획책정사업 추가 1979년 대규모소매점포법 개정	1990년대	1995년-중소기업의 구조개선 및 경영안정지원을 위한 특별조치법 1996년 유통산업합리화촉진법과 소매업진흥법을 통합하여 유통산업발전법 제정

연도	일본의 전통시장정책 변화	연도	한국의 전통시장정책 변화
	1980년대 전반 출점동결시대 1983년-80년대 유통산업비전 공표 1984년 상업통계조사 및 전문가 파견, 소매업감소 1985년 플라자합의 1985년 중소소매상단체 '사단법인커뮤니티 마트센터' 설립 1989년 90년대 유통비전 간행		1996년 중소기업 구조개선과 경영안전지원을 위한 특별조치법 제정 1997년-유통산업발전법
1990-2000년	1991년 대점포법 개정 1991년 특정상업집적정비법 개시 1991년 빈 점포대책사업 개시 1992년 차지차가법 개정-사업용정기차지권제도 도입 1993년 마치즈쿠리 3법 성립 1995년 21세기 비전 간행 1997년 중심시가지 상업기능 활성화필요성 제안 1998년 대규모소매점포입지법 제정-도시문화와 마을만들기, 생활환경보전 1998년 중심시가지활성화법, 대규모소매점포입지법, 개정도시계획법 등 마치즈쿠리 3법 성립 2000년 대점포법 폐지	2000년대	2001년 재래시장시설개선지원사업 착수, 중소소매업실태조사 실시 2002년 중소기업 구조개선과 재래시장활성화를 위한 특별조치법 2003년 재래시장 근대화지원사업의 중소기업청 이관 2004년 유통발전법의 대폭개정, 재래시장육성을 위한 특별법 중소기업청에 재래시장지원담당팀 설치 2005년 중소기업청 재래시장소기업과 신설, 시장경영지원센터설립 추진, 시장상인조직(상인회) 등록제 도입, 전국상인조직 '전국시장상인연합회' 설립 2006년 재래시장 및 상점가 육성을 위한 특별법 개정-

연도	일본의 전통시장정책 변화	연도	한국의 전통시장정책 변화
			대중소기업상생협력 촉진에 관한 법률 2008년 전통시장 활성화사업 추진 2009년 전통시장 및 상점가의 육성을 위한 특별법 명칭 변경
2000년대 이후	2006년 도시계획법과 중심시가지활성화법 대 개정-저출산고령화와 인구감소 대응 사회적 비용감소와 환경친화, 안심 마을만들기 2008년 지역상점가활성화법 성립 2009년 지역상점가활성화법 시행-지역주민수요 중시 2014년 도시재생특별조치법 2015년 아베정권 지역창생-1억 총 활약사회 2016년 총무성 전국중심시가지 활성화기본계획 달성부족 발표	2010년대	2010년 11월 유통산업발전법 2010년 12월 대중소기업상생협력 촉진에 관한 법률 제정 2012년 12월 SSM을 규제대상에 포함 2012년 4월 의무업무휴업일 지정처분 집행정지가처분 지방재판소 신청 2013년 9월 지방재판소 운영규제 합법판정 2013년 유통시장발전법-대점포 및 SSM규제-문화와 친화중시 2014년 2월 의무자율휴무 규정

이상에서 분석한 내용을 바탕으로 사회적경제 개념의 도입을 통한 한일 전통시장정책의 전개과정상의 비교를 통한 차이점을 살펴보면 다음 〈표 7-4〉에 제시한 바와 같다. 전술한 바와 같이

27) 이 표는 본문의 분석내용을 바탕으로 필자가 작성하였다.

사회적경제 개념은 급속한 전통시장의 사회적 환경변화에 따른 정부와 시장의 한계에 직면하여 다양한 사회적 문제를 해결하기 위해 지역주민과의 소통과 공감으로 지역사회 혁신을 도모하자는 차원에서 도입되었다. 때문에 전통시장정책에서 지역쇠퇴라는 사회적 문제해결을 위한 사회문화 환경적 요소는 사회적경제 측면에서 중요한 요소를 차지하고 있다. 먼저 사회환경적인 측면에서의 한일전통시장의 차이는 상인조직의 네트워크를 중시하는 정도에 따라 다르게 나타난다. 일본에서는 사회적관계자본(social capital) 측면에서 고객과의 관계, 거래처와의 관계, 지역커뮤니티와의 관계로 성립되는 '관계기능'과 매입처의 감정이나 가공 등의 기술을 의미하는 '개인기능'을 중시하고 있다. 관계기능과 개인기능은 상인과 그 가족들이 지역공동체와의 교류가운데 축적되어 사업계승을 더욱 촉진시키는 역할을 담당한다. 일본의 전통시장은 관계기능과 개인기능을 중시하고 있지만, 한국에서는 유교적 문화자본을 중시하는 경향이 있어 관계기능보다는 개인기능을 더욱 중시하는 경향이 있다.[28]

문화환경의 측면에서 한일 전통시장의 차이는 유교사상이 강한 한국상인이 가업(家業)을 중시하는 일본상인과 비교하여 부자간의 사업계승 의식이 약하고 되도록 자녀에게 점포와의 관계를 멀리하려는 의식이 강하다.[29] 이러한 경향은 한국 상인들의 의식전환을 통해 전통시장에서 상인들의 사업계승 의지를 촉진시켜 특

28) 柳到亨·横山斉理(2009)「商店経営者の家族意識に関する実証研究」,『流通研究』, 11(3), 日本商業学会, p.38.

29) 柳到亨·横山斉理(2009)「商店経営者の家族意識に関する実証研究」,『流通研究』, 11(3), 日本商業学会, pp.37-56.

유의 집적기술을 지켜낼 수 있는 방안이 필요하다. 따라서 한국전통시장은 상인가족의 해체를 늦출 수 있는 시장정책의 일환으로 전통시장의 축적기술을 지켜내는 방안도 고려해야 할 것으로 생각된다. 또한 일본의 전통시장 유통정책이 지역사회에 거주하며 지역공동체의 역할자로 활약하는 상인들의 지원활동으로 이동하는 현상을 보이고 있다. 때문에 한일 양국이 전통시장의 해체라는 위기적 상황에 직면하고 있지만, 향후 전통시장의 사회혁신적인 측면에서는 한국 전통시장이 개방적이고 사업계승적인 측면에서는 일본 전통시장이 유리하게 작용할 것으로 생각된다.

┃표 7-4┃ 한일 전통시장의 사회문화적 환경요인의 차이[30]

<table>
<tr><th>기능/역할</th><th>비교항목</th><th>한국</th><th>일본</th></tr>
<tr><td rowspan="2">사회환경</td><td>자원동원</td><td>유교적 문화
자본 강조</td><td>사회적관계자본 중시
(신뢰)</td></tr>
<tr><td>기능적 측면</td><td>개인기능 중시</td><td>관계기능과 개인기능
(기술과 노하우축적) 강함</td></tr>
<tr><td>문화환경</td><td>사업계승</td><td>사업계승의지
약함(시장해체)</td><td>가업으로 사업계승의지 강함</td></tr>
<tr><td rowspan="5">경제조건</td><td>정부행정
연계</td><td>중소기업청 위주</td><td>행정부 간의 연계강화
(마치즈쿠리3법)</td></tr>
<tr><td>시장지향</td><td>문화관광형 시장</td><td>환경친화와 지역주민 수요</td></tr>
<tr><td>유통정책</td><td>상생과 규제강화</td><td>지역거주 상인지원 및 역할
강조</td></tr>
<tr><td>시장개선방향</td><td>물리인적 측면보다
내용적인 측면 중시</td><td>물리적인 측면과 내용적인
측면 중시</td></tr>
<tr><td>시장개방여부</td><td>개방적</td><td>폐쇄적</td></tr>
</table>

30) 이 표는 본문의 내용을 바탕으로 필자가 작성하였다.

경제조건의 측면에서 전통시장의 지원대상과 내용의 차이인데 한국전통시장정책은 자원동원의 선택과 집중이라는 주장이 제기되면서 시장의 물리적인 측면보다는 내용적인 측면을 중시하는 문화관광형 시장사업의 강점을 주장하고 있다. 그러나 일본에서는 환경친화와 지역주민의 수요를 강조하는 경향이 있어 지역에 거주하고 있는 상인에 대한 지원과 역할을 중시한다. 때문에 일본 전통시장은 상인들이 지역공동체의 활성화를 담당하고 있다는 자부심을 갖게 하는 것이 필요한 점으로 지적되고 있다.

제5절 ▶ 한일 전통시장 활성화정책

이 장의 목적은 한일 전통시장의 정책 전개과정의 비교를 통해 정책적 전개과정상의 차이와 사회구조적 전환을 강조하는 사회적경제 개념의 도입과정의 분석을 통해 향후 한국 전통시장정책에서의 시사점을 도출하는데 있다. 한국과 일본의 전통시장정책은 시기적으로 상이하지만 표면적으로 1990년대 이후 경제효율성을 우선하여 대형마트나 SSM과 같은 대점포들이 증가하면서 전통시장의 쇠퇴로 이어지자 사회구조적 문제를 해결하기 위한 정책들이 속속 등장하기 시작했다. 전통시장은 내부적으로 저출산고령화, 매출액 감소, 이로 인한 빈 공간 유휴지의 증가와 지역쇠퇴 등으로 이어졌으며 이러한 사회구조적 문제를 해결하기 위한 정책 중의 하나가 사회적경제 개념의 도입이라 할 수 있다. 연구의 방법은 1945년 해방 이후 한국과 일본정부의 전통시장 활성화정책과 관련된 법적 제도적 변천과정과 관련 문헌을 고찰하여 사회적경제 개념의 도입에서 한일 간 전통시장정책의 근본적인 차이점과 이를 발생시키는 요인을 도출하였다.

본 장이 한일 전통시장정책과정에서 사회적경제와의 관련성에 주목하는 것은 전통시장의 문제해결이 글로벌시대 저출산고령화와 도시공동화 등 지역 상점가의 지역쇠퇴에 따른 지역사회의 구조적 문제해결과도 밀접히 관련되어 있기 때문이다. 또한 일본의 전통시장정책과 마찬가지로 한국정부의 전통시장정책도 과거 정부주도에서 상인주도로 전환하여 점차 상인단체들이 지역사회 공헌뿐만 아니라 경제단체로서의 역할을 담당해야 하고 모든 지역에서 공통적인 사회구조적 문제의 해결을 지향하는 사회적경제를 점차 확대해 나가야 할 시기에 놓여 있기 때문이다. 연구결과를 살펴보면 다음과 같다.

첫째, 일본 전통시장정책은 1980년대 이전까지 공간개념의 도시계획정책을 실시해왔으나 1980년대 이후부터 주민의식을 수용하기 시작하면서 사회구조적 관점에서 사회적경제의 개념을 도입하기 시작했다. 그리고 2000년대 이후부터는 전통시장정책에서 사회적 유효성과 사회적 편익을 강조하는 혁신정책으로 전환되면서 전통시장의 다양한 이해관계자의 의견수렴과 가치관을 수용하는 비경제적 요소로서 사회적경제 개념을 본격적으로 도입하기 시작했다.

둘째, 한국 전통시장정책은 1980년대까지 유통시장의 근대화정책을 실현하기 위한 법률정비에 노력해왔다. 그러나 1990년대 이후 국내 유통시장의 과잉경쟁에 따른 중소기업의 구조개선 및 경영안정지원을 위한 특별조치법의 제정으로 유통시장의 규제를 강화하기 시작했다. 한국 전통시장정책의 사회적경제와의 접점은 2000년대 이후 본격화 되었다. 특히 2001년 정부가 재래시장 시설개선지원사업을 추진하면서 2002년 재래시장활성화 특별조치법이 제정되어 전통시장활성화사업이 활기를 띠기 시작했다.

셋째, 한국과 일본의 전통시장정책과 사회적경제와의 연계를 통한 전통시장 활성화정책의 시행은 지역공동화로 인한 도시쇠퇴현상과 맞물려 전개되었다. 일본은 1980년대 후반, 한국은 1990년대 후반부터 사회적경제 개념이 전통시장정책에 도입되어 2000년대 초반 사회적경제 관점에서 지역사회의 구조적인 문제를 해결하기 위한 전통시장 활성화정책이 본격화되었다.

넷째, 한일 양국은 급속한 사회환경과 문화환경의 변화에 따라 전통시장정책에서도 상인들의 비경제적 요소인 사회관계자본 중시, 가업계승의지 등 상인지원수요와 상인지원의 역할에서 근본적인 차이를 드러내고 있었다.

결론적으로 한일 양국의 전통시장정책은 시기적으로는 약간 상이하지만 최근까지 유통구조변화에 따른 전통시장의 안정화정책으로 시장활성화정책에 초점이 맞추어져 왔다. 그러나 최근에는 전통시장정책의 한계에 직면하여 이를 한일 간 사회구조적인 지역쇠퇴 문제로 접근하여 근본적인 혁신을 도모하기 위한 사회적경제 개념을 도입함으로써 시장의 사회구조적 변화를 촉진시키고 지역 주민의 수요를 고려한 상인지원에 집중되고 있는 것으로 나타났다. 이는 한일양국에서 저출산고령화에 따른 전통시장 내의 세대교체가 활발해짐에 따라 전통시장의 활성화를 위해서는 무엇보다도 근본적으로 사회구조적인 측면에서 상인의식의 혁신적인 개혁을 주도하고 주변 환경을 전환시키기 위한 사회적경제의 관점에서 비경제적 요인의 도입이 중요함을 시사하고 있다.

Chapter 8

사회적경제와 일본의 서비스러닝교육

제1절 서비스러닝교육의 등장

글로벌화의 진전과 더불어 최첨단 지식, 정보, 기술 등이 추구되는 지식기반의 융합시대를 맞이하고 있는 오늘날 대학에서도 학생들이 스스로 생각하고 판단하여 행동할 수 있는 인재양성이 요구되고 있다. 이에 따라 기업에서 요구하고 있는 인재들도 사회적 문제발견과 문제해결능력을 가진 학생들이 높게 평가되고 있는 시대이다. 이는 학생들의 가치관을 형성하는 교양교육의 경험을 중시하고 사회혁신을 통한 새로운 부가가치를 창출할 수 있는 인재육성과도 직결되기 때문이다. 학생들이 대학에서 사회적 문제해결을 위한 기술의 습득도 중요하지만 그 전제로서 학생들이 넓은 시야를 가지고 스스로의 가치관이나 세계관을 형성해가는 교양교육 중심의 경험교육이 중요시 되고 있다. 기존 사회봉사활동에서는 학생들이 단순 봉사활동을 통한 단위취득이나 취업에 유리한 경력 쌓기에 급급한 나머지 특정 봉사활동에 치중되거나 체험을 통한 배움을 스스로의 언어로 전달할 수는 있어도 서비스러닝 과목과 연계된 사회이론이나 개념의 이해, 타 학문과의 관련성을 경험적으로 발견하고 이해하기에는 힘든 측면이 있었다.

이 장의 연구목적은 저출산고령화시대 학생감소로 인한 지방대학의 위기를 맞이하여 교육과 경험을 연계하는 일본대학에서의 서비스러닝의 운영체계를 분석함으로써 한국대학의 혁신 가능성을 도출하는데 있다. 특히 본 연구는 사회적경제 관점과 연계하여 대학생들이 전문적 이론지식과 현장실습체험을 바탕으로 사회적 문제를 발견하고 해결을 시도하는 교과 및 비교과 연계형 서비스러닝의 가능성에 초점을 두고 있다. 본 연구의 목적은 연구대상 3개 대학을 중심으로 창학이념-봉사활동에서 서비스러닝으로 전환-서비스러닝 운영체계 등 세 가지 측면에서 살펴보는데 있다.

이 장에서 다루고자 하는 상세한 연구내용은 다음과 같다. 먼저 일본 3개 대학에서 창학정신과 연계된 봉사활동의 출현배경에 대하여 살펴볼 것이다. 둘째, 일본대학에서 봉사활동이 시대적 추세와 필요성에 의해 서비스러닝으로 전환되어가는 과정에 대하여 고찰할 것이다. 셋째, 일본대학에서 봉사활동 혹은 서비스러닝이 실제 대학수업의 일환으로 교과 및 비교과 과정과 연계되어 어떻게 대학현장에서 운영되고 있는지를 살펴볼 것이다.

제2절 서비스러닝교육의 개념과 현장학습

최근 한일양국에서 주목받고 있는 서비스러닝(Service-Learning:

SL)이란 1930년대 존 듀이(John Dewey)의 체험적 교육이론을 기반으로 하는 수업의 일환으로 미국대학에서 1960년대 후반부터 실시되었다.[1] 1980년대에 들어와서는 공동체 형성의 시민성 교육, 1990년대 지역사회 문제에 대한 적극적 참여라는 소양교육으로서 사회공헌형 체험학습을 기초로 공동체의식, 체험참여, 성찰, 다각적 사고능력을 기르는 교육 방법의 하나였다. 대학에서 전문지식과 현장에서의 소중한 경험공유를 통해 지식과 기술의 효과적인 배움과 습득을 지원하는 일종의 수업형태이다.[2] 좁은 의미에서 서비스러닝은 지역사회가 안고 있는 자연, 역사, 문화, 산업 등 다양한 지역사회 문제에 대하여 공통의 기반을 가지고 있는 지역대학이 지역사회의 인재수요에 대응한다는 사회적 미션을 공유하고 지역 이해관계자들과 함께 '서비스러닝' 수업을 개발하는 가운데 공통의 사회적 문제를 해결하는 시도이기도 하다. 학생이 지역현장을 방문하여, 지역의 기업, 단체를 필드로 하여 인터뷰조사를 진행하고 사회적 문제를 도출하여 해결방안을 제시하는 교과과목으로서 새로운 방식의 수업전개를 의미한다.

서비스러닝(Service-Learning)은 일본대학에서도 1990년대 후반부터 2000년대 초반에 걸쳐 적극적으로 도입된 수업방식이라 할 수 있다. 이러한 수업방식이 일본 대학에 도입되기 시작한 것은 2000년대 이후로 일본중앙교육심의회가 2002년 문부과학 대신에

---

1) 倉本哲男(2007) 「アメリカにおけるサービス·ラーニングのカリキュラム開発論:その歴史的背景と現状」, 『教育経営学研究紀要』, 10, pp.7-16.

2) 中留武照·倉本哲男(2001) 「学校と地域を結ぶカリキュラム開発の新たな展開: 米国のサービスラーニングに焦点をあてて」, 『九州大学大学院教育学研究紀要』, 4, pp.1-35.

게 '청소년 봉사활동, 체험활동의 추진 방책 등에 대하여'라는 답신에서 대학, 단기대학, 고등전문학교 등에서 봉사활동이나 SL과목 등의 개설을 권고한 바에 따르고 있다. 2007년에는 '학사과정 교육의 재구축을 향하여'라는 일본 심의경과보고에서 SL은 학사교육과정에서 유용한 체험 학습법으로 권장되었다.[3] 그리고 최근 일본 초·중·고 등에서도 종합적 학습시간에 SL수업을 병행하는 대학들이 증가해 왔다.[4] SL과 봉사활동의 차이는 대학기관에 의한 교육방식의 일종으로 봉사활동 제공을 통해 배운다는 쌍방향적인 특징을 가지고 있다.[5]

이에 따라 2000년대 초반부터 실시된 일본대학 서비스러닝에 대한 연구도 다양한 분야에서 시도되어 왔다. 가령, 본 연구에서 다루고 있는 일본 국제기독교대학(ICU, 2005)[6]과 릿교대학(2017)[7]을 중심으로 한 서비스러닝의 입문과정 개발, 가와세 다카유키(川瀬隆千, 2006)[8]의 봉사활동론이나 교육과정 개발, 구라모토 데쓰

3) 中央教育審議会(2008) 学士課程教育の構築に向けて (審議のまとめ) : http://www.mext.go.jp/component/b_menu/shingi/toushin/__icsFiles/afieldfile/2013/05/13/1212958_001.pdf(검색일 2019.06.10.).

4) 中央教育審議会(2005)我が国の高等教育の将来像(答申) : http://www.mext. go.jp/b_menu/shingi/chukyo/chukyo0/toushin/05013101.htm(검색일 2019.06.10.).

5) 中央教育審議会(2012) 新たな未来を築くための大学教育の質的転換に向けて: 生涯学び続け, 主体的に考える力を育成する大学へ: 答申) : http://www.mext.go.jp/component/b_menu/shingi/toushin/__icsFiles/afieldfile/2012/10/04/1325048_1.pdf(검색일 2019.06.10.).

6) 国際基督教大学サービス·ラーニング·センター編(2005) 「サービス·ラーニング入門、サービス·ラーニング研究シリーズ」, 1, 東京, p.79.

7) 逸見敏郎·原田晃樹·藤枝聡編著(2017)『リベラルアーツとしてのサービスラーニングシティズンシップを耕す教育』, 北樹出版, pp.197-203.

오(倉本哲男, 2004)[9]와 나카도메 다케아키외(中留武昭他、2001)의 서비스러닝에 의한 학교와 지역연계 커리큘럼 개발론 등을 들 수 있다. 이들 연구들은 일본대학에서 서비스러닝의 도입 및 출현 과정, 교육과정과 커리큘럼개발, 대학의 지역연계와 체험학습의 중요성 등에 초점을 맞추고 있다.

최근 일본대학에서도 SL 도입을 둘러싼 학계의 찬반논란은 팽팽하게 맞서고 있다. 가령 나가자토 요코(中里陽子, 2015)는 일본대학에서 서비스러닝이 등장하게 된 배경에 대해 사회변화에 따라 교육형태가 크게 바뀌어 사회기초력형성에 대한 범용적 능력의 육성이 요구되고 있고 과거 교원중심의 지식전달형보다는 지식구성형수업으로 이행되는 과정에 있다고 주장하였다. 여기에다 문부성방침에 의한 대학에서의 지역사회공헌 기능이 요청되고 있는 상황에서 지역사회의 발전을 도모하기 위하여 대학과 지역사회를 연계하는 교육실천으로서 서비스러닝 수업도입이 필수적이라는 입장이다.[10] 그러나 다나베 신(田邉信, 2017)은 서비스러닝이 대학에서 배움을 사회에서 환원한다는 차원에서 좋은 취지를 가지고 2000년대 초반에 실시되었지만 실제로 전공분야의 배움을 심화하는데 까지는 아직 진전되지 못하고 있다고 비판하고 학

---

8) 川瀬隆千(2006)「宮崎公立大学「ボランティア論」の評価に関する研究」, 『宮崎公立大学紀要』, 14, pp.85-99.

9) 倉本哲男(2004)「サービスラーニングにおけるカリキュ…ラムの構成要素 −デベロプメント(Development)とマネジメント(Management)の側面から−」, 『教育経営学研究紀要』, 7, pp.79-86.

10) 中里陽子·吉村裕子·津曲隆(2015)「サービスラーニングの高等教育における位置づけとその教育効果を促進する条件について」, 『アドミニストレーション』, 22(1), pp.166-167.

술성이 높은 과목은 아니지만 봉사활동이나 사회적 참여를 촉진하는 측면이 있다고 주장하였다.[11)]

이상에서 살펴본 바와 같이 서비스러닝은 긍정적인 측면에서 지역사회 대학생들의 경험능력 활용과 지역주민에 대한 이해를 통한 지역사회공헌 및 교육의 질적 보장, 주도적 학생 육성, 다양화된 학생지원 등을 가능하게 하지만 부정적인 측면에서는 학생들의 지역주민과의 호혜적 관계유지의 어려움, 학생의 지적성장의 담보에 대한 부담감, 학생들에 대한 과도한 비용부담과 커리어 혼란 등이 제기되고 있다.[12)] 이러한 기존연구를 바탕으로 본 연구에서는 대학과 지역사회 연계라는 사회적경제의 수요 관점에서 서비스러닝의 타자와의 관계성을 강조하여 타자와의 관계를 통해 배운다는 의미로 '체험학습', '임상학습', '경험학습'의 개념으로 정의하여 일본대학의 적용과정을 살펴보고자 한다.

제3절 일본대학 봉사활동의 서비스러닝교육 전환과 운영체계 분석

본 장의 방법은 현재 일본대학에서 서비스러닝을 본격적으로 실시하고 있는 메이지학원대학(明治学院大学), 릿교대학(立教大学), 국제기독교대학(ICU, 国際基督教大学) 등 3개 대학을 대상

11) 田邉信(2017) 「「21世紀型市民」の育成に向けた学術科目連動型サービスラーニング：Introduction to Multicultural Studiesを事例に」, 『グローバル人材育成教育研究』, 4(2), pp.14-15.

12) 中里陽子·吉村裕子·津曲隆(2015), p.177.

으로 현지 자료수집과 인터뷰조사를 수행하였다. 본 연구는 2018년 10월과 2019년 1월 2회에 걸쳐 일본현지대학 방문을 통해 수집된 자료에 근거하고 있다. 이들 3개 대학은 기독교정신의 창학이념을 바탕으로 수업과목에서 서비스러닝과목을 적극 도입하고 있으며 기타 연구대상 대학으로 선택한 이유는 다음과 같다.

먼저 국제기독교대학의 경우 1999년부터 서비스러닝을 수업에 적극적으로 도입한 선도대학으로 2003년도에는 서비스러닝 아시아 네트워크(Service-Learning Asia Network: SLAN)를 구축하고 있다. 릿교대학은 2003년도부터 봉사활동센터를 설립하여 교육과정에 적용하여 개설해오다 2016년에는 교과목과 연계한 서비스러닝 교육을 본격적으로 실시하고 있다. 메이지학원대학은 1998년 봉사활동센터를 설립하였으며 2016년도부터는 전 학년을 대상으로 서비스러닝의 일환으로 봉사활동 서티피케이트 프로그램(Volunteer Certificate Program)을 실시하고 있다. 이에 대한 상세한 연구내용은 다음과 같다.

1. 메이지학원대학(明治学院大学)

1) 창학이념과 봉사활동

메이지학원대학은 공통교육기관으로서 「타자를 위한 공헌(Do for Others)」이라는 기독교정신에 입각하여 봉사활동을 통한 인간교육을 지향하고 있다. 교육이념으로서는 봉사활동과 교육과의 연계강화, 학생에 의한 봉사활동의 계획 등 학생의 주도적인 활동 응원, 사회공헌을 목표로 지역사회와의 협동에 의한 봉사활동 추진 등을 지향하고 있다. 이는 메이지학원대학 설립자인 헤본(J.C. Hepburn)이 평생 실천한 정신인「타자를 위한 공헌(Do for Others)」이라는 교육이념을 정립하고 기독교에 입각한 인간교육을 건학의 기본정신으로 삼아 지금까지 계승해 오고 있기 때문이다. 대학은 성경 마태복음 7장 12절 "남에게 대접을 받고자 하는 대로 너희도 남을 대접하라"는 교육이념의 실천을 위해 각 학부, 교양교육센터에서 제공되는 교과과정을 비롯한 다양한 교육프로그램을 시도하고 있다.[13)]

메이지학원대학의 봉사활동센터 설립은 1995년 한신아와지 대지진 때 약 3개월에 걸쳐 350명의 학생들이 지원활동에 자발적으로 참여한 것이 계기가 되었다. 대학에 봉사활동센터가 존재하지 않던 시기에 개인의 판단으로 지진피해지역으로 향하는 학생들을 보고 당시 모리타 메이지학원이사장이 센터설립을 제안하여 지원활동에 참여한 학생, 교직원의 지지로 1997년 봉사활동센터 준비위원회가 발족되었다. 1998년 초기 이사회에서 봉사활동센터의 설치가 승인되었고 같은 해 11월에 개설되었다. 이때까지만 해도 봉사활동센터라는 조직이 일본 내에서도 사회적으로 인정받고 있지 못하고 있던 때라 설립에 어려움이 많았다.[14)]

메이지학원대학의 봉사활동센터는 설립 후 공통교육기관으로서의 교육이념인 '타자를 위한 공헌(Do for Others)'의 정신에 입각하여 봉사활동을 통한 인간교육의 실천을 미션(Mission)으로

13) 본 내용은 2019년 1월 메이지학원대학 봉사활동센터 코디네이터 나가하라 미카(中原美香)의 인터뷰내용을 중심으로 기술되었다.

14) 東京都(2018)『大学ボランティアセンター事例集: 設立過程と活動のレポート』, 株式会社銀座プリント, pp.35-38.

삼았다. 2018년도부터는 봉사활동센터 소속 학생 211명이 봉사활동의 일환으로 '명학(明学)'을 발신하는 역할을 담당하고 있다. 주로 대학주변 지역사회 사람들과 지역사회 봉사활동, 동일본대지진복구지원활동 프로젝트, 일본적십자와 봉사활동 파트너십을 맺고 활동하는 메이지학원대학적십자, 글로벌 사회적 문제를 배우고 사회적 과제해결을 위해 행동하는 해외프로그램 사업부 등 국내외 다양한 지역사회, 혹은 기관과 네트워크를 구축하여 주체적으로 활동하고 있다.

2011년부터는 「타자를 위한 공헌(Do for Others)」를 실천할 수 있는 기회로서 대학생 누구나가 참여할 수 있는 「1 Day for Others」를 개시하였다. 학생들은 지역공동체나 NPO, 기업에서 하루 동안 사회공헌 봉사활동을 수행하고 이후 지속적인 봉사활동으로 연결해 가고 있다. 2017년에는 66개 봉사활동 프로그램에 학생 762명이 참가하였다.

2016년도부터 메이지학원대학은 교육연계 봉사활동 서티피케이트 프로그램(Volunteer Certificate Program)을 전 학년을 대상으로 전개하였다. 실제 현장 봉사활동의 경험을 대학에서 전공과목이나 공통과목과 연결하여 '실천'과 이론의 '대학수업'을 동시에 심화시켜 나가는 것을 목표로 교원, 봉사활동센터, 선배학생들이 다방면으로 지원하고 있다. 학생 한 사람 한 사람이 「타자를 위한 공헌(Do for Others)」를 구현하고 공생사회를 실천해 나가는 힘을 배양하는 것을 지향하고 있다.[15)]

15) 中村知子·藤原由美·三浦智恵子(2010) 「サービスラーニング授業の開発」, 『JIYUGAOKA SANNO College Bulletin』, 43, pp.15-30.

2) 봉사활동에서 서비스러닝으로의 전환

2016년도 봉사활동에서는 많은 학생들이 참가할 수 있도록 수업과목신설이나 체험현장의 개선 등 제도를 수정하였다. 이에 따라 예술과 봉사의 협업, 세미나를 발전시킨 사회활동, 지역사회를 포함한 여성의 라이프커리어를 고려한 이벤트행사 등 다양한 기획을 전개하였다. 봉사활동센터의 활동자금으로서는 대학을 지지하는 많은 사람들로부터 지원받거나 기부를 통해 이루어지고 있다. 대학 '보호자 모임'으로부터는 피해지역 지원활동에 나서는 학생들의 현지 왕복교통비 등 다양한 금전적 지원을 받고 있다. 대학 동창회로부터는 대학축제나 이벤트를 통한 바자회 등 매출액 전액을 기부 받고 있다.

봉사활동에서 코디네이터는 매우 중요한 역할을 담당하고 있다. 코디네이터는 봉사활동에 대한 풍부한 경험과 고도의 전문지식을 갖춘 전문성을 바탕으로 학생들에 대한 적절한 조언이나 지도를 담당할 수 있어야 한다. 학생들과 함께 봉사활동을 구상하거나 조언을 주로 담당하고 있다. 또한 외부로부터 봉사활동에 대한 의뢰가 발생할 경우 학생들과의 중개역할을 수행한다. 또한 코디네이터는 봉사활동의 질적 수준을 확보하고 향상시키는 책임을 지고 있기 때문에 학생들에게 사회성이 풍부하고 배움이나 체험으로 연결되는 프로그램 제공이 가능해야 한다.

학생들은 봉사활동을 떠나기 전 반드시 봉사활동에 대한 사전학습을 받아야 한다. 사전학습은 주로 봉사활동 현장 지역사회의 상황, 지역의 특성, 지역의 주요 인물정보나 라포(Rapport) 형성 등을 포함하고 있다. 현장파악은 봉사활동을 시작하기 위해서 매우 중요한 요소 중의 하나이다. 학생들은 봉사활동 중에도 매일 밤 미팅을 통해 그날의 활동내용과 성찰해야 할 점, 봉사활동에서 좋았던 점 등을 공유하여 다음날의 봉사활동에 반영되도록 준비해야 한다. 봉사활동 종료 후에는 성찰(Reflection)이나 활동보고서를 통해 총괄하여 다음 봉사활동에 준비해야 한다.

이상과 같이 메이지학원대학은 「타자를 위한 공헌(Do for Others)」이라는 창학이념을 슬로건으로 한신아와지지진(阪神淡路地震)을 계기로 봉사활동센터를 설립하였다. 그리고 2016년 대학교육 연계 봉사활동과 서티피케이트 프로그램을 실천하기 위한 서비스러닝센터를 본격적으로 가동하여 설립 당초 전국대학 봉사활동의 발신기지로서 세운 목표를 달성하기 위해 끊임없이 노력하고 있다(〈그림 8-1〉 참조).

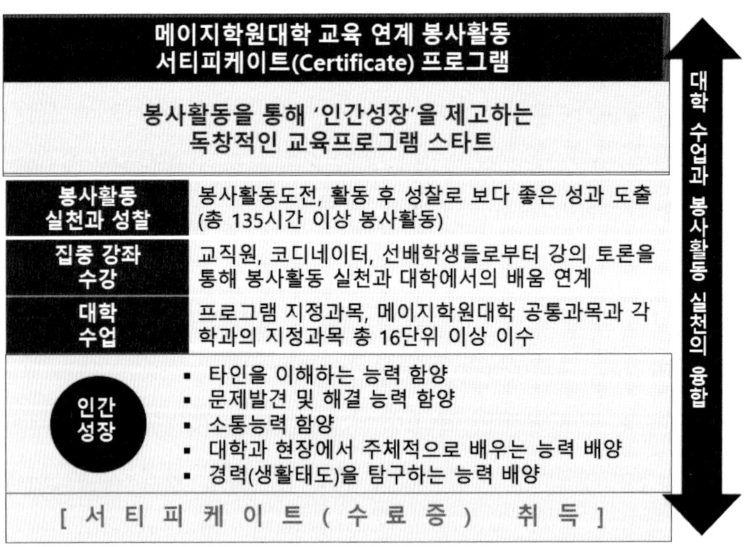

❙ 그림 8-1 ❙ 메이지학원대학(明治学院大学) 서비스러닝 수행과정[16)]

3) 대학 교육연계 서비스러닝 운영

메이지학원대학은 2016년 4월부터 봉사활동 실천과 교과수업과 연계하기 위한 독자적인 서비스러닝교육 프로그램인 '메이지학원대학 교육연계 봉사활동 서티피케이트 프로그램' 운영을 시작하였다. 이 프로그램은 대학교육에서 배운 이론과 봉사활동의 실천을 융합한 것으로 대학의 교육이념인 "타자를 위한 공헌(Do for Others)"를 구체화하고 교육이념의 이해와 실천을 심화하고 공생사회의 실현에 필요한 실력을 배양하는 것을 목표로 하고 있다. 대학은 학생들이 입학 후 봉사활동 135시간 이상 실천, 지정과목의 16단위 이상의 단위취득, 집중강좌 4회 이상의 수료 등 이상의 수료요건에 부합하면 인증을 받은 학생들에게 대학의 독자적인 수료증을 부여하고 있다. 단 수료증의 취득까지의 기간은 3년 정도 걸리지만 위의 세 가지 조건이 부합하면 언제든지 수료증 취득이 가능하다. 수료증의 취득 연한은 재적상황에 관계없이 입학년도로부터 5년까지로 제한하고 있다.

봉사활동 실천은 봉사활동센터가 실시하는 '1 Day for Others'에 일반 혹은 지도자로 참여한 자, 봉사활동센터 학생 구성원의 등록 및 참여, 교원이 추천한 봉사활동에 참여, 학생이 자주적으로 수행한 봉사활동 참여 등으로 봉사활동이 끝나면 학생이 봉사활동 포털사이트 내의 활동보고 포럼에 활동기록을 입력하고 나중에 봉사활동센터에서 피드백 코멘트를 학생메일로 보낸다. 나중에 이 활동기록이 봉사활동 실천을 인증하는 참고자료가 된다.

16) 이 책의 내용에 근거하여 필자가 작성하였음.

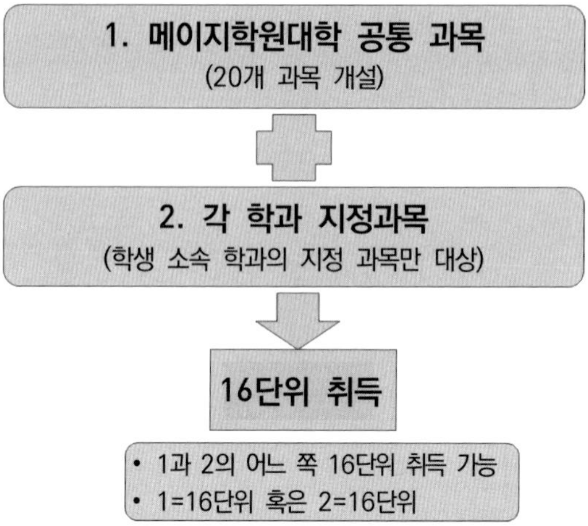

❙ 그림 8-2 ❙ 메이지학원대학(明治学院大学) 공통과목과 지정과목 단위 취득과정[17)]

지정과목 16단위 이상의 취득은 공통과목과 각 학과의 지정과목을 모두 합쳐 총 16단위 이상이면 된다.[18)]

집중강좌의 경우 4회 이상의 참여가 반드시 필요하다. 집중강좌는 학생이 봉사활동 실천에 대하여 교과과목과 관련하여 배움과 그 성과에 대하여 발표 혹은 보고에 의해 집중강좌수료를 인증 받을 수 있다. 집중강좌의 내용은 1학년 때는 “봉사활동 실천으로 배우는 것”, “봉사활동 실천에 근거해 대학에서의 배움에 대하여 안다.”로 대학에서의 배움과 봉사활동 실천의 차이에 대하여 이해하며 배움과 실천의 연계가 무엇인지 강좌와 선배학생들로부터 발표를 통해 이해를 심화시킨다. 2학년 때는 “자신의 봉사활동 실천

17) 메이지학원대학의 팸플릿에 근거하여 필자가 작성하였다.

18) 明治学院大学ボランティアセンター(2018) 『明治学院大学教育連携·ボランティア·サティフィケイト·プログラムハンドブック』, 明治学院, pp.1-25.

을 대학에서의 배움과 연계한다."는 목표로 배움과 실천을 연계하기 위해 강좌, 발표, 토론을 통해 생각한다. 3학년 때는 "봉사활동 실천과 대학에서의 배움을 융합한 「나의 Do for Others」" 프로그램에서 수행한 자신의 배움과 실천의 성과를 발표하고 최종보고서를 제출하도록 시행하고 있다(〈그림 8-2〉 참조).

2. 릿교대학(立教大学)

1) 창학이념과 봉사활동센터의 설립

릿교대학은 기독교정신에 입각하여 "함께 살아간다." 정신을 창학이념의 모토로 구체화하고 있다. 대학봉사활동센터에서는 "함께 살아간다."는 기본정신에 기초하여 학생들이 타자와의 관계나 사회적 문제에 관심을 가지고 인간으로서의 성장과 보다 나은 사회적 실현을 위한 의지의 배양을 도모하고 있다.[19)]

릿교대학은 1874년 미국성공회 소속 무어 윌리엄즈주교(Channing Moore Williams)가 도쿄 쓰키지(築地)에 성경과 영어를 가르치는 사숙을 개설하여 '릿교대학'으로 지칭하면서 시작되었다. 대학은 실천적 풍조가 강했던 시대에 지식을 단지 습득하는 것이 아니라 진리를 탐구하고 타자와 함께 살아간다는 배움의 장소로서 대학이라는 특성을 강조하였다. 이러한 대학의 관점이 현재 봉사활동센터의 기본이념이 되고 있다. 릿교대학 봉사활동센터는 2003년도에 설립되었다. 당시 오시미 데루오(押見輝男) 총장이 '릿교대

19) 逸見敏郎(2013)『サービスラーニングとボランティア』, 立教大学ボランティアセンター2013年報告書, p.57.

학과 휴먼운동'의 실천을 주장한 것으로부터 이를 보다 구체화한 것이 봉사활동센터의 설립으로 이어졌다. 이 운동은 도움을 요청한 사람과 도움이 가능한 사람들이 상호 존중하면서 협동해나가는 인간적 존엄과 공생공존의 중요성을 자각하여 인간적 성장을 추구하는 것이었다. 이러한 정신은 릿교대학이 추구하는 기독교정신에 의한 인격함양이라는 대학의 실천목표와도 연계되어 있다.[20)]

2003년 이전부터 릿교대학은 봉사활동과 연계하여 오랜 역사와 다양한 실적경험을 쌓아오고 있었다. 가령 폴 라슈박사의 봉사활동에 대표되는 채플이 학생기독교단체로부터 시작되어 학생중심으로 실천하는 학내외 비교과교육프로그램, 교우회, 졸업생지원 등으로 발전되는 등 다양한 경험활동을 가지고 있었다. 릿교대학의 건학정신을 구현화하기 위해 2003년 설립된 봉사활동센터는 1993년에 개시된 소규모 봉사활동 기능을 가진 봉사활동센터 설치에 기반하고 있다. 구체적인 활동으로서는 일본사회에서 '봉사활동'이라는 용어가 정착하게 된 1995년 한신아와지지진(阪神淡路)으로 릿교대학에서도 학생을 중심으로 실행위원회를 만들어 지원했다. 그리고 2년 후인 1997년 호쿠리쿠(北陸)지방 연안 등에 피해를 입힌 나호도카호 중유유출사건에 대한 학생들의 봉사활동이 전개되었다. 이러한 다양한 봉사활동 경험을 거쳐 릿교대학 봉사활동센터가 2003년도에 정식으로 설립되었다.[21)]

---

20) 東京都(2018)『大学ボランティアセンター事例集: 設立過程と活動のレポート―』, 株式会社銀座プリント, pp.27-30.

21) 逸見敏郎(2016)「知識の現場で育てる教養とは: 立教サービスラーニング(RSL)」,『大学教育研究フォーラム』, 21, pp.41-47.

2) 봉사활동에서 서비스러닝으로 전환

오랜 역사를 자랑하는 릿교대학은 「함께 살아간다.」는 공생을 소중히 생각하고 교과교육의 수업과 함께 봉사활동을 포함한 비교과 교육의 실천을 중시하면서 학생들이 교실에서의 배움에 끝나지 않고 다양한 형태로 사회에 나가 활동하도록 장려하였다. 지금까지는 봉사활동의 수요가 어느 정도 있었기 때문에 거기에 학생들을 매칭 하는 것에 중점을 두었지만 지금은 「함께 살아간다.」는 건학이념에 근거하여 봉사활동을 생각하고 다양한 활동을 전개한 것이 릿교대학 봉사활동센터의 특징이라 할 수 있다. 이를 구체화 한 것이 2016년도부터 실시하게 된 릿교서비스러닝(Rikkyo Service Learning: 이하 RSL로 통일)이다. RSL은 봉사활동과의 연계와 지역사회 연계활동을 통해 순환적인 배움의 기능을 강화하게 되었다. 이러한 과정을 거쳐 RSL은 학생지원의 허브역할뿐만이 아니라 학생 성장을 지원하는 역할도 담당하게 되었다.[22)]

일본 타 대학에서 찾기 어려운 릿교대학 봉사활동센터만의 가장 큰 특징은 '릿교러닝스타일(릿교대학 교육이념의 틀)'에 근거하여 설립된 RSL(Rikkyo Service Learning)이라 할 수 있다. 다음 〈그림 8-3〉에 제시하는 바와 같이 RSLC(Rikkyo Service Learning Center: 릿교서비스러닝센터)는 봉사활동센터와의 상호연계와 협력을 통해 학생들의 사회에서의 배움의 경험적 실천을 교과/비교과 교육의 양면에서 동시에 추진해나가고 있다.[23)]

---

22) 본 내용은 2018년 10월과 2019년 1월 두 번에 걸쳐 일본대학을 방문하여 실시한 릿교대학 RSLC 사회연계과 과장 사토 가즈히로(佐藤一宏)의 인터뷰내용을 중심으로 기술되었다.

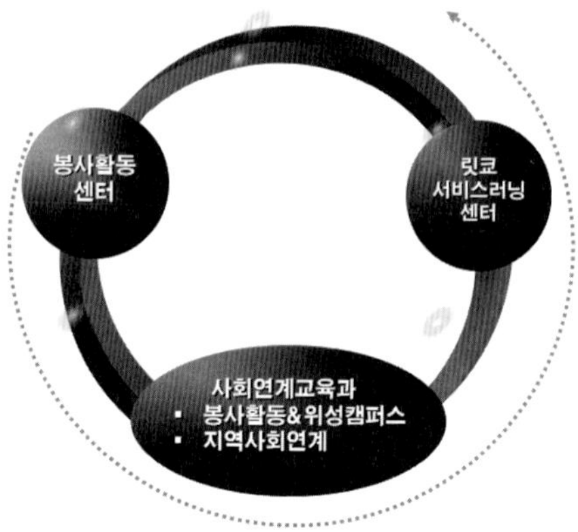

| 그림 8-3 | 릿교대학(立教大学) 봉사활동과 서비스러닝센터 연계교육[24)]

RSLC의 역할은 학생들에 대한 지원으로데 그 중에서도 학생 한 사람 한 사람의 사회적 미션을 발굴하는데 있다. 학생이 왜 봉사활동을 하고 싶은가? 학생이 어디에 흥미를 가지고 있는가? 등 학생들과의 다양한 대화를 통해 사회적 미션을 발견해 나가는 것이다. 이러한 과정을 통해 학생들이 그동안 알지 못했던 사회적 문제나 궁금증을 명확히 문제화 시켜나간다. 결과적으로 이러한 물음을 통해 학생들에게 가장 필요한 봉사현장(Field)을 함께 생각할 수 있다. 그리고 필요에 따라 외부의 NPO나 캠퍼스 내 봉사활동서클과 연계를 통해 봉사활동 장소와 내용의 매칭을 수행한다. 학생들 개인이 사회적 문제를 발견하고 해결할 수 있도록 지원하는 것이 센터의 역할이며 필요하면 학생상담소나 장애학생 지원실, 학생부나 국제교류센터와의 연계를 통해 수행하고 있다.

---

23) 逸見敏郎·原田晃樹·藤枝聡編著(2017)『リベラルアーツとしてのサービスラーニングシティズンシップを耕す教育』, 北樹出版, pp.197-203.

24) 릿교대학의 자료에 의거하여 필자가 작성하였다.

일본대학에서 학생부만의 업무로 봉사활동지원을 수행하는 타 대학과는 달리 릿교대학은 봉사활동 역사가 깊고 다양화되어 있는 것이 가장 큰 특징이라 할 수 있다. 이는 학부에서도 서비스러닝 비교과 교육프로그램이 증가하여 143년의 대학역사 가운데 배양된 대학 교육이념, 정신, 실천이 오늘날까지 서비스러닝교육을 통해 계승되어 왔다고 볼 수 있다.

또한 RSLC는 학생들이 봉사활동센터를 방문하는 자체가 사회적 문제에 관심을 가지고 시야를 넓히는 계기가 되며 봉사활동을 통해 체험과 경험을 실천하는 것이 인간형성의 핵심이 될 것으로 기대하고 있다. 센터는 학생들과의 대화를 통해 학생자신들이 무의식적으로 사회적 문제에 대한 막연한 불안이나 위화감을 느끼는 경우를 발견하게 되는데 이는 현장체험을 통해 새로운 세계를 경험하거나 사회문제 해결을 통한 사회혁신(Social Innovation)의 계기를 발견할 수 있다는 점을 중시하고 있다. 실제로 학생들의 현장체험 경험담에서는 봉사활동 중에 사회와의 접점을 발견하거나 혁신적인 아이디어를 얻을 수 있었다고 보고하고 있다. 이처럼 RSLC는 학생들이 사회문제 발굴과 해결을 찾아 자신들의 발로 당당하게 사회에 진출할 수 있도록 곁에서 도와주는 역할을 담당하고 있다.

이상에서와 같이 RSLC는 릿교대학이 오랜 역사 가운데 이미 존재하고 있던 사회봉사활동의 전신 조직을 확대하는 형태로서 탄생하게 되었다. 그 배경에는 대학 총장이 제창한 릿교대학 휴먼 무브먼트(Human Movement)에서 유래되고 있으며 교과교육과 함께 봉사활동 등의 비교과 교육을 중시하는 교육이념에서 출발하고 있다. 이를 구체화시키기 위해 탄생한 것이 2016년도 설립된 릿교서비스러닝센터(Rikkyo Service Learning Center)이며 봉사활동센터와 협력, 연계하여 활동을 점차 확대해 나가고 있다. RSLC는 교과와 비교과라는 쌍방향에서 학생들을 지원해나가는 교육을 실천해나가고 있다. 또한 릿교대학생의 '사회성장지원센터'에서는 사회적 문제해결을 위한 전문성을 갖추고 포괄적인 사회활동을 전개해 나가고 있다. 릿교대학은 사회봉사활동의 오랜 역사와 실적을 바탕으로 사회봉사활동센터를 설립하였으며 향후 보다 학생들에 대한 관심을 가지고 봉사활동을 통해 학생성장을 책임지겠다는 자세로 설립한 것이 RSLC이다. RSLC는 이를 실천하기 위해 교과교육과 비교과교육을 연계하는 특색 있는 이론과 현장중심의 수업을 실천하고 있다(〈그림 8-3〉 참조).

3) 서비스러닝(RSL) 교과과정 운영

릿교대학 서비스러닝의 배경 및 목적은 동일본 대지진 때 쓰나미로 인해 많은 피해자가 발생하여 사회적 문제가 발생된 이후 학생들에게 지역공동체와 사회적 문제에 관심을 갖도록 유도하기 위한 교육의 필요성에서 시작되었다. 릿교서비스러닝은 '세계, 사회, 이웃'과 실제로 교류하면서 사회현장도 교실로서 간주하는 새로운 학습과 배움의 실천이라고 할 수 있다. 2016년도 이후 강의과목 9개 과목, 실천과목 5개 과목 등 총 14개 과목의 서비스러닝 강좌가 개설되었다. 서비스러닝수업 참여학생은 현재 총 2만 명의 학생 중 약 5%(약 1천명) 정도에 해당된다. RSL특징은 서비스러닝의 체계적인 교육과정 도입(서비스러닝: 교양교육+사회적 봉사 결합형태)의 형태로 운영되고 있다.

❙표 8-1❙ 릿교대학(立教大学) 서비스러닝 교과와 비교과 과정[25)]

시기	도입기 (신입생)	형성기 (1학년~2학년)		완성기 (3학년~4학년)
교과목	• 건학이념과 배움의 정신	• RSL강의과목: 서비스러닝 기반 이론교육 (전 학년 공통과목)	• RSL실천과목: 다양한 현장체험을 통한 체험교육(전 학년 공통과목)	• 릿교세미나 심화과정
교과 내용	• 대학생의 배움 • 사회에서의 배움	• 시민교육 • 시민활동 조직관리 • 민주주의 • 인문학	• RSL 커뮤니티 (대학주변지역) • RSL 로컬(일본 지방) • RSL 글로벌(필리핀)	• RSL 사회 기반으로서 문화론

대학 강의 세미나는 “대학생의 배움을 사회에서도 배운다, 글로벌시대 시티즌십을 생각한다, 시민활동의 조직과 운영, RSL커뮤니티 리더론” 등으로 구성되어 있다. 릿교대학 서비스러닝 유형은 지역사회의 주변을 중심으로 한 인근 주변형으로 RSL커뮤니티 사이다마, 빈곤과 교육 등이 있고, 원격지형으로는 국내지역을 중심으로 한 RSL로컬(이와테 현), 해외지역을 중심으로 한 RSL글로벌(필리핀) 등이 있다(〈표 8-1〉 참조).

3. ICU(国際基督教大学)

1) 창학이념과 서비스러닝

국제기독교대학은 1945년 제2차세계대전에서 일본 패전 후 교

25) 릿교대학의 커리큘럼을 바탕으로 필자가 작성하였다.

육에 종사하는 일본인 크리스천을 중심으로 기독교정신에 입각하여 설립된 종합대학이다. 이러한 대학의 기독교적 활동이 미국에 전달되어 전쟁 후 국가 간의 화해와 인류애를 희망하는 사람들의 강한 의지와 바람이 대학지원으로 구체화되었다. 일본 전국에서 모금운동이 전개되어 기독교인과 비기독교인으로부터 모금이 전달되었고 도쿄 미타카의 광대한 토지를 학교부지로 구입할 수 있었다. 1949년 6월 미일 교회 및 교육관계자들이 시즈오카 현 고덴바 시에 모여 대학 기본구상을 심의하였다. 리버럴아트 교육의 실천인 "교양 있는 시민을 양성하기에 적합한 일반교육을 추진할 것", 기독교 정신을 가진 "선이란 무엇인가? 진실이란 무엇인가?"와 같은 철학적 물음이 가능한 민주적 사상에 근거한 인생철학과 실천력을 가진 새로운 시대의 다양한 사회적 문제를 올바르게 비판하고 해결 가능한 지성을 갖춘 인간육성을 목적으로 새로운 대학의 형태를 지향하여 국제기독교대학이 설립되었다.[26]

1953년 3월 문부성으로부터 학교법인 국제기독교대학의 설립을 인가받아 같은 해 4월에 개학하였다. 다양한 사회적 변화를 거쳐 완성한 커리큘럼은 영어와 일본어 등 이중언어 사용이 가능한 학생을 육성하고 폭넓은 교양교육에 중점을 둔 당시 일본대학에 전례없는 독특한 형태였다. 당시 일본에 없었던 4년제 교양학부대학의 시도였다. 학문분야의 경계를 초월하여 폭넓은 배움을 가능하게 하는 커리큘럼, 학생이 수동적이지 않고 자율적으로 배워나가는 소수정예교육과 같은 특징은 오늘날도 변함없이 계승되고 있다. 이와

26) 国際基督教大学アドミッション(2019)『College of Liberal Arts』, 国際基督教大学, pp.113-114.

같은 대학교육 스타일은 "리버럴아트 대학"으로 17세기 유럽에서 탄생하였다. 당시 먼저 폭넓은 학문의 토대를 구축한 후 자신의 전문분야를 배우는 것이 유럽에서의 보편적 기준이었다.

ICU는 기독교정신을 대학이념으로 학생들을 교육시키겠다는 의지를 표명하고 있다. ICU에서 학생들이 만나는 기독교정신은 기독교가 역사적으로 그리고 지금도 일본사회에 질문을 던지고 있는 인간의 근본적이고 보편적인 물음에 마주하는 것을 의미한다. 왜냐하면 기독교정신과의 만남은 학생 한 사람 한 사람의 양심의 자유와 책임에 의해 가능하기 때문이다. 이러한 교실에서의 지식과 사회에서의 실천을 연계하는 교육프로그램으로 1999년에 탄생시킨 것이 국제기독교대학의 서비스러닝(Service-Learning)이다. 따라서 ICU의 SL은 서비스(봉사)활동을 통해 사회적 문제해결에 참여하면서 사회적 미션에 관한 지식과 이해를 심화시키고 개개인의 배움에서 활용하는 수업을 지향하고 있다.[27)]

2) 서비스러닝과 교육과정

국제기독교대학 서비스러닝(Service-Learning: SL)은 다양한 사람과 실제로 교류하면서 자신의 사회적 공헌을 생각하고 실천하는 수업과 연계된 프로그램이다. 서비스러닝은 대학에서의 배움을 실제 사회에서 살리는 것과 동시에 배움의 계기를 발견하는

27) 국제기독교대학(ICU) 서비스러닝센터(Service Learning Center: SLC)는 학생 서비스활동을 다양한 형태로 서포트하고 있다. 프로그램 설명회나 오리엔테이션 외에도, 파트너기관과 교섭, 도항준비지원, 지역연계 등 학생들이 안전하고 충실한 서비스활동이 가능하도록 센터에 운영지원 스탭이 상주하여 개별상담에 대응하고 있다.

기회이기도 하다. 대학에서의 배움을 사회에서 어떻게 활용할 수 있을 것인가? 이러한 물음에 적극적으로 사회적 해결을 모색하는 행동 자체가 지구시민으로서 사회적 공헌을 지향하는 ICU의 교육이념을 그대로 나타내는 수업프로그램이라 할 수 있다. 글로벌성이 강한 '국제서비스 러닝'과 국내 지역사회 문제에 관심을 갖는 '커뮤니티 서비스러닝'의 체험은 졸업 후 인생방향에 큰 이정표가 될 것으로 기대하고 있다.[28)]

ICU에서 SL의 핵심교육과정은 글로벌 서비스러닝과 지역커뮤니티 서비스러닝의 실천코스이다. 비영리기관에서 30일 이상의 무료사회서비스활동과 성찰(Reflection)을 수행하면 수업단위를 취득할 수 있다. SL코스를 이수하는 경우 다음 〈표 8-2〉와 〈표 8-3〉의 이수과정과 교육과정을 수행한다. 글로벌 서비스러닝은 ICU의 건학정신에 입각한 글로벌적 감각을 활용한 봉사활동을 수행하고 있다. 대학의 글로벌네트워크를 통한 해외파트너대학, 해외기관 프로그램에 참여하여 현지 글로벌NGO나 공적기관에서 서비스활동(봉사/보란티어 활동)을 실시한다. 또한 참여학생은 7-8월 중 약 4주간 동안 수용대학이나 기관의 서비스러닝 담당자를 통해 현지 NPO나 공적기관에서 사회활동을 수행하게 된다. 현재 중국, 한국, 동남아시아, 인도의 파트너대학이나 기관과의 수업프로그램에 참여하거나 현지의 NGO나 공적기관에서 SL을 수행하며 개발, 교육, 복지 등 다양한 분야에서 세계를 무대로 SL 활약을 통해 다양한 경험과 지식을 배우게 된다.[29)]

---

28) 国際基督教大学アドミッション(2019)『College of Liberal Arts』, 国際基督教大学, pp.47-48.

▌표 8-2▐ 국제기독교대학(ICU) 서비스러닝 이수과정[30]

기간	봄학기	여름방학기간	가을학기
내용	서비스러닝 입문 서비스러닝 실습 준비	• 서비스러닝실습 (30일간) • 실습은 나중에 이수하는 '커뮤니티 서비스러닝 혹은 국제 서비스러닝'의 일환으로 시행	• 서비스러닝 경험 공유와 평가 • '커뮤니티 서비스러닝 혹은 국제 서비스러닝'(발표, 레포트 제출)
단위 취득	사전학습 서비스 러닝 입문 (2단위)+서비스 러닝 실습준비 (1단위)	• 현장실습 • 여름방학기간 서비스 러닝 실습(30일간)	• 사후학습 • 서비스 경험 공유와 평가(1단위)+커뮤니티 서비스러닝 혹은 국제 서비스 러닝(3단위)

지역 커뮤니티서비스러닝은 국내 NPO/NGO, 공공기관 서비스활동을 수행한다. 봉사활동지역을 자신들이 직접 발굴하는 과정이나 현장을 통해 가까운 지역 사회문제에 대하여 심화학습이 가능한 것이 큰 매력이라 할 수 있다. 아시아 파트너대학 등으로부터 SL유학생을 수용하거나 일본, 미국, 아시아 학생들이 대학주변지역이나 농촌지역에서 함께 SL활동을 수행하는 수업프로그램을 시행하고 있다. 현재 학생들은 주로 매년 7-8월 중 약 4주간 일본국내 NPO나 NGO, 자치단체 등의 공공기관, 복지시설에서 서비스활동을 수행한다. 학생들은 학교와 파트너 관계기관이나

---

29) 본 내용은 국제기독교대학 서비스러닝센터장 스즈키 히로시(鈴木寛)교수의 인터뷰내용을 중심으로 기술되었다.

30) 국제기독교대학의 자료에 근거하여 필자가 작성하였다.

유학생 프로그램에 참여한다. 원칙적으로 학생들이 활동기관을 자신의 사회적 관심에 맞추어 주도적으로 선택하고 교섭하여 봉사활동을 수행하고 있다.[31)] SL프로그램과 현장수업을 통해 인근 지역사회에서의 심화학습이 큰 매력이라 할 수 있다.

또한 ICU는 서비스러닝에 힘을 쏟고 있는 아시아를 중심으로 한 대학기관과 2003년도부터 SLAN(Service Learning Asia Network) 구축하여 학생교류를 추진하고 있다. 이 프로그램은 서비스러닝 분야에서 해외파트너 대학을 통해 현지 NGO나 커뮤니티에서 서비스활동을 수행하고 있다. 또한 서로 다른 문화, 종교, 언어를 가진 국가와 지역서비스활동을 수행함으로서 SL활동뿐만 아니라 다른 문화를 배우는 소중한 기회가 되고 있다.

이상과 같이 국제기독교대학 서비스러닝(SL)은 학생들이 자발적인 의사에 맞추어 일정기간 무상으로 사회봉사(Service)활동에 참여하여, 대학에서의 배움을 사회에 환원하고 사회에서의 체험을 통해 지식과 이해를 심화하고 그것을 성찰을 통해 개개인의 학습활동(Learning)에 활용한다는 실천형 순환형 교육프로그램이라 할 수 있다. 학생들이 서비스러닝에 참가하여 얻은 경험이나 습득된 지식은 이후 전공분야의 선택, 졸업논문, 졸업 후 직업선택 등의 기반이 되고 있다.

---

31) 서비스러닝에서 주도적인 학습방법이나 능동적인 학습방법은 액티브러닝(Active Learning)으로 지칭되고 있다. 학생자신이 주도적으로 문제를 발견하고 해결을 위해 문헌을 읽고 이해하는 것뿐만이 아니라 조사하거나 실험하거나 체험을 통해 학생의 인지적, 윤리적, 사회적 능력을 발휘할 수 있도록 도와주는 학습방법이다.

❙ 표 8-3 ❙ 국제기독대학(ICU) 서비스러닝 교육과정[32]

코스(2019년 이후)	학기	단위	코스(2019년-)
GES 서비스러닝[33]	봄, 겨울	3	GES Service-Learning
서비스러닝 실습준비	봄	1	Preparation for Service-Learning Field Study
지역커뮤니티 서비스러닝1,2	봄, 여름, 겨울	3	Community Service-Learning 1,2
글로벌 서비스러닝1,2	봄	3	International Service-Learning1,2
서비스러닝 경험의 성찰과 공유	가을	1	Reflection on Service Experiences
서비스러닝 특별연구1,2	겨울	2	Special Studies in Service-Learning1,2

제4절 사회적경제와 서비스러닝교육

이 장의 목적은 일본 3개 대학을 중심으로 창학이념에 근거한 봉사활동센터의 설립-봉사활동에서 서비스러닝으로 전환과정-서비스러닝 교과 및 비교과목과의 연계 및 운영체계 등 세 가지 측면에서 살펴보는데 있다. 연구의 주요 내용은 일본대학에서 창학정신과 봉사활동의 출현배경, 봉사활동이 서비스러닝으로 전환되어가는 과정, 봉사활동이 교과 및 비교과 교육과정과 연계되어 지역의 사회적 문제를 해결하기 위해 실제로 서비스러닝이 어떻게

32) 국제기독교대학의 수집자료에 근거하여 필자가 작성하였다.

33) 일반과목의 서비스러닝에서는 인근지역 서비스활동을 실제로 18시간 정도 수행하여 서비스러닝 과정을 경험하게 된다.

운영되고 있는지를 살펴보았다.

연구방법은 현재 기독교적 창학이념을 바탕으로 일본대학에서 서비스러닝과정을 본격적으로 실시하고 있는 메이지학원대학(明治学院大学), 릿교대학(立教大学), ICU(국제기독교대학) 등 3개 대학을 대상으로 현지대학에서 자료수집과 인터뷰조사내용을 분석하였다. 본 연구의 분석결과는 다음과 같다.

첫째, 메이지학원대학(明治学院大学)은 1998년부터 봉사활동센터를 설립하였으며 2016년도부터 전 학년을 대상으로 지역사회 문제를 해결하기 위한 서비스러닝 과목의 일환으로 봉사활동 서티피케이트 프로그램(Volunteer Certificate Program)을 실시하고 있다. 메이지학원대학은 ‘타자를 위한 공헌(Do for Others)’이라는 창학이념을 모토로 1995년 발생한 한신아와지 지진 이후 봉사활동센터를 설립하였다. 2016년에는 대학 교과목과 봉사활동을 연계한 서티피케이트 프로그램 실시하여 실제 학생들이 봉사활동의 현장 경험을 대학에서 전공과목이나 공통과목과 연계하여 ‘실천’과 이론의 ‘대학수업’을 적용하여 심화시켜 나가는 것을 목표로 교원, 봉사활동센터, 선배학생들을 다방면으로 지원하고 있는 것으로 나타났다.

둘째, 릿교대학(立教大学)은 “함께 살아간다.”는 공생의 기독교적 창학정신을 구현화하기 위해 1995년 한신아와지 지진(阪神淡路)을 계기로 학생을 중심으로 사회적 문제를 해결하기 위한 실행위원회를 만들어 지원했으며 다양한 봉사활동 경험을 거쳐 릿교대학 봉사활동센터가 2003년도에 설립되었다. 2016년에는 봉사활동과의 연계와 지역사회 연계활동을 통해 사회적 문제의 해결을 위한 순환적인 배움의 기능을 강화하기 위해 교과목과 연계한 서비스러닝 교육을 본격적으로 시행하였다. 창학 이래 143년의 역사를 자랑하는 릿교대학은 역사적으로 계승되어 온 대학 교육이념, 정신, 실천 등을 사회적 문제 해결이라는 서비스러닝교육을 통해 계승 발전시키고 있다.

셋째, 국제기독교대학(ICU)은 리버럴아트의 실천 교육으로서 "교양 있는 시민을 양성하기 위해 적합한 일반교육을 추진할 것", 기독교 정신을 가진 "선이란 무엇인가? 진실이란 무엇인가?"와 같은 철학적 물음에 응답이 가능한 민주적 사상에 근거한 인생철학과 실천력을 가진 새로운 시대의 다양한 사회적 문제를 올바르게 비판하고 해결 가능한 지성을 갖춘 인재양성을 목표로 1949년 설립되었다. 그리고 1999년에 교실에서의 이론적 지식과 사회에서의 경험적 실천을 연계하는 교육프로그램으로 서비스러닝(Service-Learning)교육을 전개하였다. 2003년도에는 서비스러닝 아시아 네트워크(Service-Learning Asia Network: SLAN)를 구축하기 위해 아시아학생들 간의 교류를 적극 추진해오고 있다.

결론적으로 일본대학의 서비스러닝교육은 단순 봉사활동에서 현장경험학습을 중시하는 서비스러닝이라는 정교한 형태로 사회적 문제해결을 위한 교과 및 비교과와 연계되어 발전해 온 것으로 생각된다. 이들 대학들은 사회봉사활동의 오랜 역사와 경험을 바탕으로 봉사활동센터를 설립하였으며 이후 학생들에 대한 사회적 문제에 대한 관심을 높이고 봉사활동을 통해 학생의 경험적 성장을 책임지겠다는 자세로 실천한 것이 서비스러닝교육이라 할 수 있다. 또한 서비스러닝은 주변 지역사회, 국가적 문제, 글로벌

수준의 공동체적 사회문제를 타자와의 관계성을 통해 배우고 실천한다는 측면에서 '체험학습', '임상학습', '경험학습'을 강조하고 대학에서의 배움을 사회에서도 활용한다는 취지가 강하기 때문에 봉사활동과 사회적 참가를 촉진한다는 측면에서 사회적경제 개념의 도입은 필수적이라 할 수 있다.

과거 일본대학에서 사회적경제가 대학교육의 단점을 보완하는 대안교육으로 등장했던 것처럼 서비스러닝교육도 기존 봉사활동의 단점을 보완하는 대안활동으로 등장하고 있다. 이러한 일본대학 기존 봉사활동의 서비스러닝으로의 전환에 대하여 한국대학에서도 시기적인 측면에서 긍정적으로 검토할 단계에 이르렀다고 생각된다. 후속 연구에서는 이번 연구에서 다루지 못한 일본 비기독교 대학과 사립학교, 그리고 관서지방의 서비스러닝 운영실태 및 교육시스템을 고찰하고 한국에서의 적용방안 등에 대하여 검토하고자 한다.

Chapter 9

사회적경제와 디아스포라경제

제1절 재일동포기업과 디아스포라경제

이 장은 2019년 기준으로 해외에 거주하는 740만 명의 재외동포 가운데 약 200만 명에 달하는 호남 출신 호남한상인들 중 일본 거주 호남한상인들을 대상으로 하고 있다. 일본에 거주하는 재일동포는 현재 90만 명 정도로 알려져 있다. 이들은 일제강점기 때 이주한 사람들과 그 후손으로 이루어진 '올드커머'들이 대부분이고 1980년대 이후 일본에 진출한 '뉴커머'는 약20만 명 정도로 추정되고 있다. 전 도쿄상공회의소 김광일 회장 때부터 뉴커머들을 재일동포 범주에 포함한 결과, 2016년 6월 뉴커머 출신 장영식 회장의 회장취임이 가능해졌고 재일동포사회는 큰 발전과 전환의 계기를 맞이하였다. 당시 장영식 회장은 "임기 내에 서로 돕고 화합하는 단체를 만들기 위해 조직 강화에 힘쓸 것"이라며, "월드옥타(World-Okta) 동경지회, 도쿄재일한국인연합회 등 여타 재외동포 단체들과의 교류를 확대해 나가겠다."주장한 바 있다. 또한, "한일 관계가 많이 경색되었지만 경제분야에 있어서는 끊임없는 교류가 이어지고 있다"며 "상공회가 힘을 보태고 앞장서서 양국 친선관계가 회복되도록 적극적으로 노력하겠다."고 다짐했다. 도쿄한국상공회의소는 개인사업자와 법인 등 300여명의 회원들로 구성되어 있고 재일동포 상공회 가운데 가장 큰 규모로 회장은 재일한국상공회의소 부회장을 겸직하고 있다.[1)]

일본 내 호남한상인은 정확한 통계적 수치는 잘 알려져 있지 않다. 본 장에서 호남한상인은 호남출신 일본거주 기업가(자영업자 포함)들을 지칭하고 있다. 예로부터 광주 전라사람들은 위기가 닥쳤을 때 그 위기를 극복하려는 차원에서 집단행동을 보여 왔다. 이러한 위기극복의 집단행동은 호남정신에서 비롯되었으며, 호남정신은 과거 이러한 경험교육을 통해서 형성되어 왔다. 남도 사람들에게 영향을 미쳤던 경험교육이란 주로 정권의 핵심에서 밀려난 사람들에 의해 이루어졌다. 정권의 중심부에서 밀려난 사람들의 가장 큰 무기는 의리와 도덕이었다. 가령 자기 목에 칼이 들어와도 옳다고 생각하는 것을 굽히지 않는 것이 호남정신의 뿌리라고 주장한다. 따라서 호남정신은 유배된 선비의 곧은 정신이요, 임금과 나라에 대한 충효정신의 발로라고 할 수 있다.

광주 전라도 지방에 거주하는 사람들로부터 집단적으로 표출된 행동, 가깝게는 5·18광주민주화운동에서부터 일제강점기 광주학

---

1) 재외동포신문 2016년 6월 15일자 '도쿄한국상공회의소 제12대 회장 장영식 에이산 대표 취임': http://m.dongponews.net/news/articleView.html?idxno=31770(검색일자 2019-60-27).

생독립운동, 한말 남도의병, 그리고 1592년 임진왜란 당시 '만약에 호남이 없으면 나라도 없을 것이다.'는 이순신장군이 남긴 '약무호남시무국가(若無湖南是無國家)'[2]에서도 호남정신을 확인할 수 있다. 호남정신은 1894년 전봉준장군에 의해 정읍을 시발점으로 전국적인 민중운동으로 전개된 동학혁명, 일본제국주의에 항거한 1919년 3·1운동의 전국적 확대를 제공한 광주학생독립운동, 민주주의 쟁취를 위한 1960년 4·19 학생운동, 그리고 그 뒤를 이어 일어난 1980년 5·18 광주민중항쟁운동 등 민중, 민족, 민주운동과 맥락을 같이 하는 민주주의 운동이다. 이것이 민중들이 주최가 되어 불의에 항거하여 지금까지 민중에 의해 계승되어오고 있는 호남정신이라 할 수 있다.

본 장은 일본지역에서 활동하는 호남한상인을 사례로 창업과정과 성장과정에서 아주 유사하면서도 상이한 특성을 가진 사회적경제와 디아스포라경제의 비교 고찰을 통해 이들 간의 경제활동의 차이, 창업동기(요인), 기업가정신을 살펴봄으로써 한국 사회적경제의 확대과정에서 적용가능한 시사점을 도출하고자 한다.

---

2) 若無湖南是無國家: http://cafe.daum.net/na15nclub/3s63/1266?q(검색일자 2019-09-10). 출처는 '발해고(渤海考)'의 저자 유득공(柳得恭)이 1795년(정조 19년) 왕명에 따라 편찬한 이순신 장군의 문집 '이충무공전서(李忠武公全書)'의 끝부분 서간문 모음집에 실려 있는 충무공이 1593년(선조 26년) 7월 16일 사헌부 지평 현덕승에게 보낸 편지의 일부분이다. 김대중 전 대통령이 2006년 10월 29일 전남 도청을 방문했을 때, 방명록에 '무호남(無湖南) 무국가(無國家)'라는 말을 적고 이 말의 의미를 '호남이 없었으면 국가도 없었을 것이다.'라는 뜻으로 해석했는데 이후 호남인들이 즐겨 사용하는 말이 되었다.

제2절 사회적경제와 디아스포라경제의 유사점

일반적으로 기업의 초기 창업과정에서 사회적 관계인 네트워크와 기업가정신은 매우 중요하다. 일반경제와는 달리 사회적경제 관점에서 개인이나 기업의 의사결정은 사회구조를 형성하고 있는 사회적 관계인 네트워크에 의해 크게 좌우되는 것으로 간주하고 있다. 따라서 사회적경제에서는 경제가 사회에 배태되어 있다는 배태성이론이나 혹은 착근성(Embeddedness)이론을 강조하고 있다. 이는 그라노베터(Granovetter, 1985: 481-580)가 사회적경제 이론을 체계화한 이후 이를 구조적 배태성이라 명명했다.

배태성(Embeddedness)이론은 인간의 행위가 개인적인 사회관계(네트워크)에 배태되어 있기 때문에 경제행위에 미치는 사회구조에 대한 영향을 분석하는 것이 필수적이라고 주장한다(渡辺深, 1998). 사회적경제 측면에서 구조적 배태성이론은 상호 연관성을 강조하며 사회적기업들이 상호 행위를 조정하는 가치와 규범을 확산시킴으로서 상호 거래나 교환행위를 보호하거나 규제하는 역할을 강조하고 있다. 또한 구조적 배태성이론은 경제적 수요가 불확실한 상황에서도 거래당사자들이 상호 신뢰에 의해 암묵적이고 불확실한 거래계약을 체결하도록 도와준다는데 기초하고 있다.

일반적으로 사회적경제기업은 사회와 기업의 중간지점에서 창업을 하게 되는데 마찬가지로 이민자들로 구성된 소수민족들이 주체인 디아스포라경제도 현지사회와 호스트기업의 틈새시장에서 창업을 한다. 사회적경제기업에서는 창업혁신과 경쟁이 기업의 생존을 좌우하게 되는데 비슷하게 소수민족이 창업하는 디아스포라경제도 호스트사회기업과의 경쟁과 창업혁신이 현지에서 생존하기 위한 필수 전략이다. 일반적으로 소수민족의 창업활동에 영향을 주는 요인으로 알드리치와 사카노(Aldrich and Sakano, 1999: 32-52)의 연구에서는 사회관계자본(네트워크)의 중요성을 주장하고 있다. 또한 알드리치와 짐머(Aldrich and Zimmer, 2011: 121-141)의 연구는 사회관계자본이 창업가의 창업의욕과 창업가능성에 영향을 준다는 연구도 있다. 먼저 여기에서는 사회적경제의 창업과정에서 사회 혁신(Social Innovation)이 발생하는 조건에 대해 살펴보고자 한다.

그러면 먼저 사회적경제의 창업혁신은 어느 지점에서 발생하고 있는지 살펴볼 필요가 있다. 우지(Uzzi, 1997: 35-67)의 연구는 기업 간의 네트워크를 분석하여 배태성 수준을 측정한 바 있다. 그는 이러한 연구를 통해 기업의 배태성 수준을 과도한 통합(Overembedded)과 과소한 통합(Underembedded), 즉 개별화로 분류하여 제시하였다. 즉, 그의 연구는 기업간의 네트워크에서 배태성이 강하게 되면 폐쇄적 네트워크에 갇히게 되고 새로운 정보나 기회를 접할 기회가 제한된다. 따라서 기업 간의 신뢰, 정보, 협동에 의한 조정과 자원의 공유라는 강한 배태성의 장점과 시장정보나 새로운 상대와의 접촉을 가능하게 하는 적당한 거리(Arm's Length Ties)를 두는 약한 배태성의 혼합형이 기업의 창업혁신을 촉진시킨다는 것이다. 마찬가지로 사회적 혁신의 조건도 사회가 지나치게 통합되어 있거나 너무 분리되어 있는 사회(개별화된)에서는 불리하고 분리가 어느 정도 중간단계에 머문 사회에서 혁신이 빨리 진행된다는 것이다.

이와 비슷한 맥락에서 그라노베터(Granovetter, 1995)는 디아스포라경제인 동남아시아 화교사회의 커플링(Coupling: 연결)과 디커플링(Decoupling: 단절)이론을 활용하여 연구를 진행한바 있다. 대표적인 디아스포라경제라 할 수 있는 동남아 화교기업은 창업에 필요한 내부 신뢰를 제공하는 마이너리티집단의 응집성이 강한 친족네트워크(Coupling)가 존재한다. 하지만 화교기업은 그 지역에서는 전형적인 소수민족이기 때문에 이민 시기나 출신지에 따라 그 지역의 다른 민족과는 단절(Decoupling)되어 자원을 제공하도록 요구할 수 있는 친구나 친족의 수가 제한된다. 따라서 디아스포라경제인 화교기업이 창업에 성공하기 위해서는 내부 화교집단의 연결(Coupling)과 외부집단으로부터의 단절(Decoupling)의 균형이 매우 중요하다고 지적하였다.

본 장은 이러한 기존연구로부터 도출된 지견에 바탕을 두고 사회적경제도 디아스포라경제와 마찬가지로 창업초기에는 사회적경제 기업간의 연결도 중요하지만 외부집단과의 단절, 즉 연결과 단절의 중간적 균형이 매우 중요하다는 점에 착안하고 있다. 그러면 이러한 이론들이 실제로 현장에서 어떻게 적용되고 있는지 다음 〈표 9-1〉에 제시된 사회적경제와 디아스포라경제의 차이점을 살펴보고 다음 장에서 현장사례를 통해 검증하고자 한다.

| 표 9-1 | 사회적경제와 디아스포라경제의 차이점[3)]

차이점	사회적경제	디아스포라경제
경제활동의 차이	사회적 빈곤층, 약자 등 특정 계층 대상으로 서비스나 일자리를 제공하는 경제활동	특정 지역, 출신지, 민족 등을 중심으로 한 소수민족 대상의 경제활동
창업동기 (요인)	사회적 미션과 일반 경제학의 중간지점인 틈새시장 분야 창업	소수민족들이 마이너리티기업과 호스트사회의 경제와의 중간지점인 틈새시장을 통해 창업
기업가 정신	사회적 문제와 미션에 관심을 가지고 해결하려는 비영리 봉사활동	소수민족의 차별과 불리를 극복하기 위한 수단으로 생활문제와 결핍을 해결하려는 문화자원동원 중심의 영리활동
네트워크 특징	기업간 강한 연대(내부자원)와 약한 연대(외부자원)의 연계 중시	민족자원의 연결(커플링)과 단절(디커플링)의 균형 중시
자원동원	사회관계 자원동원 능력 중요	민족자원 동원능력 중요
상호 유사점	경제적 수익발생이나 규모 확대라는 경제적 동기와 사람들과의 교류, 타인에 대한 지원, 사회적 봉사와 같은 사회적 미션, 자기실현 등 비경제적 요소들이 결합되어 창업혁신 달성	

3) 이 표의 내용은 기존연구를 바탕으로 필자가 작성하였다. 사회적경제와 디아스포라경제는 틈새시장을 바탕으로 창업혁신을 주도한다는 점에서 상호 유사한 점을 가지고 있다.

제3절 재일동포기업의 창업방법과 기업가정신 사례

일본 호남한상인들은 디아스포라경제의 대표적인 사례라고 할 수 있다. 이 연구는 사회적경제와 마찬가지로 디아스포라경제에서 창업혁신은 네트워크와 문화, 즉 사회구조에 배태되어 있다는 입장을 취하고 있다. 먼저 알드리치(Aldrich, 2007: 33-82)가 지적한 바와 같이 디아스포라 경제의 창업혁신은 특정시대, 특정세대, 특정시간(청년), 사회관계자본(네트워크)이라는 일정한 시대적 공간에서 자본을 동원하여 창업을 한다고 주장한다. 이에 대해 그라노베터(Granovetter, 2002: 35-59)는 기업가들에게 중요한 것은 흩어져있는 사회구조의 존재, 이것을 인식할 수 있는 인지적 탁월성, 그리고 네트워크를 통해 사회적 자원을 연계할 수 있는 능력이라고 강조하였다.

그러나 존재하는 사회적 자원을 연계하여 창업을 한다고 하더라도 기업의 지속성은 문화적 요인(혹은 사회적 가치: 공유된 집합적 이해)에 배태되어 있다는 주장도 있다. 디마지오(Dimaggio, 1994: 27-28)의 연구는 경제행위가 집단의 가치관(신념, 태도, 규범, 가치, 윤리 등)이나 라이프 스타일(구성원, 기호, 취향 등) 등 문화적 요인에 좌우된다고 주장하고 있다. 이와 더불어 제라이저(Zelizer, 1983)의 연구는 경제행위에서 사회적 가치라고 부를 수 있는 문화적 요인(대상이나 습관이 공유된 의미와 상징)을 발견하는 것이 중요하며 경제현상을 상징, 신념, 의미, 공유된 이해 등으로 분석해야 한다고 주장하였다.

▌표 9-2▐ 사회적경제의 사회적 미션사례[4)]

사회적기업	사회적 미션
러닝투런	소외지역 재생을 위한 커뮤니티 디자인
텀블벅	창조적인 시도와 많은 사람들을 연결한다.
마인드디자인	전통문화의 일상화
21세기 자막단	저평가된 사람들의 가치를 제대로 보여주자
평화교육 프로젝트 모모	수평적 서로 배움의 평화교육을 통해 평화역량을 강화하여 갈등으로 인한 사회적 비용을 최소화한다.
우리동네 사람들	공동주거를 기반으로 청년들의 자립망 확충
나눌레몬	위기청소년의 사회성 향상
(주)루미르	개발도상국의 정전문제와 빚 문제를 그들의 맥락을 이용해 해결한다.
동구밭	도시텃밭을 통하여 이루는 발달장애인 사회 진출
19벤처스	청소년들에게 경영과정에 주도적으로 참여하게 함으로써 자신의 진로를 스스로 탐색하게 한다.
트리플래닛	세상 모든 사람들이 나무를 심을 수 있는 방법을 만듭니다.

따라서 디아스포라경제의 창업혁신들은 사회적경제와 유사하게 수익발생이나 규모 확대라는 경제적 동기와 사람들과의 교류, 타인에 대한 지원, 봉사와 같은 사회적 미션, 자기실현 등 비경제적 요소들이 결합되어 있다. 각 분야에서 사회적기업의 사회적 미션사례는 〈표 9-2〉에 나타나 있다. 본 장에서는 디아스포라경제에서 문화적 요인(사회적 가치)과 네트워크라 할 수 있는 창업동

4) 2019년 7월 20일 가치혼합 경영연구소 소장 김재춘의 강의 자료『사회적경제 가치체계 수립』, p.23 참조.

기, 즉 창업과정에서 동원한 사회관계자본(네트워크), 그리고 사회적 미션이라 할 수 있는 기업가정신을 중심으로 호남한상인을 대상으로 분석하고자 한다.

1. 장영식(張永軾, 유통 매장 '에이산 면세점' 대표)

일본 JR아키하바라역(秋葉原駅) 출구에서 내려 정면을 바라보면 영어, 한글, 한자, 러시아어 등으로 「에이산 면세점(Eisan Duty Free)」이라는 간판이 보인다. 4층짜리인 건물 안으로 들어가면 직원들이 영어, 일어, 중국어로 손님들을 맞이하고 있다. 이 점포의 소유주인 장영식 대표는 전라남도 순천출신이며 유통업체인 '에이산(永山) 면세점'을 경영하고 있다. 그는 전 재일한국동경상공회회장, OKTA본부부회장, OKTA도쿄지회부회장, 세계한인무역협회부회장 등을 역임했다. 일본 최대 전자상가인 도쿄(東京)의 아키하바라(秋葉原)를 비롯해 오사카(大阪), 삿포로(札幌), 이바라키(茨城), 요나고(米子), 히로시마(廣島), 오카야마(岡山), 다카마쓰(高松), 사가(佐賀) 등 일본지방의 주요 공항을 비롯한 총 14곳에 유통 매장인 「에이산 면세점」을 운영하고 있다. 이외에도 장영식회장은 면세점 사업, 가전제품 유통업, 무역업, 주문자상표부착생산(OEM)사업을 동시에 벌이고 있다.[5)]

현재 에이산의 전체 직원은 대략 230명 정도인데 한국에서도 이번 2월 대졸 예정자들을 대거 채용해 왔다. 2008년 3월 말 결산에서는 매출액이 140억 엔에 달했다. 중국 상하이와 서울에 해외

5) 재일동포 장영식 회장: https://news.naver.com/main/read.nhn?mode=LSD&mid=sec&sid1=101&oid=001&aid=0006984404(검색일자 2019-06-20).

지사도 개설하고 있다. 직원들의 국적은 다양하다. 한국인이 90명으로 가장 많고 중국인 50명, 일본인 40명 등 기타 소수이지만 인도, 필리핀, 프랑스, 브라질, 싱가포르, 우크라이나 출신들도 있다. 직원의 절반정도가 3개 언어를 구사할 수 있으며 이들 중 40명은 4개 이상의 언어로 의사소통이 가능한 것으로 알려지고 있다.[6]

1) 창업동기(요인)

한국에서 장영식 회장의 인생은 그리 순탄하지만은 않았다. 전남에 있는 국립순천대 기계설계공학과를 졸업한 그를 받아주는 직장은 어디에도 없었다. 어쩔 수 없이 작은 건설업체의 하도급 사업을 시작했지만 그마저도 발주처가 도산하는 바람에 문을 닫아야 했다. 직장을 구하기 위해 무작정 서울에 올라왔을 때 길거리 전주에 붙어 있는 구인광고(연근해 어선의 선원 구함)가 가장 먼저 눈에 들어왔다. 인천 근해에서 3개월간 어선을 타면서 일본 유학을 가야겠다고 결심했다.

그리고 마침내 1993년 단돈 300만원을 들고 일본으로 건너갔다. '히라가나'도 제대로 익히지 못한 채 현해탄을 건너간 그는 우선 일본어학교에 입학했다. 당장에 기거할 월세 방을 구하고 새 운동화를 샀더니 돈이 떨어졌다. 이때부터 생존을 위한 처절한 몸부림이 시작되었다. 하루 3시간씩 자는 생활을 1년 정도 반복하면서 자판기에서 커피 한 잔 사먹지 못하고 돈을 모았다. 일본은

6) 매일경제 2008년 2월 1일자 '무일푼 유학생이 이룬 '재팬드림' 장영식 에이산 회장': https://www.mk.co.kr/news/economy/view/2008/02/61812/ (검색일자 2019-06-27).

1993년부터 2년간 자연재해로 쌀값이 폭등한 적이 있었다. 한국에 있는 친구에게 전화를 걸어 양국 쌀값을 비교했더니 일본 쌀값이 한국보다 5배나 더 비쌌다. 그는 경기미와 강화미를 수입해 일본시장에 내다 팔았다.

또한 일본에서 가수 조용필의 노래가 대히트하자 남대문시장, 동대문시장에서 가요테이프를 싸게 구입하여 일본시장에 내다 팔았다. 이렇게 해서 1년이 조금 지나자 300만 엔 정도의 거금을 모았다. 이와 같은 무역경험을 통해 그는 자신이 사업에 소질이 있다는 걸 발견했다. 주저하지 않고 진로를 '공부'에서 '창업'으로 바꾸었다. 다만 파친코나 한국음식점 등 기존 재일교포들이 많이 종사하는 업종이 아닌 다른 업종을 찾기로 했다. 그리고 지나가던 길에 우연히 들린 아키하바라(秋葉原)에서 가전제품 유통업에 매력을 느껴 창업을 해보기로 결심했다.

2) 기업가정신

그는 이러한 사업성공의 비결을 묻는 질문에 대해 시장의 흐름이나 소비자의 요구를 정확히 읽고 스피드 경영을 했기 때문이라며 면세점이라는 틈새시장(Niche Market)을 공략한 것이 주효했다고 했다. 일본 에이산 본사 사무실에 걸린 회사의 모토에는 붓글씨로 「한다. 지금 당장 한다. 될 때까지 한다.」라는 글귀가 적혀있다. 그의 이와 같은 헝그리정신과 도전정신의 집념이 오늘의 에이산을 있게 한 것으로 생각된다. 장영식 회장은 일본에서 사업을 하면서 어려움을 겪거나 설움을 당할 때마다 입을 악물고 "나는 한국에서는 실패한 3류 인생이었다. 하지만 일본에서 벌이는 '패자(敗者) 부활전'에서는 반드시 이기겠다."라고 결심했다고 한다.

해가 거듭될수록 에이산은 일본의 면세점 분야에서는 독보적인 존재로 인정받기 시작했다. 니혼게이자이신문(日本経済新聞)은 지난 두 차례에 걸쳐 지면을 할애해 에이산을 소개한 적이 있다. 한국을 비롯한 외국에서 수학여행을 온 학생들이 자주 들르는 쇼핑장소로 에이산의 아키하바라 점포가 소개되기도 하였다. 와세다대 대학원에서도 최근 장영식 회장에게 사업경영 노하우를 전수하는 강의를 부탁하기도 했다. 일본에서 창업한 외국기업 중 적자를 내거나 실적이 하락한 적이 없는 기업은 손가락에 꼽을 정도로 드문데 그 중 하나가 에이산이라는 설명과 함께 대학원생들 앞에서 그 비결을 들려달라고 요청하였다.

장영식회장은 일본인들에 대해 많은 사람들이 일본은 배타적이라고 말하지만 농경문화를 가진 일본에서 사업기반을 마련하기 위해서는 시간이 좀 더 걸릴 뿐이지 기회는 얼마든지 잡을 수 있다고 했다. 일본 시장은 보수적이라 제품이 좋아도 일본 내 거래실적이 없으면 쉽게 거래를 수용하지 않는다. 에이산은 20년간 유통업을 해오며 쌓아온 신뢰와 마케팅 노하우를 바탕으로 한국 제품의 일본시장 진출을 도울 수 있었다고 했다. 이를 위해 지금의 도쿄 본사 빌딩 옆의 용지를 매입해 새로 8층짜리 건물을 구입한 후 일본에 진출할 한국 벤처기업들이 둥지를 틀 '벤처 인큐베이터'를 만든다든지 신흥국에서 유통업이나 리조트사업을 벌이기 위한 계획도 가지고 있다.

한일기업문화에 대하여 장영식회장은 일본과 한국은 표면적으로 상거래 관습이나 회사의 문화가 비슷한 것 같지만 상당히 다르다. 우선 의사결정이나 명령체계에서 차이가 난다고 했다. 일본은 담당자의 발언권이 상대적으로 강하다. 담당자가 의견을 종합하고 정리해서 상사에게 보고하거나 제안하는 체계가 일반적으로 소위 바텀업(bottom up) 방식이라고 했다. 한일기업의 일하는 방식에서도 일본은 기본적으로 팀이나 조직을 이뤄 일을 진행시킨다. 계획을 세우거나 일을 처리하는 과정을 매우 중시한다. 집단의 의견을 모으고 최종 의사결정을 내리기까지는 시간이 많이 걸리는 만큼 첫 거래를 맺기까지 상대적으로 많은 시간과 비용이 든다고 했다.

일본에서는 자신의 상사보다는 고객이나 거래상대방이 우선이다. 접대를 할 때도 자사의 사장이나 회장보다는 비록 직급이 낮더라도 거래처의 담당자를 상석에 앉게 한다. 일본에서는 접대의 기본을 상대방에 대한 배려라고 본다. 거래처 회사 사람들에게 자신의 회사 사장이나 회장을 소개할 때도 이름으로만 소개한다. 직책(사장 혹은 회장)이나 높임말(~상, ~사마)을 붙이지 않는 것이 관례이다.

한일기업문화에서 흔히 간단한 구두약속에도 주의를 기울여야 한다. 일본의 한 교수는 농담 반 진담 반으로 일본인은 할 수 있는 일의 90%만 말하고 한국인은 할 수 있는 일의 110%를 말한다고 한 적이 있다. 한국에서처럼 일단 큰소리를 쳐놓고 나중에 상황이 달라졌다고 변명하는 태도는 일본에서는 전혀 통하지 않는다. 그런 사람은 이미 신뢰할 수 없는 사람이라고 낙인이 찍히는 셈이 된다.

장영식 회장은 그동안 옥타 도쿄지회 명예회장 및 세계한인무역협회 부회장으로서 20년간 쌓아온 인맥과 기술, 비즈니스 노하우 등을 활용하여 한국중소기업의 일본진출과 일본기업의 한국유치를 돕는 등 양국 교류의 통로와 가교 역할을 하고 있다. 도쿄한국학교 육성회장을 맡아 재일동포 차세대 2-3세들이 정체성을 잃지 않도록 정성을 쏟고 있으며 '태산장학회'를 설립하여 10년간 장학사업을 펼치고 있다. 2011년 일본 대지진 발생 당시 400만 엔을 쾌척하는 등 일본 현지에서도 기부 등을 꾸준히 실천하고 있다. 모교인 순천대학교에 (주)에이산 장학금을 설립하는 등 후배들을 위한 후진 양성에도 헌신하고 있다.[7)]

3) 사회관계자본(네트워크)

처음에는 TV나 냉장고를 한두 대씩 가전 도매상에서 싼 가격에 구입한 후 이를 소매점에 마진을 붙여서 파는 식이었다. 운송수단이 없던 터라 노숙자의 리어카를 하루에 2,000엔씩 주고 빌려서 제품을 실어 나르기도 했다. 이후 35만 엔을 주고 중고 봉고차를 마련했으며 돈이 모이자 2톤 트럭을 구입했다.

이런 방식으로 2년간 아키하바라에서 일을 하면서 안면과 인맥을 넓혀갔다. 어느새 아키하바라에서는 '청바지 입고 농구화를 신은 한국 청년'이라는 별명으로 불렸으며 그를 돕겠다는 사람도 나타났다. 어느 일본인 기업가가 연대보증을 서 주어 미쓰비시UFJ 은행으로부터 300만 엔을 대출받아 1995년 회사를 설립했다. 장

---

7) 전라도뉴스 2015년 5월 13일자 '(주)에이산 장영식 대표, '자랑스러운 순천대인' 선정' : http://www.jldnews.co.kr/news/articleView.html?idxno= 13047&replyAll=&reply_sc_order_by=I(검색일자 2019-06-27).

영식 회장은 사업을 벌이려면 인재부터 영입해야 된다고 생각하고 아키하바라의 한 대형점포의 영업부장으로 근무 중이던 일본인을 삼고초려 끝에 영입했다. 그 영업부장이 올해 62세인 에이산의 일본인 사사키 사장이다. 이 후 사업영역을 일본 국내는 물론 일고 국제적으로 확대해 나갔다. 일본 내 호텔이나 정부기관에 TV 등 가전제품을 납품하기 시작했으며 중국에도 전자제품을 수출하기 시작했다.

해외에서 수입한 명품 시계, 화장품, 패션 잡화 등을 면세점에 진열하고 판매했다. 그동안 일본에서 손톱깎이를 가장 많이 파는 점포는 DIY용품 판매점으로 유명한 도큐핸즈((Tokyu Hands))였는데 최근 에이산이 1위 자리를 차지하였다. 더불어 매출액도 급등하기 시작했다. 1998년 23억 엔에서 2000년 32억 엔, 2002년 61억 엔, 2004년 78억 엔, 2005년에는 98억 엔으로 증가하였다. 2006년 3월 결산 때는 100억 엔을 돌파했으며 2007년 3월 말에는 111억 엔을 달성했다. 현재 연간 2천억 원의 매출을 돌파하고 있으며 1980년대 이후 도일한 이른바 '뉴커머(New Commer)' 가운데 가장 성공한 기업가로 꼽히고 있다.

2. 김효섭(金孝燮, (주)이동재팬 대표)

김효섭 대표는 전라남도 고흥에서 태어나 1986년 도일하였다. 도쿄국제일본어학교에서 1년 동안 공부한 후 도쿄도립대학의 연구생으로 입학하였다. 이후에도 도쿄국제대학대학원의 국제관계학 연구과에서 2년간 중국 현대사를 공부했다. 대학원 수료 후 기업과 주류 판매업에서 경력을 쌓아 1995년 한국 전통주류 수입도

매 전문회사 「주식회사 이동재팬」을 설립했다. 재일한국인연합회 이사장과 사단법인 세계 해외한인무역협회 도쿄지회 이사장을 역임하였고 다방면에 걸쳐 한일교류활동에 참여하면서 한일외교에 공헌해 왔다.[8] 김효섭 대표는 성균관대 중문학과를 졸업할 때까지만 해도 일본과는 인연이 전혀 없었다. 1986년 대학 졸업 후 일본으로 건너갔다. 일본으로 건너간 이유는 아르바이트를 해서 학비를 충당하며 공부하기에는 일본이 낫다는 판단에서였다.[9]

1) 창업동기(요인)

1990년 도쿄국제대학 대학원에서 석사 과정을 마친 그는 경제 상황 때문에 일본의 전자부품 수입 회사에 취업했다. 그러던 중 1992년 도쿄 식품박람회에 우연히 참관했다가 거기에 전시된 막걸리에 일본인들이 관심을 나타내는 것을 보고 "막걸리를 들여와 일본에서 팔면 되겠다."는 생각을 하여 막걸리 수입 판매 사업을 결심하고 곧바로 유한회사를 설립했다.

사업 초기에는 막걸리에 대한 인지도가 그리 높지 않아 실패를 거듭했지만, 1995년 이동막걸리를 제조하는 이동주조(주)의 일본 내 영업권을 확보하고 현지 주류 도매업자에게 1천만 엔을 빌려 (주)이동재팬을 설립하여 성공의 발판을 마련했다. 그는 처음 일본 시장에 진입할 때부터 주로 20-30대 여성층을 공략했다. 막걸

8) 월간유학생 김효섭 "성공은 운을 시험하는 방법 중의 하나": http://blog.naver.com/PostView.nhn?blogId=u_hakseang&logNo=140113882089(검색일자 2019-06-20).

9) 막걸리 한류열풍의 주역 김효섭 사장: https://blog.naver.com/worldhansang/80163660228 (검색일자 2019-06-20).

리가 ‘피부 미용에 좋고 다이어트 효과에도 좋다는 술’로 홍보했다. 일본의 선진화된 물류·택배 시스템을 활용하여 적정 온도를 유지하는 물류 시스템을 구축하여 1주일 남짓한 생(生)막걸리의 유통 기한을 3개월 정도로 늘린 것도 시장을 공략하는데 큰 도움이 되었다. 김효섭 대표는 연간 20억 엔의 매출을 올리며 일본 막걸리 시장의 70%를 점유하기까지 수많은 좌절을 경험했다. 한국의 전통주 막걸리는 한 때 일본 젊은 여성들을 중심으로 크게 인기를 모았다. 이러한 일본에서의 막걸리 붐에 불을 붙인 것이 현재 막걸리 일본국내 점유율의 대부분을 차지하고 있는 주식회사 이동재팬의 김효섭 사장이다. 지금으로부터 24년 전 유학생의 신분으로 도일했다.

그는 한국의 대학을 졸업한 후 더 많은 것을 공부하기 위해 선진국인 일본 유학을 결심했다. 미국과 유럽 등 여러 나라의 선진국들 중에서 일본을 선택한 것은 금전적인 경제적 이유에서였다. 일본에서는 아르바이트를 해서 학비와 생활비를 조달하면서 공부할 수 있다는 것이 가장 큰 이유였다. 유학생 시절에는 유학비의 80%를 스스로 아르바이트로 충당했기 때문에, 시간을 쫓기며 바쁜 생활을 보냈다. 일본에서 어떻게 생활비와 유학비를 보탤 수 있을까만 생각했기 때문에 유학생활에 대한 즐거운 추억이 거의 없고 고생이 많았던 시기로 기억하고 있다.

대학원 수료 후에는 한국의 전자 부품을 수입해 판매하는 회사에 취업했는데 창업에 대한 생각이 떠오르기 시작한 것은 이때부터였다. 김효섭 대표는 5년 후, 10년 후 자기를 생각했을 때, 이대로 계속 평범한 회사원으로 있을 수는 없었다. 많은 꿈과 욕심이 있었고 이왕 세상에 태어났으니 큰 꿈을 가지고 살고 싶다는 생각을 항상 했었고, 아직 젊기 때문에 한 번 도전할 수 있을 때 도전해 보겠다고 결심했다.

그렇게 창업의 기회를 찾고 있던 어느 날, 「FOODEX JAPAN」에 참가한 김효섭대표에게 계기가 찾아왔다. 이 대회는 상품상담을 목적으로 한, 업계 관계자 대상의 아시아 최대의 식품 및 음료 전시회로 1976년부터 매년 일본 도쿄에서 개최되고 있다. 출품자와 방문자(바이어) 모두에게 비즈니스 확대를 위한 절호의 기회를 제공하는 대회였다. 그리고 막걸리의 상식을 뒤집는 종이팩 포장 막걸리와 만나게 되었다. 지금까지 10일 정도밖에 보존할 수 없다고 인식되었던 막걸리를 몇 개월이나 보존할 수 있다는 사실에, 높은 상품 가치를 직감했다. 유통하기도 쉬워, 그 자리에서 한국으로부터 막걸리 수입판매 사업을 결심하고 곧바로 유한회사를 설립했다.

2) 사회관계자본(네트워크)

일본시장에서 막걸리에 대한 낮은 인지도의 한계로 사업 초기에 거듭 실패하였다. 그러나 포기하지 않고 1994년 말, 사업계획서를 만들어 이동막걸리를 제조하는 이동 주조(주)에 수입판매 제안서를 제출했다. 그로부터 1년 후인 1995년, 일본 내 영업권을 확보한 이동주조㈜는 현지 일본주류 도매업자에게 1천만 엔을 빌려 (주)이동재팬을 설립하여 성공의 발판을 마련했다. 당시 회사를 설립했지만 사실 직원은 대표 혼자였다. 그는 회사의 사장으로 주문전화를 받는 직원으로, 그리고 영업사원과 배달사원 등 1인다역을 감당하면 사업을 추진했다.

그러나 막걸리 수입판매 사업은 생각처럼 쉽지 않았다. 경쟁회사에게 뒤져 앞에서 이야기한 막걸리 수입판매권을 얻지 못하면서 회사가 허무하게 도산하였다. 회사설립 자금은 어머니가 대표의 결혼식을 위해 저축해 놓은 결혼자금이었다. 이 사업이 실패로 끝나 이제부터는 정말 스스로의 힘으로 사업을 꾸려나가지 않으면 안 된다는 생각에 필사적으로 재기의 길을 찾았다. 회사는 도산했지만 막걸리 수입판매라는 아이디어와 열정은 식지 않았다. 한국에서 가장 인기 있는 브랜드 「이동 막걸리」에 수입대행 계획서를 보내 제안하고, 평소에는 술 도매업자로 일하면서, 일본의 주류업계에 대한 지식과 비즈니스 네트워크를 확대해 나갔다. 그리고 6개월 후 드디어 이동 막걸리로부터 수입대행 허가를 받아 「주식회사 이동재팬」을 설립했다. 겨우 한 사람의 작은 조직과 소자본으로 출발했지만, 지인이 자본금을 융통해 주거나, 창고를 빌려주는 등 주변 사람들의 도움으로 어떻게든 궤도를 탈 수 있었다. 주류 판매업의 영업사원 시절에 착실하게 쌓아올린 신뢰 관계가 창업 할 때에 큰 도움이 되었다.

타국 일본에서는 현지인의 도움 없이 사업체를 꾸려나가기 어렵다. 김효섭사장 역시 그를 무척 신임하는 일본인 오바야시사장 덕분에 단기간에 일본 주류 유통분야에서 자리 잡을 수 있었다. 오바야시사장은 당시 자기 밑에서 4개월가량 일하던 김효섭사장을 무척 신임했고 그가 독립하려고 했을 때 각종 지원을 아끼지 않았다. 김효섭사장은 일본에서 현지인 도움이 없이는 사업체를 꾸려 나가기가 매우 힘들기 때문에 울타리 노릇을 해줄 현지인을 찾아내 우선 그 사람을 감동시키고 마음을 사로잡는 작업이 꼭 필요하다고 했다. 김효섭대표는 실패하더라도 도전을 한 상태가 도전하지 않은 제로의 상태보다 훨씬 낫기 때문에 과감하게 판단하고 도전할 때는 도전하라고 강조했다.

3) 기업가정신

사업에서 여러 번 실패의 좌절을 경험한 김효섭대표는 후배들에게 사업의 성공에는 운도 크게 관계하고 있다고 생각한다고 했다. 김효섭대표는 다만 그 운이 있는지 없는지는 결국 운을 시험해 보지 않으면 알 수 없다. 그렇기 때문에 비록 실패한다 해도 도전하는데 의의가 있으며, 실패에서 얻는 것도 있다. 회사가 망해 미래가 보이지 않는 상황에 있을 때, 돈 보다도 좋은 아이디어가 더 소중하다고 느꼈다. 현실성이 있고, 상대를 납득시킬 만한 기획력이 있으면 반드시 길이 열린다. 그리고 전화위복이라는 말처럼 실패를 양식으로 삼는 기분으로 젊을 때에 기회를 노려 끊임없이 도전해야 한다. 실패를 하더라도 도전을 한 상태가 도전하지 않은 제로의 상태보다 낫기 때문에 과감하게 판단을 할 때는 도전하라고 했다. 실패를 양식으로 삼는 기분으로 젊을 때에 도전하는 열정이야말로 성공으로 가는 지름길이라는 것이다. 김효섭대표는 일본 외식산업기자회 주최로 열린 '2010 외식어워드'에서 한국인 최초로 식자재부문상을 수상하였다.

막걸리는 웰빙(Well-being) 바람을 타고 이웃나라 일본에서 한류유행을 일으켰다. 막걸리는 '피부 미용에 좋고 다이어트 효과가 있는 술'로 20-30대 여성층을 집중적으로 공략했다. 일본 여성들

사이에 화제가 되고 있는 '닛코리(생긋 웃는 모양)~, 맛코리(막걸리 일본식 발음)'라는 리듬의 상쾌한 광고는 이동막걸리 일본 현지법인(이동재팬)이 10억 원을 들여 제작한 것이다. 이 광고는 노래를 따라 부르는 일본인들이 생겨날 정도로 인기를 끌었다. 일본에서는 연간 막걸리 소비량의 90%를 여성이 소비한다. 이동재팬의 '닛코리 맛코리'는 일본 20-30대 여성 10명 가운데 7-8명이 기억할 정도로 인지도가 높았다. 현재 도쿄 등 4곳에서 막걸리 판매점을 운영하고 있으며 한식전문점도 향후 10개로 늘릴 계획이다.

삼성전자와 현대자동차 등 한국의 대표적인 기업들조차 일본 시장 진출에 어려움을 겪고 있는 가운데 일본 진출에 성공한 기업의 공통분모는 공격적인 전략과 발상의 전환이라 할 수 있다. 1995년 창업 이래 수입 주류 도매로 매년 20% 이상의 지속적인 성장세를 유지하고 있는 이동재팬은 사업초기 일본 주류시장 특유의 유통구조라는 장벽에 부딪쳤다. 이때 소매상을 집중 공략하는 역전략을 세워 대도매와 중간도매가 오히려 자사의 상품을 찾도록 발상전환을 시도했다. 김효섭대 표는 막걸리를 어느 정도 일본 시장에 알렸다는 거, 그 다음에 회사를 정도 어떤 위치에 올려놓고 이 회사가 계속해서 역사를 만들어가고 그런 무형의 재산들이 더욱 중요한 것 같다고 했다.

한국에서는 아저씨들의 전유물이라 생각했던 막걸리였다. 그는 일본 젊은 여성을 타깃으로 여성들에게 가장 적합한 술이라고 꾸준히 광고하여 자신의 막걸리 브랜드를 알렸다. 문화상 독한 술을 거의 마시지 않는 일본 여성들을 집중 공략한 것이다. 하지만 일본 막걸리 시장은 걸음마 단계로 발전 가능성이 무궁무진하다. 그는 우리나라의 전통 민속주 막걸리를 일본 주류시장의 주류 상품으로 만들기 위해 노력하였다. 그에게는 일본 사케, 쌀 와인처럼 메인 주류 시장의 하나로 막걸리가 자리매김했으면 좋겠다는 바람이 있다. 왜냐하면 막걸리는 한국의 술이니까 꼭 그렇게 만들고 싶다고 했다.

3. 박재세(朴裁世, 전 재일한국인연합회회장)

박재세 대표는 뉴커머기업가에 해당된다. 뉴커머는 일본에서 1980년대 이후 도일하여 일본에 정주한 외국인을 가리킨다. 특히 재일동포의 경우 뉴커머를 한일국교정상화(1965년) 이후 일본에 건너와 정착한 한국 주민등록소지자를 말한다. 이에 대해 올드커머는 한일국교정상화 당시 이미 일본에 정착해 있던 이른바 재일동포를 가리킨다.

박재세 대표는 전라남도 여수출신으로 1986년에 도일하였다. 일본 도쿄에 있는 인터컬트 일본어학교를 졸업하고 일본대학 경제학부에 입학하였다. 대학졸업 후에는 일본상사에서 4년 6개월 동안 근무하고 1995년에 자동차 및 의료기기 관련 무역회상인 '주식회사 테크노피아'를 설립하여 산하에 3개의 자회사를 운영하고 있다. 주식회사 테크노피아(Technopia) 대표로 2009년 5월에는 재일일본한국인연합회장을 역임하였다.[10] 이러한 경험을 통해 비즈니스와 국제교류의 양면에서 한일의 가교역할이라는 중요한 책임을 맡아 재일동포의 중심에서 활약하고 있다.[11]

---

10) 재일한국인연합회(한인회)는 일본거주 재일동포들 중 민단과 총련에 소속되지 않은 '뉴커머'들이 중심이 되어 2001년 5월 20일 결성된 단체를 말한다.

1) 창업동기(요인)

박재세 대표가 도일한 1980년대 후반부터 1990년대 초반에 걸친 시기의 일본경제는 호경기를 맞이한 '버블경제' 시대였다. 당시 일본에는 유학생이 많지 않아 생활정보가 적어 고생한 일도 있었지만 유학생 취업의 수요가 공급을 넘어 대학을 졸업한 당시 20개 회사로부터 취업내정을 받을 정도로 호경기였다. 박재세대표가 어렵지 않게 일본기업에 입사하여 직장 생활도 4년째 순조롭게 접어들 무렵 갑자기 버블경제 붕괴로 회사가 도산하였다. 직업을 잃고 궁지에 빠진 박재세대표가 내린 결론은 바로 기업을 창업하는 일이었다. 불경기 한복판에서의 창업에 도전한다는 불안한 마음도 있었지만, 반대로 잃을 것이 아무것도 없다는 생각에 마음을 크게 먹고 회사를 설립했다. 박재세 대표는 그 때를 "지금 생각해 보면, 버블경제의 붕괴가 밀어 준 것이라고 생각합니다. 그렇지 않았다면, 지금도 샐러리맨이었을 지도 모르겠습니다."라고 했다.

2) 사회관계자본(네트워크)

일본에서 자동차부품 수입 제조업체인 「테크노피아」를 경영하는 박재세(51) 사장은 "신(信)이 있으면 신(神)도 도와준다."라는 부친의 생전 가르침을 마음에 새기고 당장 눈앞의 이익보다는 신의를 바탕으로 한 인간관계의 중요성을 강조했다. 외제 자동차 부

11) 월간유학생 2010년 7월호, 박재세 "선배에게 배우는 유학 성공의 열쇠": http://blog.naver.com/PostView.nhn?blogId=u_hakseang&logNo=140109794949(검색일자 2019-07-08).

품에 거부감이 강한 일본 기업에서 한국산 알루미늄 휠을 수입해 판매하는 것을 시작으로 이제는 일본에서 알루미늄 휠을 디자인하고 설계해 한국과 중국 등에서 자사 브랜드와 주문자상표부착생산(OEM) 방식으로 제조하여 공급하고 있다. 그의 회사는 후지코퍼레이션, 토피, 엘로하트 등 일본 유수의 자동차 부품 상장기업 4곳에 자동차 휠 제품을 납품하고 있으며, 일본 증시 상장을 목표로 연간 매출 120억원, 직원 20명의 탄탄한 중소기업으로 성장하였다.[12)]

3) 기업가정신

박재세 대표가 일본유학을 결심한 것은 선진국의 큰 시장에서 내 회사를 가지고 싶다는 확신에 넘친 꿈이 있었기 때문이었다. 유학생 시절에는 학비와 생활비를 벌기 위해 아르바이트에 시간을 쫓기면서도, 비즈니스 기회를 항상 노리고 있었다. 당시 일본에는 아직 한국에서 유통되지 않았던 사업과 기술이 많이 있었고, 이러한 아이디어를 메모하면서 언젠가 사업화하려는 생각을 가지고 있었다. 또한 유학생활에 대한 생활정보가 많이 알려져 있지 않았기 때문에, 유학생 친구들과 함께 투자하여 유학생활 정보지를 출판하기도 했고 주식투자도 했다. 아르바이트로 열심히 모은 돈을 전액 투자하여 큰 손해를 본 일은 지금도 기억에 남는다고 했다. 일본에서 창업의 꿈을 이루고 난 다음 목표는 주식시장에

12) 세계일보 2010년 1월 31일자 "[21세기 일본속의 한국인 '신도래인'을 찾아서] ① 日자동차부품업체 '테크노피아' 박재세 사장": https://news.v.daum.net/v/20100131200305151(검색일자 2019-07-08).

회사를 상장하는 것이었다.

마지막으로, 성공의 비결에 대해 박재세 대표는 "많은 사람과 접하고, 많은 것을 보고, 폭넓은 교류를 하세요. 그리고 명확한 목표를 세워야 합니다. 달성의 여부는 자신의 노력에 달려있지만, 노력한다면 반드시 목표에 다가갈 수 있을 것입니다."라고 했다.

4. 나승도(羅勝道, 국제익스프레스대표)

1) 창업동기(요인)

나승도 대표는 전남 나주의 가난한 농가에서 태어났다. 가난 탓에 어릴 적부터 스스로 돈을 벌며 주경야독으로 대학(국민대 졸업)을 마쳤다. 1989년 단돈 60만원을 쥐고 유학생 신분으로 일본에 건너와 이삿짐 배달 아르바이트로 생활비와 학비를 조달하며 사업의 꿈을 키웠다. 한번 이삿짐 배달로 알게 된 유학생들의 연락처를 메모해 두었다가 감사 편지를 잊지 않고 보내는 등의 정성으로 차츰 인맥을 넓힌 뒤 1990년 현재의 상호로 이삿짐 사업을 창업하여 물류업으로 성장시켰다. 이삿짐사업은 신용과 믿음을 바탕으로 고객을 유학생에서 주재원 등으로 확대할 수 있었다. 나승도대표는 한국 유학생이나 주재원들을 상대로 한 이삿짐 운송업을 하면서 물류인프라의 확보가 무엇보다도 절실하다는 점을 깨달았다. 그리고 위탁서비스의 한계를 극복하고 새로운 도약을 위해 종합물류사업의 기반 마련에 나섰다.

국제익스프레스의 나승도(58)사장은 외국인에 대한 텃세도 있고 견제도 심한 일본에서 종합물류 기업을 일궈 사업을 성장시켰다. 1980년 이후 유학생으로 일본에 건너온 이른바 "뉴커머 기업가" 가운데는 가장 성공한 기업가중 한명에 해당된다. 이러한 성공을 바탕으로 동경 한국인 경영자 동우회 회장, 세계한국인무역협회 동경 상임이사, 재일한국인연합회 이사장, 재일기업인연합회 이사, 재일본 호남향우회 회장, 전주 우석대학교 사외이사, 동경 상공회의소 이사 등을 역임하였다. 1990년 설립 당시 단 3명의 직원으로 출발한 회사는 140명이 넘는 직원들이 요코하마(橫浜)와 도쿄(東京), 오사카(大阪) 등 일본 내 3대 물류거점을 무대로 일하는 탄탄한 기업으로 성장시켰다. 매출도 해마다 늘어 2000년 80억 원이었던 매출이 2009년 1,000억 원을 초과했다.[13)]

2) 사회관계자본(네트워크)

나승도 대표는 일본에서 아르바이트로 하던 이삿짐 배달을 한국과 아시아 등을 연결하는 국제적인 종합 물류회사로 성장시켰다. 물류분야의 오랜 경험과 인맥을 가진 일본 관세사 등 전문가들을 영입, 조직과 역량을 정비한 뒤 집요한 도전 끝에 2003년 한국인으로는 처음으로 일본에서 텃세가 가장 심하다는 요코하마항에 보세창고를 매입해 화물통관업을 개시했다. 2006년 중순 전자상거래의 해외직구시장이 형성되면서, 개인 또는 기업이 일본에서 화물을 보낼 때 종래 가장 큰 애로사항이었던 고비용 항공편 서비스만을 이용해야 하거나 우체국(EMS), 대형 쿠리어업체

---

13) 연합뉴스 2009년 7월 23일자 "日서 물류기업 일군 나승도 사장": http://winnersgate.com/Story/Success/board.asp?CK_ASP=CONTENT&Num=3&Page=&SearchType=&SearchName=(검색일자 2019-07-08).

(DHL, FEDEX, TNT)등의 항공서비스) 등 운송기간이 너무 오래 걸리는 우체국 배편 서비스 밖에 없었다. 물류 창고 및 통관서비스로 수출입 화물이 늘어 종합물류 기업의 토대를 닦은 국제익스프레스는 2007년에는 오사카에 보세 창고를 개점했다. 나승도대표는 종합물류서비스를 향한 일념으로 그해 10월 오사카 창고를 오픈했다. 결과적으로 오사카 물류창고는 간사이(關西)지역 물류센터의 기능과 함께 한일 간 해상택배 서비스를 가능하게 만든 도약의 전기가 되었다.

2008년 9월 해상항로가 짧은 양국의 지리적 특성과 고속훼리선박 (부산-오사카 18시간 소요)을 이용, 한국과 일본 최초로 비행기보다 저렴하고 우체국 배편 보다 빠른 서비스를 원하는 고객수요 층이 나날이 증가되고 있는 상황에서, 부산의 용당세관에 특송통관장을 한진과 함께 만들어 비싼 항공운임 대비 저렴하고 비행기만큼 빠른 해상 택배서비스를 제공함으로써 물류비용의 절감과 양질의 국제택배 서비스를 고객에게 서비스하였다.

2009년 4월에는 대한무역투자진흥공사(KOTRA)에 의해 일본 내 한국물류사업자로 지정되었다. 일본으로 수출하는 국내 중소기업들의 물류비 절감을 돕기 위해 창고 보관에서부터 유통, 마케팅에 이르는 "토털 물류서비스"를 제공하고 있다. 국제익스프레스가 일본정부의 정책적 지원을 받는 물류업자로 선정된 것은 나승도 사장이 그동안 일본에서 구축해온 물류 인프라 덕분이라 할 수 있다. 한국 물류기업으로는 유일하게 요코하마. 도쿄. 오사카 항에 자체 보세창고를 운영하고 있다. 통관업, 운수업, 창고업 등 10여개의 면허도 갖고 있다.

나승도 대표는 항공운임의 절반 값으로, 한국까지 2-3주 걸리던 운송시간을 4-7일 이내로 단축시킨 빠른 해상택배서비스로 일본의 대기업조차 생각하지 못한 획기적인 서비스를 제공하고 있다. 한일 간 국제교류가 크게 증가하면서 공장설비와 부품소재, 농수산물 수출입, 공연장비 등의 수송이 증가했다. 지금은 거래 회사가 전 세계 5,000개 사에 이르고 있다. 중국 칭다오(靑島)에도 진출했으며, 서울과 부산에도 사무소를 두고 있다.

3) 기업가정신

나승도 대표는 성공비결에 대하여 "맨손으로 도일하여 비즈니스를 시작했을 당시의 초심을 잊지 않고 있습니다. 고객들에게 봉사한다는 자세로 열심히 일한다면 반드시 노력한 만큼의 보상이 있을 것으로 믿고 있습니다. 일본에서 으뜸기업을 만들어 조국에도 기여하도록 하겠습니다."라고 말했다. 고객이 감동할 수 있는 신의와 성실의 경영원칙은 일본의 주요 항만과 공항에 지점 (동경, 하네다, 요코하마, 오사카, 고베, 큐슈 등)을 설립 할 수 있게 해주었고 한국법인 ㈜국제로지스틱과 중국 청도에 ㈜국제익스프레스 유한공사 등 해외 법인을 설립하여 2020년 매출 1조원을 목표로 직원 300여명이 세계 각지에서 근무하고 있다.[14)]

국제익스프레스는 기업경영에 있어서도 고객가치를 최우선으로 하는 CS경영을 모토로 고객주문에 대한 정시배달(On-time

14) 검경합동신문사 2019년 2월 2일자 "일본 도쿄 국제 익스프레스 나승도 회장 나눔과 봉사로 사회에 환원하는 자랑스러운 한국인!": http://blog.naver.com/PostView.nhn?blogId=01077047759& logNo=221457437369(검색일자 2019-07-08).

Delivery) 체계구축과 품질혁신에 역량을 집중해 나가고 있다. 또한 물류거점 집약화 및 효율적인 창고관리를 통한 효율경영체계 구축에도 전력을 다하고 있다.

이상과 같이 디아스포라경제의 창업동기, 네트워크, 기업가정신 등에 따른 분석결과를 정리하면 다음 〈표 9-3〉에 제시한 바와

▌표 9-3▐ 사회적경제와 디아스포라경제의 기업가정신 비교[15)]

비교	사회적경제	디아스포라경제
창업동기 (요인)	- 사회적경제는 경제적 수익발생이나 규모 확대라는 경제적 동기와 사람들과의 교류, 타인에 대한 지원, 사회적 봉사와 같은 사회적 미션, 자기실현 등 비경제적 요소들의 결합	- 디아스포라경제는 현지 사회의 사회적 차별과 불리를 극복하기 위한 한일 양국사회의 틈새시장 공략, 헝그리정신과 도전정신
사회관계 자본 (네트워크)	- 사회적 약자 및 취약계층 등 특정집단의 사회적 네트워크 중시	- 마이너리티집단의 친족 및 민족단위 응집성이 강한 민족네트워크 중시
기업가 정신	- 사회적 문제해결, 사회적 미션, 사회적 가치창출 시장 공략 - 사회관계의 네트워크와 문화 중시 - 경제활동은 사회과정의 일부분, 문화와 사회과네 역할 중시 - 도전과 적정기술을 이용한 틈새시장 진출 공략 - 상생, 공유, 봉사의 정신	- 시장의 흐름과 소비자요구 파악, 스피드경영과 틈새시장 공략 - 사업의 성공에는 운과 좋은 아이디어, 실패와 과감한 도전 - 비즈니스기회와 도전정신, 틈새시장 사업화 - 맨손도전, 고객봉사, 고객감동, 신의와 성실 - 영리활동과 생존전략

15) 이 표는 본문의 내용분석 결과를 토대로 필자가 작성하였음.

같다. 사회적경제는 사회적 약자나 취약계층을 중심으로 경제적 동기와 비경제적 요인들의 결합으로 사회적 문제를 해결하고 사회적 가치를 창출하는 것을 목적으로 하고 있으며 사회적 미션 달성과 상생과 공유의 정신을 강조하고 있다. 반면 디아스포라경제는 마이너리티 이주민집단들로 구성되어 있기 때문에 그들이 현지사회에서 취업차별과 사회적 불리를 극복하기 위한 수단으로 틈새시장을 개척하여 창업에 뛰어들고 있다. 때문에 강한 민족네트워크를 기반으로 도전정신과 헝그리정신에 입각하여 틈새시장의 사업화에 도전하고 있다. 이들은 모두 일정한 사회 내에서 사회적 문제해결이라는 틈새시장의 공략으로서 한계를 지니고 있지만 실패를 두려워하지 않는 과감한 도전을 필요로 한다면 측면에서 유사성을 많이 공유하고 있다.

제4절 사회적경제와 디아스포라경제의 특징

이 장의 목적은 일본지역에서 활동하는 디아스포라경제의 대표적인 사례인 호남한상인을 대상으로 창업과정과 성장과정에서 매우 유사하면서도 상이한 특성을 가진 사회적경제와 디아스포라경제의 비교를 통해 이들 간의 경제활동의 차이, 창업동기(요인), 기업가정신을 살펴봄으로써 한국적 사회적경제의 확대과정에서 적용가능한 시사점을 도출하는데 있다. 연구방법 및 대상은 2019년을 기준으로 해외에 거주하는 740만 명의 재외동포 가운데 약 200만 명에 달하는 호남 출신 호남한상들 중 일본 거주 기업가들을 대상으로 하였다.

이 장에서 사용하고 있는 사회적경제기업은 일반경제와는 달리 사회와 일반경제의 중간지점에서 창업을 하게 되는데 창업요인은 경제적 동기보다는 비경제적 동기인 문화적 요인과 네트워크를 중시하고 있다. 마찬가지로 이민자들로 구성된 소수민족 출신 기업가들이 주체인 디아스포라경제는 현지사회와 호스트경제의 경계에서 문화적 상품과 민족네트워크를 활용하여 창업을 시도하고 있다. 사회적경제기업에서는 일반경제의 틈새시장(경계경제)에서 창업혁신과 사회적 가치창출이 기업의 생존을 좌우하게 되는데 유사하게 소수민족이 창업하는 디아스포라경제도 호스트사회에서 생존하기 위해 현지기업과의 틈새시장에서 창업혁신과 민족적 가치창출이 생존을 위한 필수 전략이다. 이들 두 경제의 유사성은 문화적 요인과 네트워크를 동원한 수익창출과 사회적 가치창출에 있다는 점이다.

이 연구는 기존연구로부터 도출된 지견에 바탕을 두고 디아스포라경제와 사회적경제가 유사한 경제구조를 가지고 창업초기에는 기업간의 네트워크의 연결(Coupling)을 중시하지만 점차 외부집단과의 단절(Decoupling), 즉 연결과 단절의 중간적 균형이 매우 중요하다는 점에 착안하고 있다. 디아스포라경제의 창업동기, 네트워크, 기업가정신(Entrepreneurship) 등에 따른 분석결과를 정리하면 다음과 같다.

첫째, 사회적경제는 사회적 약자나 취약계층을 중심으로 경제적 동기와 비경제적 요인(문화와 네트워크)들의 결합으로 사회적 문제를 해결하고 사회적 가치를 창출하는 것을 목적으로 하고 있다. 또한 사회적경제는 이를 통한 사회적 미션 달성과 상생과 공유의 정신을 강조하고 있다.

둘째, 디아스포라경제는 마이너리티 이주민집단들로 구성되어 있기 때문에 그들이 현지사회에서 취업차별과 사회적 불리를 극복하기 위한 수단으로 틈새시장에서 창업에 진출하고 있다. 때문에 강한 민족네트워크를 기반으로 도전정신과 헝그리정신에 입각하여 틈새시장에서 사업화에 도전하고 있다.

셋째, 디아스포라경제의 사례인 호남한상인의 국내외 이주는 혹독한 자연환경으로 인한 경제적인 이유, 경제개발과 근대화과정에서 국내외 도시로의 이주와 이를 통한 잠재적 국제성이 풍부한 호남인형성, 그리고 동학혁명과 광주학생독립운동, 5·18 광주민중항쟁운동 등 정치적인 이유를 주요 요인으로 꼽을 수 있다.

넷째, 호남한상인의 기업가정신은 호남정신에 뿌리를 둔 불굴의 기업가 정신으로 호남과의 지속적인 교류와 상호발전, 호남기업과 단체와의 협력사업 촉진, 호남의 역사공유와 정신문화교류, 청년인재양성과 정체성 계승 등을 지향하고 있다.

다섯째, 호남한상인의 기업가정신은 한마디로 도전정신과 헝그리정신으로 표현할 수 있다. 구체적으로 살펴보면, “한다. 지금 당장 한다. 될 때까지 한다.”, “많은 사람과 접촉하고, 많은 것을 보고 폭넓은 교류를 해야 한다. 그리고 명확한 목표를 세워야 한다.”, “맨손으로 도일하여 비즈니스를 시작했을 당시의 초심을 잊지않고 있다. 고객들에게 봉사한다는 자세로 열심히 일한다면 반드시 노력한 만큼의 보상이 있을 것으로 믿고 있다. 일본에서 으뜸기업을 만들어 조국에도 기여하도록 하겠다.” 등이다.

결론적으로 디아스포라경제는 사회적경제와 마찬가지로 일정한 사회 내에서 당면한 사회적 문제해결이라는 틈새시장에서 창업진출의 한계를 보이고 있지만 실패를 두려워하지 않는 과감한 도전과 창업혁신의 기업가정신을 필요로 한다는 점에서 많은 유사성을 공유하고 있다. 본 연구의 한계는 일본 내 디아스포라경제의 사례인 호남한상인 대상의 기업가정신 성공사례를 소개하는데 중점을 두었다는 점이다. 향후 연구에서는 한국 및 글로벌 사회적경제의 기업가정신 성공사례를 발굴하고 확산하는데 기여하고자 한다.

소셜벤처와 사회혁신

Chapter 10

제1절 소셜벤처의 등장

일반적인 특성상 사회적기업가는 비영리기업가이지만 동시에 벤처기업가이기도 하다. 왜냐하면 기업창조나 가치창조의 원형이라 할 수 있는 현장을 가지고 있기 때문이다. 또한 창업이 곤란한 상황이나 자원이 부족한 상황에서 생각을 원동력으로 주위의 힘을 빌려 끈기로 무언가를 만들어가는 마인드나 근성, 스킬을 자연스럽게 배양해 가기 때문이다. 이러한 리더십을 대기업에서 습득하기 어렵기 때문에 사회적기업가와의 대화나 협동으로 획득할 수 있는 리더십의 함양장소가 필요하다. 이 연구의 목적은 이러한 혁신적인 마인드와 리더십의 양성장소로서 한일간 소셜벤처의 대표적인 사례를 분석하는데 있다.

특히 소셜벤처(Social Venture)는 사회적 공헌이나 사회적 문제에 대하여 비즈니스를 통해 해결하기 위해 창업한 벤처기업 혹은 벤처프로젝트라고 할 수 있다. 소셜벤처 기업가는 자신을 사회적 기업가라고 부르기도 한다. 때문에 소셜벤처는 사업활동을 성립시키기 위한 수익성을 확보하면서 기업활동을 통해 사회공헌이 가능한 비즈니스모델의 창안이 요구된다. 또한 사회적기업가에게는 명확한 목표와 혁신을 창출하는 많은 지식이나 스킬을 필요로 한다. 사회적 문제를 사업화한 소셜비즈니스의 영리법인이나 비영리단체가 모두 소셜벤처에 해당된다.

일본에서는 2000년대 들어 소셜비즈니스가 주목받기 시작했으며 민주당정권시대 새로운 공공정책의 일환으로 경제산업성이나 내각부에서 연구조사와 지원책을 담당해왔다. 그리고 2011년 3월 동일본대지진 이후 복구지원에 중점을 둔 소셜비즈니스 지원이 본격화되었다. 소셜비즈니스의 한 형태로서 소셜벤처의 개념은 2000년대 후반, 특히 2010년 전후부터 주목받은 '프로보노(Pro Bono)'와 같이 병행하여 언급되는 경우가 많았다. 프로보노(Pro Bono)는 지식노동자들이 기업에서 습득한 지식을 활용하여 비영리단체 등을 지원하는 사회적 공헌활동을 말한다. 한국에서도 이와 비슷한 사례들이 2010년 후반에 출현하였다. 이 장에서는 한일사회에서 소셜벤처의 대표적인 운영사례를 통해 사회적 문제해결과 사회적 공헌방안의 상호 차이점 확대 방안을 고찰하는데 있다.

제2절 ▶ 사회혁신과 소셜벤처

소셜벤처는 복지나 환경오염, 도시문제 등 사회문제를 해결하는 것을 목적으로 사업을 수행하는 조직을 말한다. 조직의 행태는 영리법인이나 NPO/NGO법인 등 다양하다. 기본적으로 소셜벤처는 수익사업을 통해 사회적 약자들에게 상품이나 서비스제공, 지원이나 환경보호와 같은 사회적 미션을 달성하는 것을 목표로 하고 있다. NGO법인으로 창업한 조직이 사업확대 과정에서 주식회사로 전환하는 경우도 있기 때문에 사회적 공헌의 목적만 있으면 조직의 형태는 중요하게 생각하지 않는다.

그러나 소셜벤처의 경우 사회적 공헌 구조의 부분에서 사회혁신을 기대할 수 있다는 점이 큰 차이이다. 소셜벤처가 수행하고 있는 사업이 사회적 공헌목적, 즉 사회적 약자들이 필요로 하는 제품이나 서비스를 싸게 공급하거나 고용기회를 제공하는 것이 목적사업일 경우 비즈니스에서 혁신을 일으키는 것이 사회적 공헌에서 구조를 획기적으로 변화시키는 혁신을 달성할 수 있다. 이것에 의해 보다 작은 자원투입으로 수익자의 수요를 효율적으로 충족할 수 있게 된다. 또한 소셜벤처가 수행하는 사업내용과 목적으로 하는 사회적 공헌과의 관련성이 약해도 비즈니스모델 측면에서 사회혁신에 성공하여 사업운영에서 충분한 성장성을 확보할 수 있으면 조직유지가 가능한 정도의 현금흐름을 발생시킬 가능성도 있다. 때문에 사회적 공헌분야의 혁신에는 미치지 못하지만 간접적으로 풍부한 자금을 배경으로 사회적 공헌을 보다 더 잘 수행할 수도 있다.

이렇게 보면 소셜벤처가 달성한 사회혁신에 의해 사회적 약자가 제공받을 수 있는 상품과 서비스, 직업훈련과 고용기회 등에서 비약적인 혁신을 기대할 수 있다. 또한 소셜벤처에 의해 사회구조의 변화가 널리 전파되고 사회적 약자들이나 피폐된 공동체의 감소, 환경오염의 개선 등 거시적인 효과를 기대할 수 있다. 일반 영리기업에서도 사업운영의 우선순위는 다르지만 기업혁신이 사회변화를 일으키고 결과적으로 사회적 약자들을 구제할 가능성도 존재한다.

최근에는 벤처비즈니스로 성공한 기업가들이 사회적 공헌분야에서 기부자로 새롭게 등장한 사례를 벤처필란트로피라고 한다. 그들이 기업가로서 대성공을 거두고 자신이 엔젤이나 벤처비즈니스의 지원, 혹은 사회 환원이라는 기부의 관점에서 사회적 공헌을 목표로 하는 소셜벤처에 자금을 제공하는 경우 벤처비즈니스 세계에서 경험한 기업가정신을 활용하게 된다. 즉 비즈니스마인드와 투자가 마인드가 기부세계에 동시에 적용되는 것을 의미한다. 따라서 '벤처 필란트로피(Venture Philanthropy: 이하 벤처 기부)'는 벤처 투자의 기법을 기부에 적용한 방식을 말한다. 장기적으로 지원 기관과 긴밀한 관계를 맺고 기관의 자체 역량을 강화하며 금전적 지원 외에 다양한 비(非)재정적 지원까지 시도하는 '전략적 기부'에 속한다. 투자 수익을 요구하지 않고, 소셜벤처뿐만 아니라 비영리단체에도 투자를 시도한다는 점에서 일반 벤처투자나 임팩트투자와는 구분된다.[1)]

벤처 필란트로피에 의해 소셜벤처의 사업진행이 촉진되면 사회적 공헌을 보다 더 잘 달성할 수 있다는 점에서 촉진효과를 초래할 수 있다.[2)]다시 말하면 투자성과를 요구하는 벤처필란트로피의

---

1) 벤처필란트로피: http://news.chosun.com/site/data/html_dir/2018/05/28/2018052801994.html(검색일자 2019.10.03.).

2) 神座保彦(2005) 「ソーシャル·ベンチャーとベンチャー·フィランソロピー：慈善の世界にもベンチャーキャピタルの手法導入」, 『ニッセイ基礎研

투자가 마인드에 대하여 자금을 지원받는 소셜벤처는 비즈니스마인드를 발휘하여 기대에 부응하려고 노력하는 양자 간의 긴장구도가 소셜이노베이션(Social Innovation: Change Maker)을 가속화시키는 방향으로 작용할 가능성을 가지고 있다.

그동안 소셜벤처에 관한 연구들은 다음과 같은 다양한 측면에서 진행되어 왔다. 첫째, 소셜벤처의 탄생배경이나 역사적 의의, 사회적 역할, 비즈니스 모델 등을 논의하거나 다룬 연구들이다. 특히 그동안 소셜벤처의 비즈니스 모델에 관한 연구에 집중된 경향이 있었는데 그 이유는 사회적기업의 조직 특성, 사회적 가치와 경제적 가치의 양립을 달성하기 위한 메커니즘을 해명하기 위한 연구에 집중되었기 때문이다. 가령 디스(Dees, 1998:55-67)의 연구는 소셜벤처를 하이브리드 조직이라고 주장하였으며[3] 알터(Alter, 2007)는 소셜벤처의 자금과 서비스의 흐름으로부터 9개의 기본모델을 제시한 바 있다.[4]

둘째, 소셜벤처의 실태를 조사한 통계적 연구이다. 소셜벤처나 사회적기업의 경제적 공헌이나 고용창출효과 등에 초점을 둔 연구들이라 할 수 있다. 이러한 연구로는 EMES(The Emergence of Social Enterprise in Europe)의 연구네트워크[5]가 EU가맹 15개국

REPORT』, 3.

3) Dees, G.(1998) 「Enterprising Nonprofits」, Harvard Business Review, January-February, pp.55-67.

4) Alter, K.(2007) Social Enterprise Typology, Virtue Ventures LLC. : http://www.4lenses.org/setypology/print(검색일자 2019.10.08.).

5) EMES 프로젝트는 1996년 이후 유럽위원회의 자금을 받아 소셜비즈니스에 관한 국제회의나 국제연구를 수행하는 EMES European Research Network 형성의 기초가 되었다.

을 대상으로 공통의 연구틀을 적용하여 실시한 보르자가와 데포니의(Borzaga and Defourny, 2001)[6] 국제비교조사를 시작으로 니센(Nyssens et al. 2006)[7]의 노동시장으로의 통합조사, 헤켈(Heckl et al. 2007)[8]의 유럽 31개국 실태조사 및 정책조사 등이 대표적이라 할 수 있다.

셋째, 소셜벤처의 규모 확대를 위한 방안을 모색하는 제도적 정책 및 기업가에 관한 연구이다. 이러한 연구로는 나카지마(中島, 2008, pp.12-17)[9]의 영국 사회적기업정책 연구, 이시이(石井, 2010, pp.95-119)[10]의 한국 사회적 기업지원정책 연구, 사회적 기금 분야의 소셜임팩트(Social Impact)를 다룬 가츠마타외(勝又·塚本, 2012, pp.143-168)[11]의 연구, 도히(土肥, 2006, p.121)[12]의 사회적 기업가와 리더십, 핫토리(服部, 2010, p.38)[13]의 비영리가 주목하

---

6) Borzaga, C. and Defourny, J.(eds)(2001) *The Emergence of Social Enterprise*, Routledge.

7) Nyssens, M., Adam, S. and Johnson, T. (eds,) (2006) *Social Enterprise: at the Crossroads of Market*, Public Policies and Civil Society, Routledge.

8) Heckl, E., Pecher, I., Aaltonen, S. and Stenholm, P.(2007) *Study on Practices and Policies in the Social Enterprise Sector in Europe*, Austrian Institute for SME Research.

9) 中島智人(2014) 「英国のチャリティ制度改革: チャリティ法人の導入を中心に」, 『公益法人』, vol.43, no.2, pp.12-17.

10) 石井芳明(2010) 「英国と韓国政府の社会的企業支援: その施策から日本の課題を探る」, 『ソーシャル·イノベーション一営利と非営利を超えて』, 日本経済評論社, pp.95-119.

11) 勝又英博·塚本一郎(2012) 「インパクト·インベストメントによる公共サービスの改善: ソーシャル·インパクト·ボンド(SIB)を中心に」, 『社会貢献によるビジネス·イノベーション: 「CSR」を超えて』, 丸善出版, pp.143-168.

12) 土肥將敬(2006) 「ソーシャル·アントレプレナー(社会的企業家)とは何か」, 『ソーシャル·エンタープライズ: 社会的企業の台頭』, 中央経済社, p.121.

는 사회서비스와 영리사업의 융합이라는 소셜벤처의 등장, 사회와 공공목적을 위해 직업을 통해 습득한 스킬이나 지식을 제공하는 프로보노(Probono)의 역할에 대해 연구한 사가(嵯峨, 2011, p.24)[14] 등이 있다.

이상과 같이 선행연구에서는 소셜벤처의 비즈니스모델이나 성공사례 소개, 통계적 연구, 제도적 정책이나 소셜벤처의 당사자인 기업가에 관한 연구들이 많았다. 그러나 최근에 소셜벤처에서 사업성과를 이끄는 핵심요인을 도출하는 틀이나 종래와는 다른 새로운 사업내용, 제공방법, 사업시스템의 실현과정에 관한 이론모델에 대하여 사례연구를 통해 검증해 나가는 과정이 중요해지고 있다. 본 연구에서는 한일 소셜벤처 플랫폼의 대표적인 현장사례를 통해 소셜벤처의 생태계 구축이 구체적으로 어떻게 이루어지고 있는지에 대하여 살펴보고자 한다.

제3절 소셜벤처의 한일 비교: 일본 ETIC과 서울 헤이그라운드

1. 일본 소셜벤처 ETIC의 운영 현황 및 실태

일본에서는 소셜비즈니스가 소셜벤처보다 자주 사용되는 용어로 등장하고 있다. 일본에서 소셜비즈니스의 정의로는 2008년 경

---

13) 服部篤子(2010) 「ソーシャル·イノベーションとその担い手」, 『ソーシャル'イノベーション: 営利と非営利を超えて』, 中央経済評論社, pp.23-58.
14) 嵯峨生馬(2011) 『プロボノ: 新しい社会貢献、新しい働き方』, 勁草書房, p.24.

제산업성이 발표한 '소셜비즈니스연구회보고서'에서 공표하고 있는 사회성, 사업성, 혁신성이라는 3개의 특성을 모두 갖춘 비즈니스로 정의하고 있다.[15] 첫째, 사회성은 현재 해결이 요구되고 있는 사회적 문제에 매진하는 사업활동을 사회적 미션으로 수행하고 있는가? 둘째, 사업성은 사회적 미션을 비즈니스 형태로 표현하고 계속적으로 사업활동을 수행할 수 있는가? 셋째, 혁신성은 새로운 사회적 상품이나 사회서비스, 그것을 제공하기 위한 사회구조를 개발하고 활용하고 있는가? 등이다.

이러한 요건을 갖춘 소셜비즈니스로는 주식회사, 사업형NPO, 중간법인 등 다양한 업종형태를 생각할 수 있다. 일반적으로 일본에서 소셜비즈니스 조직은 사회적 목적 실현을 위해 설립된 영리 혹은 비영리기업을 모두 포함하고 있지만 한국에서는 소셜비즈니스가 비영리기업을 지칭하고 소셜벤처는 영리기업 혹은 비영리기업을 모두 포함하고 있는 경우가 많다. 하지만 공통점은 사회적 문제의 해결을 조직의 최우선의 목적으로 하고 있으며 유상의 노동력을 사용하여 스스로 재화나 서비스의 제공 및 판매를 수행하고 사회적 소유와 민주적 경영, 이해관계자의 참가, 배당 제한과 이윤 재투자 등을 들 수 있다.[16] 사회적 문제로는 빈곤, 장애자복지, 어린이 양육, 고령자 요양보호, 지역활성화, 인권문제 등이 이러한 범주에 해당되고 있다.

일본에서 소셜벤처를 지원하는 중간지원조직으로서 1990년대

15) 経済産業省(2008)『ソーシャルビジネス研究会報告書』, p.3.

16) 竹内英二(2015)「ソーシャルビジネスの支援のあり方」,『日本のソーシャルビジネス』, 同友館, pp.118-127.

부터 활동하고 있는 NPO법인 ETIC이 대표적으로 인적 물적지원 등 혁신적 사업에 대한 자금제공과 경영지원을 수행하고 있다. 기타 일본 펀드레이징협회나 소셜벤처 파트너스 동경 등이 있다. 소셜벤처 분야에서 창업하는 사회적기업가의 육성도 활발히 이루어지고 있는데 ETIC은 2001년부터 사회적기업 스쿨을 운영하여 소셜벤처를 다수 배출하고 있다. 사회적기업 스쿨은 ETIC이 NEC, 가오, NTT도코모 등의 기업과 CSR활동 및 파트너십을 연계하여 실시하였다.[17]

ETIC은 1993년 학생창업가 전국네트워크 조직으로 출발하여 2000년 NPO법인화되었다. 청년세대가 뜻을 품고 도전하여 행동하는 것이 차세대의 원동력이 된다는 신념으로 청년기업가를 육성하여 사회적 문제 해결을 지향하는 사회적기업을 지원하고 있다. 중소벤처기업의 인턴십을 활용한 리더육성이나 창업지원, 지역사회 고용창출 등에 힘쓰고 있으며 지금까지 약 400명이상의 사회적기업을 육성해왔다. 1996년 중소벤처기업이나 NPO에서의 장기실천형 인턴십프로그램을 사업화 했으며 2001년에는 사회적기업가 육성지원을 시작하여 일본 최초 사회적기업 비즈니스플랜 콘테스트 'STYLE'과 사회적기업 창업스쿨 등의 프로그램을 진행했다. 2004년부터 전국지역 인재육성을 지원하는 챌린지커뮤니티 프로젝트를 개시하여 전국 60개 지역으로 확대하였다. 2011년부터는 지진복구지원에 주력하였으며 공동체재생, 산업부흥 등 동북전역 약 100개 프로젝트에 200명의 전문가를 파견하였다.[18] 또

17) 村山貞幸(2017) 「日本におけるソーシャルビジネスの現状と課題」, 『多摩大学研究紀要経営学情報研究』, No.21, pp.64-67.

한 일본사회에 소셜임팩트(Social Impact)를 창출하는 소셜비즈니스 발굴이나 경영지원에 힘쓰고 있다(〈표 10-1〉 참조).

▮표 10-1▮ 일본 동경 ETIC[19] 소셜벤처의 활동성과(2018년 5월 기준)[20]

활동구분	특정비영리활동법인 ETIC
규모	- 1993년 설립 2000년 3월 법인화(특정비영리활동법인) - 종업원 80명(전업50명) - 연간 예산 6억 엔 - 목표: '사람을 만든다, 사회를 만든다, 일본을 만든다.'는 모토로 리더육성(변화가 빠른 사회도래-사회를 만드는 역할자인 인재양성이 가장 확실하고 효과가 큼)
기업가 정신양성	- 1997년 이후 장기실천형 인턴십을 통한 기업가정신 양성 - 창업기 벤처기업/NPO경영자의 도우미로 미래 리더가 될 잠재력 있는 대학생 매칭 - 새로운 가치를 창출하는 현장에서 뛰어난 리더와 실습경험을 통해 실무적 스킬과 기업가에 필요한 마인드 양성 - 과거 18년간 대학생 3,000명, 약 2,000개사의 벤처기업과 NPO참가, 200명의 기업가/대기업, 메가벤처 중 신규사업을 담당하는 리더로서 활약하는 인재배출
청년 사회적 기업가지원/육성	- 2002년 이후 IT벤처붐을 통해 영리벤처지원의 생태계가 정비되는 가운데 비영리/사회적기업 지원의 생태계(Ecosystem)구축에 진력 - 선배경영자/대기업, 행정력을 동원하여 15년간 700명 이상 지원

18) NPO法人ETIC：https://www.jpmorgan.com/jpmpdf/1320678376988.pdf 2019.10.07.).

19) 일본 NPO법인 ETIC(Entrepreneurial Training for Innovative Communities).

20) 특정비영리활동법인 ETIC: http://www.jma.or.jp/kaikalab/common/pdf/etic.pdf#search=%27ETIC%27(검색일자 2019.10.07.)의 내용을 참고로 필자가 작성하였다.

활동구분	특정비영리활동법인 ETIC
지역생태계 구축 지원	- 2005년 이후 지역에서 도전자가 증가하는 생태계 만들기 지원 - 전국으로 확대되는 지역혁신 담당자와 공동체 만들기, 2004년 개시 2016년 65개 단체와 연계 - 동북지역 중간코디네이터 260명 중 60% 지역정착, 10% 창업 - 지역에 헌신하는 청년 1,137명(단기 900명, 장기 237명) - 더불어 챌린지 191개 대학, 115개 자치단체 참가
복구지원 파견	- 2011년 이후 인재파견을 중심으로 한 동일본지진 복구지원 - 3년간 약200명의 지원자를 100개의 프로젝트에 파견, 이들 중 지역 정착율 60%이상, 현지 코디네이터 및 허브기능을 가진 '마을인사부'를 자치단체와 설치 중 - 파견사업: 교육 13%, 산업진흥 26%, 중간지원 23%, 의료복지 19%, 공동체 재생 19% 등 - 파견자연령층: 20대 전반 43%, 20대 후반 28%, 30대 26%. 40대 3% 등

2. 성수동 소셜벤처 밸리의 운영 현황 및 실태

서울성수동은 2012년 방송된 청년 사회적기업가에 관한 다큐멘터리를 통해 화제가 된 곳이다. 서울 유일의 준공업지역이었던 성수동지역은 과거 구두공장이 즐비했었지만 지금은 혁신적인 아이디어를 제안하는 사회적기업들이 집적하여 「소셜벤처 밸리(Social Venture Valley)」로 불리고 있다. 현재 총 250개사의 사회적기업이 집결되어 있다(〈표 10-2〉 참조).

입주기업 중 '서울그린트러스트'는 거리, 이웃, 꽃을 주제로 한 환경교육 프로그램을 운영하고 있으며 서울 숲 공원의 조성과 관

❙ 표 10-2 ❙ 서울성수동 헤이그라운드 소셜벤처 업종 및 운영방식[21)]

구분	루트임팩트 헤이그라운드
규모	- 2017년 설립, 7층 규모, 1-2층 카페 공용 공간, 3층-7층 사무공간 및 회의실 - 2020년 서울숲점 2배 규모 오픈 예정 - 현재 80개사 550명 정도 입주
소셜벤처 업종	- 지원/투자 9개, 교육/상담 9개, 제조 8개, 디자인/개발 5개, IT/플랫폼 13개, 기획/컨설팅 14개, 건축 2개, 출판 2개, 다문화커뮤니티 1개, 물류 1개, 미디어 1개, 유통/급식 1개 - 2019년 8월 총11개 업종 66개 벤처기업
소셜벤처 형태	- 영리법인 33개, 비영리 법인 10개, 개인사업자 23개 - 주식회사 31개, 사단법인 8개, (예비)사회적기업1개, 비영리단체 1개, 기타 25개
운영방식	- 장기적 비전: 임팩트 생태계조성 - 사업전략 WORK: 공간관리, 멤버십, 커뮤니티 매니지먼트, 기업성장지원 강의 컨설팅 LIFE: 온라인 지원-마디 앱 음성SNS플랫폼 오프라인 지원-거주공간 및 문화공간, 복리후생 LEARN: 대학생, 경력단절 여성 사회적 문제 기본 역량강화 및 취업연결

리 플라워페스티벌 개최 등을 추진하고 있다. '마리몬드'는 일본군위안부 피해자의 스토리를 많은 사람들에게 알리기 위해 피해자가 '원예심리치료'의 과정에서 꽃을 눌러 만든 작품을 모티브로 가방이나 스마트폰 케이스 등의 패션디자인작품을 제작하여 판매

21) 본문의 내용을 바탕으로 필자 작성.

하고 있다. 수익금의 일부는 일본군위안부역사관 건설과 운영자금으로 사용되고 있다. '이노베이션 라이브러리'는 서점이지만 무료로 책을 빌려주고 있다. 또한 일반시민들이 다양한 사회적 문제나 혁신에 대하여 토론하는 장소로도 활용되고 있다. 그밖에도 빈부격차에 관계없이 사교육을 받을 수 있는 기회를 부여하는 교육관계의 사회적기업, 홈리스를 고용하여 그들의 자립을 지원하는 택배업자, 사회적기업에서 일하는 사람이나 사회적기업가를 꿈꾸고 있는 사람들을 위한 쉐어하우스(Share House) 등도 준비되어 있다.

2017년 6월에 오픈한 헤이그라운드(Hey Ground)는 비영리사단법인으로 '루트임팩트(Root Impact)'가 250억원의 자금을 투자하여 건설한 지상8층, 지하2층의 건물로 구성되어 있다. 루트임팩트는 설계단계에서 체인지메이커와 협력하여 입주단체에 시장가격보다 싼 가격으로 사무공간을 제공하고 있다. 지난 해 10월 문재인대통령이 방문한 이후 주목받고 있는 헤이그라운드는 사회적기업, 비영리단체, NGO, 사회혁신지원조직, 프로보노 등 약 80개사가 입주해 있다.

2012년 7월에 설립된 루트임팩트는 사회적기업가나 비영리단체에서 일하는 사람 등 사회를 긍정적으로 변화시키기 위해 노력하는 사람들을 체인지메이커(Change Maker)로 부르고 있다. 영리활동에 소극적인 사회적기업가 등 비즈니스를 수행하는 동안 좌절하지 않도록 약 500여명의 체인지메이커를 다양한 분야에서 양성하는 사업을 진행하고 있다.

루트임팩트 이외에도 사회적기업가의 자립을 지원하는 인큐베이터 회사가 소풍(Sopoong)이다. 소풍이 초기투자 했던 카쉐어링 회사의 SOCAR나 온라인클라우드펀딩 플랫폼의 '텀블벅' 등은 수십억원 이상의 투자를 받고 있는 중견기업으로 성장하였다. 소풍은 사회적기업가에게 자사의 사무소를 코워킹 스페이스나 회의실로 무료로 개방하고 있다. 이곳에서는 사회적기업가와 같은 가치관을 공유한 개인들에 의해 산지직송의 국내산농산물을 이용하는 레스토랑, 과거 인쇄소였던 건물을 리모델링한 카페, 지역맥주 바, 버려진 지하공간을 이용한 파티 홀의 운영 등 다양한 비즈니스가 이루어지고 있다. 또한 오래된 창고나 공장을 카페나 갤러리, 스튜디오 등으로 개장하여 다양한 문화이벤트 등도 개최하고 있다.

다양한 분야의 비영리기업이나 단체가 집결하여 '청년의 거리'로 변신한 성수동은 과거 젠트리피케이션(Gentrification) 현상이 발생하였지만 성수동이 속한 성동구는 젠트리피케이션 방지조례를 제정하는 등 이 문제를 적극적으로 해결하려고 노력하였다. 이러한 노력 중 하나가 언더스탠드 애버뉴(UNDERSTAND AVENNUE)이다. 성수동의 '서울숲점'에 인접하고 있는 언더스탠드 애버뉴는 성동구와 비영리단체인 문화예술사회공헌 네트워크(ARCON), 그리고 롯데면세점과 MOU를 체결하고 102억원의 사회공헌기금을 조성하여 2016년 오픈한 퍼블릭 문화복합공간이다. 총 116개의 컨테이너를 3층으로 쌓아올린 특이한 디자인의 건물내부는 Youth, Heart, Mom, Art, Power, Social, Open 등 7개의 주제로 구분되어 있다. 각각의 공간들은 청년실업자나 결혼 등에 의한 경력단절여성, 국제결혼여성, 청년 소셜벤처, 아티스트 등의 자립과 성장을 돕는 공간으로 활용되고 있다.

제4절 소셜벤처와 사회적 공헌

이 장의 목적은 소셜벤처의 혁신적인 마인드와 리더십의 양성 장소인 한일간 대표적인 사례를 분석하는데 있다. 사회적기업가는 비영리이지만 동시에 벤처기업가이기도 하다. 왜냐하면 기업 창업이나 가치창조의 원형이라 할 수 있는 현장을 가지고 있기 때문이다. 또한 매우 곤란한 상황이나 자원이 부족한 상황에 있는 기업이 아이디어를 원동력으로 주위의 힘을 빌려 끈기로 무언가를 만들어가는 마인드나 근성, 스킬을 자연스럽게 습득해 가기 때문이다. 소셜벤처(Social Venture)는 사회적 공헌이나 사회적 문제를 비즈니스를 통해 해결하기 위해 창업한 벤처기업 혹은 벤처프로젝트라고 할 수 있다. 본 장에서는 한일 대표적인 소셜벤처의 사례인 일본의 ETIC과 서울성수동 헤이그라운드(Hey Ground) 사례의 비교분석을 통해 차이점과 시사점을 도출하였다.

본 장에서 나타난 연구결과 및 시사점은 다음과 같다. 첫째, 소셜벤처는 벤처비즈니스로 성공한 기업가들이 사회적 공헌분야에서 비즈니스마인드와 투자가 마인드를 결합하여 기부세계에 적용하는 것으로 나타났다. 따라서 투자성과를 요구하는 벤처비즈니스의 투자가 마인드에 대하여 자금을 지원받는 소셜벤처는 비즈니스마인드를 발휘하여 기대에 부응하려고 노력하는 양자 간의 긴장구도가 형성되어 소셜이노베이션(Social Innovation: Change Maker)을 가속화시키는 방향으로 작용할 가능성을 가지고 있다.

둘째, NPO법인 ETIC은 일본에서 소셜벤처를 지원하는 중간지원조직으로서 1990년대부터 활동하였으며 청년기업가들에게 인적 물적지원 등 사회혁신 사업에 대한 자금제공과 경영지원을 수행해 왔다. 주요 사업으로는 소셜벤처의 기업가정신 함양, 청년사회적기업가 지원육성, 소셜벤처 생태계 구축 등이었다.

셋째, 루트임팩트는 2012년 7월 사회적기업가나 비영리단체에서 일하는 사람 등 사회를 긍정적으로 변화시키기 위해 노력하는 체인지메이커(Change Maker)의 양성을 목적으로 설립되었다. 2017년 6월에 오픈한 헤이그라운드는 비영리사단법인으로 '루트임팩트'가 250억원을 투자하여 소셜벤처를 대상으로 사무공간을 제공하였으며 사회적기업, 비영리단체, NGO, 사회혁신지원조직, 프로보노 등 약 80개사에 550명 정도가 입주하고 있다.

넷째, 소셜벤처의 한일 간 사례연구결과 공통점은 청년사회적기업가 양성으로 일본의 경우 동경을 중심으로 지역, 대학 등 전국적 네트워크를 구축하고 있지만 한국은 초기 단계로 아직까지 서울을 중심으로 한 청년 소셜벤처양성에 주력하고 있는 것으로 나타났다. 일본의 경우 동경을 중심으로 지역, 대학 등 전국적 네트워크를 구축하고 있지만 한국은 초기 단계로 아직까지 서울을 중심으로 청년 소셜벤처양성을 촉진하는 체인지메이커(Change Maker) 양성역할과 소셜벤처의 생태계(Ecosystem)구축에 노력하고 있는 것으로 나타났다.

Chapter 11

맺음말

이 책의 내용은 사회적경제가 시장으로부터 어떻게 지지를 얻어 사업화되며 사회적 관계나 제도변화에 영향을 미치고 새로운 사회적 경제적 가치를 창출하여 사회적 문제 해결로 연결되는지를 구체적으로 한국과 일본의 사례를 통해 살펴보는데 있다. 이 책에서 사회적경제는 사회적기업가, 사회적기업, 사회혁신을 포괄하는 용어로 사용하고 있다. 구체적으로 사회적 문제를 해결하려는 도전적인 사람이나 조직, 공동체 등을 가리키기도 한다. 영어로는 사회적기업가 혹은 기업가 정신(Social Entrepreneurship)과도 유사한 개념으로 사용하였다. 사회적기업은 유연한 발상으로 사회적 문제에 도전하여 혁신적으로 해결하려는 기업조직이라는 개념이 강하다.

사회적경제의 출현은 전 세계의 글로벌화에 따른 다양한 사회적 문제의 발생과 장기화, 혹은 사회적 상황의 부정적인 연쇄반응이 일어나고 날로 심각해지는 현상 등 국제적으로도 공통적으로 나타나고 있는 사회적 요인 때문이라고 할 수 있다. 통상 자본주의 시장경제에서 사회적 문제, 혹은 사회적 수요(Needs)는 시장개입을 통해 해결되는 것으로 생각되어 왔다. 그러나 자본주의 경제시스템은 오늘날 발생되고 있는 다양한 사회적 문제를 해결하기에는 일정한 한계를 노출하고 있으며 사회적기업이라는 새로운 수단과 방법을 필요로 하고 있다. 가령 자본주의의 사회구조적 문제로 발생되는 사회취약계층의 빈곤문제해결 등은 사회보장제도에 의한 공적제도의 지원뿐만 아니라 봉사활동이나 NPO활동, 사회적기업 등 민간부문의 사회적 공헌이 필요하게 되었다. 때문에 이러한 사회적 문제를 발생시키는 사회구조를 이해하고 문제가 발생하는 원인으로부터 사회적기업의 창업에 접근하려는 관점이 매우 중요하다. 사회적경제는 이러한 세계적 추세와 필요에 의해 탄생되었다.

이러한 사회적 문제의 해결에 도전하는 인재로서 사회적기업가와 조직체인 사회적기업에 대하여 1990년대 초부터 유럽을 중심으로 열띤 논쟁이 확산되어 왔다. 이에 따라 한국에서도 2000년대 이후 사회적기업가를 육성하기 위한 대학이나 지원조직의 설립이 진행되었으며 사회적기업을 양성하기 위한 법률제정 및 사회적 문제에 초점을 둔 사회적기업이나 지원조직을 적극 육성해 왔다. 구체적으로 사회적 문제는 산업의 문제라고 할 수 있는 지역기업 감소, 폐업, 지역소득 감소, 취업감소와 실업자 증가, 지역산업쇠퇴와 도시재생, 농촌고령화와 일손부족, 지역인프라 한계, 산업의 해외이전과 기업유치 한계 등이 있다. 생활문제로서는 학교나 병원 폐쇄, 교통수단부족 등이 있으며 사회구조적인 문제로는 인구감소와 고령화에 따른 지역존폐 문제 등이 있다. 따라서 우리 주변에 산재해 있는 모든 문제들이 사회적 문제라 할 수 있고 이를 해결하기 위한 수단과 방법이 사회적경제라고 할 수 있다.

사회적경제는 사회적 문제(사회성), 지속 가능한 사업활동(사업성), 새로운 사회적 상품과 서비스, 그리고 그것을 제공하기 위한 사회구조 개발이나 활용 등 새로운 사회적 가치창출을 통한 개인의 가치와 의식제도의 혁신을 포함하고 있다. 슘페터(Schumpeter)는 사회혁신의 특징에 대하여 사회적 문제의 악화, 시스템의 기능저하, 현재 직면한 다양한 문제에 대응할 수 없는 시대착오적인 제도와 같은 사회 구조의 기능불능을 파괴하는 행위라고 주장한 바 있다. 따라서 사회적기업의 혁신성은 사회적 이노베이션(Social Innovation)이라고 할 수 있다. 이는 사회적 문제에 대하여 혁신적인 해결방법이 필요하기 때문이다. 사회혁신은 사회공헌이나 사회문제 해결을 위한 아이디어제시, 사업화모델, 사회구조 등 세 가지로 구성된다. 사회혁신은 사회구조가 사회문제에 대응할 수 없을 때 문제해결을 위한 참신한 아이디어와 수단을 가리킨다. 이것이 현실생활에서 실천되었을 때 혁신이 발생하게 된다. 때문에 사회혁신은 사회전체에 해당되는 활동을 지금까지의 방법과는 다른 차원에서 사회적 목적을 실현하기 위한 새로운 아이디어로부터 시작된다고 볼 수 있다.

지금까지 고도화된 자본주의체제 하에서 사회적 문제의 발생과 이를 해결하려는 시도는 다양한 방법과 수단을 통해 전개되어 왔다. 이들 중 대표적인 방법이 사회적경제의 양성과 사회적기업가의 육성이라 할 수 있다. 이 책은 이러한 사회적 문제의 해결방안으로서 사회적경제가 한국과 일본에서 어떻게 전개되어왔는지 구체적인 사례를 통해 살펴보았다. 먼저 한국에서의 사회적경제의 실천사례를 살펴보고 더 나아가 일본에서의 사회적경제의 다양한 사례들을 분석하였다. 연구결과는 다음과 같다.

첫째, 사회적경제의 주요 과제인 비경제적 동기에 기반한 사회와 경제를 연계하는 현실적인 문제는 무엇이며 사회적기업의 인증전환상의 조직형태, 기업유형, 서비스분야별 분포의 특징과 의미, 기업인증상의 미전환 사유 등에 대하여 살펴보았다. 한국에서 사회적경제는 2011년 이후 본격적인 활동을 개시했지만 일자리 창출효과는 2017년 이후에 나타나고 있다. 이러한 연구결과는 사회적경제가 사회적 문제해결과 경제활동의 융합을 통해 점차 비경제적 동기에 관심을 두고 지역사회 문제해결과 지역경제 활성화에 기여하고 있음을 시사하고 있다.

둘째, 도시재생사업은 도시쇠퇴 지역에 거주하는 주민들을 대상으로 지역공동체 활성화를 시도하는 것이 주요 목적이다. 도시쇠퇴의 사회적 문제를 해결하기 위한 사업이라 할 수 있다. 도시재생의 차원에서 서울시 마을공동체사업을 살펴본 결과, 기존의 사회적경제조직에다 마을공동체조직을 융합시킴으로서 주민들의 등장과 참여를 촉진시키고 이를 통해 지역사회의 시민생태계를 구축하여 동반성장을 유도한 것이 주효한 것으로 나타났다.

셋째, 일본에서 사회적기업(Social Enterprise) 활동이 지역고용창출에 미치는 효과에 대하여 사례를 통해 살펴본 결과, 취약계층을 대상으로 한 고용창출, 사회서비스나 커뮤니티 돌봄 서비스와 같은 지역성이 강한 서비스들로 구성되어 있는 것으로 나타났다. 이들 사회적기업의 서비스 중에는 사회적 배제와 지역주민의 생활문제 해결을 통한 사회적 포용문제가 직접적으로 연계되어 있는 나타났다.

넷째, 일본에서의 평생교육의 변천과정을 살펴보고 이를 통한 생애학습과 고용창출효과에 초점을 두고 사례를 분석하였다. 분석결과, 평생교육이 종래의 교양과 취미를 위한 평생학습에 만족하지 않고 봉사활동을 수행하기 위한 경제활동의 준비, 자격 취득을 위한 평생학습이 강조되고 있는 것으로 나타났다. 또한 종래 평생교육이 여가의 연장선에서 이해되는 경향이 있었지만 지역사회의 문제를 주민들 스스로가 극복해나가기 위한 주민역량을 강화하기 위한 교육프로그램으로 전환된 것으로 나타났다.

다섯째, 일본정부가 지방의 인구감소, 고령화, 지역쇠퇴 등 다양한 사회적 문제에 직면하여 시행하고 있는 사회적경제를 통한 지역활성화 사례를 살펴보았다. 사회적경제와 지역활성화는 상호 밀접한 관련성을 가지고 있는 것으로 나타났다. 지역활성화는 쇠퇴한 지역을 재생한다는 의미인데 이는 경제적 측면이나 사회 환경적 측면뿐만 아니라 사회로부터 소외된 지역이나 개인의 생활을 개선하도록 지역주민의 역량을 강화하고 지역소외와 빈곤상태를 개선하는 것을 의미한다. 이런 점에서 지역활성화는 지역경제의 쇠퇴, 지역사회 공동체 붕괴, 교육수준의 저하, 마을만들기, 저출산·고령화 대책 등 다양한 문제들과 연관되어 있다. 구체적인 지역활성화 사업들은 사회적으로 배제된 빈곤지역에 대한 대책으로 고용, 교육, 건강, 범죄, 주택 등의 사회적 문제를 포함하고 있다. 사회적경제와 지역활성화는 상호 보완적인 관계에 있는 것으로 나타났다. 따라서 지역활성화를 목표로 하는 사회적경제가 지역의 사회적관계자본을 유용하게 활용하여 지역 사회연대의 회복에 큰 역할을 담당하고 있는 것으로 나타났다.

여섯째, 한일전통시장의 정책적 전개과정에서 사회구조적 전환을 강조하는 사회적경제 개념의 도입과정을 분석하였다. 한일전통시장은 시간적 차이는 있지만 내부적으로 저출산고령화, 매출액 감소, 이로 인한 빈 공간 유휴지의 증가와 지역쇠퇴 등으로 이어지고 있다. 이러한 전통시장의 사회구조적 문제를 해결하기 위한 정책 중의 하나가 사회적경제 개념의 도입이라 할 수 있다. 사회적경제 개념은 전통시장이 직면한 저출산고령화와 도시공동화 등 지역 상점가의 쇠퇴에 따른 지역사회의 구조적 문제해결과도 밀접히 관련되어 있다. 그러나 전통시장의 활성화는 근본적으로 사회구조적인 측면에서 상인 스스로가 혁신적인 의식개혁을 주도하고 주변 환경을 전환시키기 위한 노력이 더욱 중요한 것으로 나타났다.

일곱째, 일본대학에서 창학정신과 봉사활동의 출현배경, 봉사활동이 서비스러닝으로 전환되어가는 과정, 봉사활동이 교과 및 비교과 교육과정과 연계되어 지역의 사회적 문제를 해결하기 위해 실제로 서비스러닝교육이 어떻게 사회적경제와 연계되어 있는지를 살펴보았다. 일본대학의 서비스러닝교육은 단순 봉사활동에서 현장경험학습을 중시하는 서비스러닝교육이라는 정교한 형태로 사회적 문제해결을 위한 교과 및 비교과와 연계되어 발전해온 것으로 나타났다. 과거 일본대학에서 사회적경제가 이론중심의 대학교육의 단점을 보완하는 현장중심의 대안교육으로 등장했던 것처럼 서비스러닝교육도 기존 봉사활동의 단점을 보완하는 대안교육으로 등장하고 있는 것으로 나타났다.

여덟째, 기업의 창업과정과 성장과정에서 매우 유사하면서도 상이한 특성을 가진 사회적경제와 디아스포라경제의 비교를 통해 경제활동의 차이, 창업동기(요인), 기업가정신을 살펴보았다. 사회적경제는 일반경제의 틈새시장(경계경제)에서 창업혁신과 사회적 가치창출이 기업의 생존을 좌우하게 되는데 유사하게 디아스포라경제도 호스트사회에서 생존하기 위해 현지기업과의 틈새시장에서 창업혁신을 통해 민족적 가치창출을 도모해야 한다. 이들 두 경제의 유사성은 문화적 요인과 사회적 네트워크(Social Network)를 동원한 수익창출과 사회적경제의 가치창출에 있다는 점이다. 디아스포라경제는 사회적경제와 마찬가지로 일정한 사회 내에서 당면한 사회적 문제해결이라는 틈새시장에서 창업진출의 한계를 보이고 있지만 실패를 두려워하지 않는 과감한 도전정신과 창업혁신의 기업가정신을 필요로 한다는 점에서 많은 유사성을 공유하고 있는 것으로 나타났다.

아홉째, 사회적경제의 혁신적인 마인드와 리더십의 양성장소인 한일간 소셜벤처의 혁신사례를 분석하였다. 소셜벤처(Social Venture)는 사회적 문제에 대해 비즈니스를 통해 해결함으로써 사회적 공헌이나 벤처기업의 창업을 유도하는 벤처프로젝트라고 할 수 있다. 사회적경제는 비영리이지만 동시에 벤처기업으로 이는 기업창업이나 가치창출의 현장을 가지고 있기 때문이다. 또한 소셜벤처는 경제적으로 매우 곤란한 상황이나 자원이 부족한 상황에서 아이디어를 원동력으로 주위의 힘을 모아 끈기와 용기로 무언가를 해결해 나가는 마인드나 근성, 스킬을 자연스럽게 습득해 나가는 과정을 중시한다. 소셜벤처의 한일 간 연구결과 공통점은 청년 사회적기업가 양성이다. 상이점은 일본의 경우 동경을 중심으로 지역, 대학 등 전국적 네트워크를 구축하고 있지만 한국은 초기 단계로 아직까지 서울을 중심으로 한 청년 소셜벤처가 양성에 주력하고 있는 것으로 나타났다. 일본의 경우 동경을 중심으로 지역, 대학 등 전국적 네트워크를 구축하고 있지만 한국은 초기 단계로 아직까지 서울을 중심으로 청년 소셜벤처양성을 촉진하는 체인지메이커(Change Maker) 양성역할과 소셜벤처의 생태계(Ecosystem)구축에 노력하고 있는 것으로 나타났다.

이상과 같이 일반적으로 한국에서 사회적경제는 사회양극화 해소, 일자리 창출 등 공동의 이익과 사회적 가치를 실현하기 위한 사회적 경제조직(사회적기업, 협동조합, 마을기업 등)들이 수행하는 모든 경제적 활동을 총칭한다. 또한 사회적경제는 사회적 빈곤이나 사회적 소외에 직면한 지역의 활성화 수단으로 지역의 단계적 역량 강화를 통해 기존 국가시스템이나 시장으로부터 배제되고 있는 사람들을 어떻게 포용할 것인가를 중요한 아젠다로 삼고 있다. 사회적 포용수단인 사회적경제의 고용창출은 주로 조성금에 의한 고용창출형, 사회적 약자들에게 안정된 직장을 제공하는 고용창출형, 정신적 육체적 장애자들을 위한 사회화 목적형, 직업훈련 기회나 매개노동시장을 통한 과도기적 고용제공형 등이 있다. 정부가 고용창출이나 지역활성화정책을 사회적경제가 활동하기 위한 조건정책으로 적극적으로 추진한다면 사회적경제들이 지금보다 훨씬 적극적으로 사회적 문제해결에 필요한 다양한 서비스를 전개할 수 있을 것으로 생각된다. 더불어 사회적경제는 고용창출확대나 기업의 경제적 성공(고용창출효과나 매출액의 성장 등)도 매우 중요하지만, 조직 내 민주적 운영과 사회혁신의 주체이기 때문에 지역과의 연대, 사회적 네트워크 구축, 사회적 자본의 가치실현, 노동의 형태 등 해결해야 할 과제들도 산적해 있다.

이 책은 사회적경제의 출현과정과 양상에 대하여 한국과 일본을 중심으로 다양한 혁신의 실천사례들을 제시하고 있다. 또한 사회적경제의 역사적 전개과정과 현상을 통해 사회적경제의 과거와 현재를 조명하고 미래를 예측할 수 있게 해준다는 점에서 큰 의미가 있다고 생각한다. 한국정부가 지향하는 사회적경제의 전국적 확대와 활성화는 사람 중심 경제와 포용국가를 완성해나가는 과정의 하나라고 생각된다. 이를 완성해 나가기 위해서는 사회적경제에 대한 지속적인 연구와 다방면의 후속연구가 뒤따라야 할 것으로 생각된다.

참고문헌

▪ 국내 문헌

경기도 도시재생지원센터(2018)『경기도 도시재생지원센터 2018년 운영성과』, 수원: 경기도 도시재생지원센터.

김광중(2010)「한국 도시쇠퇴의 원인과 특성」,『한국도시지리학회지』, 13(2), pp.43-58.

김귀순(2019)「신도시개발과 도시재생의 나아갈 방향」,『한국환경정책학회 학술대회논문집』, 한국환경학회, pp.35-42.

김나현·김경배(2018)「도시재생과 사회적경제 개념을 활용한 빌라촌 재생 계획 모델에 관한 연구」,『대한건축학회 추계학술발표대회논문집』, 32(2), pp.649-650.

김은란·강미나(2019)『영국과 일본의 빈집 관리정책과 시사점』, 국토정책 Brief, 1-8.

김학만·권정만(2019)「사회적 용어를 중심으로 한 사회적경제의 개념에 대한 시론」,『사회적경제와 정책연구』, 9(1), pp.35-56.

김호석(2018)「대학생들의 전통시장 먹거리 인식에 대한 주관성 연구」,『한국콘텐츠학회논문지』, 18, 한국콘텐츠학회, pp.277-284.

김일태·임영언(2018)「사회적기업의 지역재생과 활성화: 일본의 사례」,『사회적경제의 정책과 실천』, 전남대학교출판문화원, pp.285-313.

박재수(2018)「전통시장과 도심활성화」,『대한경영학회 학술발표대회논문집』, 대한경영학회, p.104.

박연정·김훈(2019)「전주 선미촌 도시재생의 특징에 관한 연구」,『한국주거학회논문집』, 30(1), 한국주거학회, pp.87-96.

사회적기업진흥원(2019)『한 손에 잡히는 사회적기업』, 경기: 사회적기업진흥원, p.4.

신명호(2009)「한국의 '사회적경제' 개념 정립을 위한 시론」,『동향과 전망』, 75, pp.11-46.

이나영·안재섭(2014)「문화적 도시재생전략의 사례 연구」,『한국사진지리학회지』,

24(4), pp.109-122.

송정현(2017)「일본 장수기업의 기업문화와 사회적기업에 관한 연구」,『대한일어일문학회 학술대회발표논문 요지집』, 대한일어일문학회, pp.153-155.

이상준·송지현·이정수(2010)「전통시장 유형별 활성화 방안 연구-충청남도 전통시장을 대상으로」,『Urban Design』, 40, 한국도시설계학회, pp.113-128.

이정희·김명수·조정형(2018)「골드키즈(Gold Kids) 트렌드로 접근한 전통시장 활성화 방안 연구: 부산 자갈치시장을 대상으로」,『한국디자인학회 학술발표대회 논문집』, 한국디자인학회, pp.124-125.

이범현·남성우·김영현(2019)「도시재생 측면에서 입체도시계호기의 기능과 제도 개선 방안」『한국콘텐츠학회논문지』, 19, 한국콘텐츠학회, pp.516-524.

이해진(2019)「사회적경제 조직의 지속가능성과 협력 네트워크 조직의 관계-중앙정부, 지자체, 시민단체를 중심으로-」,『사회적경제와 정책연구』, 9(1), pp.57-89.

이우형·김일태(2016)「일본의 지역고용정책과 사회적경제의 일자리 창출」,『사회적경제와 지역혁신』, 전남대학교출판부, pp.247-293.

우은지·남기영(2018)「상인주도의 골목상권 활성화를 위한 디자인 개입 장치 가이드라인」,『한국디자인학회발표논문집』, 한국디자인학회, pp.128-133.

임영언(2017)「일본에서의 사회적 기업문화가 고용창출에 미치는 효과」,『대한일어일문학회 학술대회발표논문 요지집』, 대한일어일문학회, pp.285-292.

임영언·김일태 (2018)「일본 사회적기업의 일자리창출과 고용확대 효과 연구」,『인문사회21』, 9(1), pp.781-793.

임영언 외(2019)「사회적경제 관점에서 도시쇠퇴의 공간지리적 특성과 도시재생의 정책적 추진방향 고찰-대전광역시 대덕구 오정동의 지역사례를 중심으로」,『한국사진지리학회지』, 29(2), pp.13-28.

임영언 외(2019)「사회적경제기업의 인증전환과정상의 특성 고찰」,『인문사회21』, pp.615-627.

임영언 외(2019)「한일전통시장정책의 전개과정에 관한 고찰-사회적경제의 관점에서」,『일어일문학회』.

임영언 외(2019)「사회적경제와 디아스포라경제의 비교고찰: 일본 호남한상인 창업방법과 기업가정신 사례 분석」,『재외한인연구』, 49, pp.105-135.

임계호(2019)『경기도민이 함께 만드는 경기도형 도시재생 뉴딜사업』, 국토,

pp.54-62.

임현성·김충호(2019) 「도시쇠퇴의 공간적 실태분석 및 정책개선방향 고찰-부산시 부산진구의 사례를 중심으로」, 『국토계획』, 54(1), pp.186-198.

유창복(2015)『도시에서 행복한 마을공동체는 가능한가?』, 휴머니스트.

장대철(2019) 『HNU 사회적경제 세미나자료』, 대전: 한남사회혁신원, pp.24-25.

장윤배·봉인식·이정임·김채만·최준규·강성익·조하영(2018) 『경기도 도시재생 전략 및 실행방안』, 수원: 경기연구원.

정철호·이종호(2013) 「창원시 마산지역의 도시쇠퇴와 재생정책」, 『한국사진지리학회지』, 23(4), pp.191-204.

정상규·반영운(2018) 「공간 네트워크 분석을 통한 전통시장 활성화 요인 도출: 청주시 육거리 시장을 중심으로」, 『대한건축학회논문집』, 34, 대한건축학회, pp.55-61.

홍현철·유영준(2012) 「도시쇠퇴지역의 경관 분석-서울 노원구 백사마을을 대상으로」, 『한국사진지리학회지』, 22(1), pp.77-90.

▪ 해외 문헌

今井久(2013) 「ソーシャルビジネスの可能性: ローバル経済からローカル経済へ」, 『社会科学研究』, 33, 東京大学社会科学研究所, pp.1-18.

石井芳明(2010) 「英国と韓国政府の社会的企業支援: その施策から日本の課題を探る」, 『ソーシャル・イノベーション: 営利と非営利を超えて』, 日本経済評論社, pp.95-119.

石原武政·渡辺達朗編著(2018) 『小売業起点のまちづくり』, 碩学舎中央経済社, pp.12-29.

岩月岳史(2009)「地域コミュニティ再生への一視点: 住民主導による地域経営の現状と課題」, 『立法と調査』, 290, pp.113-115.

岩満賢次(2018) 「地域再生における社会的企業の社会的所有の意義」, 『人間福祉学研究』, 4(1), p.21-28.

大守隆編著(2018) 『ソーシャル·キャピタルと経済』, ミネルヴァ書房, pp.46-47.

加藤知愛(2014) 「社会的企業による雇用創造に関する研究: 韓国の社会的企業育成政策を事例に」, 『国際広報メディア·観光学ジャーナル』, 16,

pp.4-5.

勝又英博・塚本一郎(2012)「インパクト・インベストメントによる公共サービスの改善: ソーシャル・インパクト・ボンド(SIB)を中心に」,『社会貢献によるビジネス・イノベーション:「CSR」を超えて』, 丸善出版, pp.143-168.

柏井宏之(2013)「社会的企業の展開ー日韓市民交流とその比較」,『大原社会問題研究所雑誌』, 662, p.35.

神原理(2010)「ソーシャル・ビジネスによる社会関係資本の再構築」,『社会関係資本研究論集1』, 社会関係資本研究センター, pp.89-90.

神座保彦(2005)「ソーシャル・ベンチャーとベンチャー・フィランソロピー: 慈善の世界にもベンチャーキャピタルの手法導入」,『ニッセイ基礎研REPORT』, 3.

神野直彦(2004)「地域おこしの新しいシナリオ」,『自立した地域経済のデザイン: 生産と生活の公共空間』, 有斐閣, pp.1-28.

河野和枝(2014)「日本の生涯学習政策の動向と課題: 国民の新たな「学び」に注目して」,『北星論集(社)』, 51, pp.106-111.

川瀬隆千(2006)「宮崎公立大学「ボランティア論」の評価に関する研究」,『宮崎公立大学紀要』, 14, pp.85-99.

川口夏希(2013)「フランス・るーべ市における社会連帯経済の展開と都市再生」,『人文地理』, 65(4), p.41.

金在廷(2017)『離れた区域の連携による都市再生手法に関する研究』, 日本大学大学院理工学研究科博士論文, pp.11-13.

金明姫(2014)「韓国における大学生涯学習に関する序説」,『創価大学大学院紀要』 36, pp.203-222.

木村富美子・萩原清子・堀江典子・朝日ちさと(2001)「社会的企業の特徴と社会的課題との関連に関する考察」,『地域学研究』, 43(3), pp.2-3.

忽那憲治(2014)「IPO後の高成長企業と低成長企業」,『一橋レビュー2014年AUT.』, 62(2), 東洋経済新報社, pp.6-21.

倉本哲男(2004)「サービスラーニングにおけるカリキュ…ラムの構成要素ーデベロプメント(Development)とマネジメント(Management)の側面からー」,『教育経営学研究紀要』, 7, pp.79-86.

倉本哲男(2007) 「アメリカにおけるサービス·ラーニングのカリキュラム開発論：その歴史的背景と現状」,『教育経営学研究紀要』, 10, pp.7-16.

経済産業省(2008)『ソーシャルビジネス研究会報告書』, p.3.

小林美津江(2011)「地域活性化の新しい潮流: 文化芸術の可能性と創造都市」,『立法と調査』, 314, pp.134-135.

国際基督教大学サービス·ラーニング·センター編(2005) 「サービス·ラーニング入門、サービス·ラーニング研究シリーズ, 1」, 東京, p.79.

国際基督教大学アドミッション(2019)『College of Liberal Arts』, 国際基督教大学, pp.113-114.

京都府立大学京都政策研究センター(2011)『「地域力再生」のための3×3のアドバイス: 地域力再生マニュアル』, pp.6-8.

佐藤仁(2008)「今、なぜ資源分配なのか」,『資源を見る眼ー現場からの分配論ー』, 東信堂, pp.3-33.

境新一(2010)「社会的問題解決ビジネスと社会的企業に関する考察: イタリアの社会的協同組合とイギリスのコミュニティ利益会社の事例をふまえて」,『成城·経済研究』, 187, pp.317-318.

嵯峨生馬(2011)『プロボノ: 新しい社会貢献 新しい働き方』, 勁草書房、p.24.

佐々木利廣(2013)「ソーシャルビジネスモデルのスケールアウトービジネスモデルの模倣と移転」,『経営教育研究』, 16, 日本経営教育学会, pp.17-28.

坂本忠次(2010) 「わが国社会的企業等に関する一考察」,『関西福祉大学社会福祉学部研究紀要』, 13, pp.147-154.

C. ボルザガ·J. ドゥフルニ編(内山哲朗·石塚秀雄·柳沢敏勝訳)(2004)『社会的企業: 雇用·福祉のEUサードセクタ』, 日本経済評論社, pp.472-474.

関根孝·趙時英(2008)「韓国「在来市場」の発展方向: 伝統的商業集積の活性化の途を探る」,『専修大学都市政策研究センター論文集』, 4, 専修大学都市政策研究センター, pp.193-194.

関谷龍子·大石尚子(2014)「農村地域におけるソーシャル·イノベーターとしてのＩターン者」,『仏教大学社会学部論集』, 59, pp.25-28.

田中弥生(2011)『市民社会政策論』, 東京: 明石書店.

田中美子(1997)「地域イメージ、その背景、地域のイメージの理論」,『地域のイメージダイナミクス』, 技報堂出版, pp.1-54.

田邉信(2017)「「21世紀型市民」の育成に向けた学術科目連動型サービスラーニング：Introduction to Multicultural Studiesを事例に」,『グローバル人材育成教育研究』, 4(2), pp.14-15.

竹内英二(2015)「ソーシャルビジネスの支援のあり方」,『日本のソーシャルビジネス』同友館、pp.118-127.

立田慶裕(2013)『生涯学習の学習需要の実態とその長期的変化に関する調査研究』, 平成22~24年度 プロジェクト研究調査研究報告書.

中小企業庁編(2016)『中小企業白書(2016年版)』.

塚本一郎(2008)「キーパーソンに聞く：非営利セクターの新しいモデルとしての社会的企業ー日本, イギリス, アメリカの比較」,『自治体チャンネル』, 112, pp.10-13.

崔相鉄·柳到亨(2014)「韓国における流通政策の展開と伝統的商業集積の問題性」,『流通研究』, 17, 日本商業学会, pp.45-46.

東京都(2018)『大学ボランティアセンター事例集: 設立過程と活動のレポート』, 株式会社銀座プリント, pp.35-38.

土肥將敬(2006)「ソーシャル·アントレプレナー(社会的企業家)とは何か」,『ソーシャル·エンタープライズ: 社会的企業の台頭』, 中央経済社, p.121.

土木工学·建築学委員会(2011)『提言持続可能社会における国土·地域の再生戦略』, 国土と環境分科会, p.4.

内閣府経済社会総合研究所(2010)『地域活性化システム論カリキュラム研究会中間報告書(概要版)』, pp.5-6.

中里陽子·吉村裕子·津曲隆(2015)「サービスラーニングの高等教育における位置づけとその教育効果を促進する条件について」,『アドミニストレーション』, 22(1), pp.166-167.

中留武照·倉本哲男(2001)「学校と地域を結ぶカリキュラム開発の新たな展開: 米国のサービスラーニングに焦点をあてて」,『九州大学大学院教育学研究紀要』, 4, pp.1-35.

中村知子·藤原由美·三浦智恵子(2010)「サービスラーニング授業の開発」,『JIYUGAOKA SANNO College Bulletin』, 43, pp.15-30.

中島智人(2014)「英国のチャリティ制度改革: チャリティ法人の導入を中心に」,『公益法人』, vol.43, no.2, pp.12-17.

中角直樹(2014)『日本における生涯学習の現状と課題』, pp.1-3.

波出石誠·福代和宏(2014)「地域活性化に資する廃校を活用したソーシャル·ビジネスに関する研究」,『日本建築学会技術報告集』, 20, 日本建築学会, pp.299-304.

NIRA委託研究報告書(2008)『社会的包摂手法による地域の再生』, 財団法人神戸都市問題研究所, p.12.

日本内閣府(2011)『内閣府政策統括官(経済社会システム担当)委託調査, 社会的企業についての法人制度及び支援の在り方に関する海外現地調査報告書』, 2011年3月.

日本国土交通省(2016)『平成26年度建設投資見通し』, pp.1-16.

西山康雄·西山八重子(2008)『イギリスのガバナンス型まちづくり: 社会的企業による都市再生』, 東京：学芸出版社.

服部篤子(2010)「ソーシャル·イノベーションとその担い手」,『ソーシャル'イノベーション: 営利と非営利を超えて』, 中央経済評論社, pp.23-58.

久繁哲之介(2010) 『地域再生の罠: なぜ市民と地方は豊かになれないのか?』, 筑摩書房, p.11.

藤井敦史(2009)『日本における社会的企業概念の受容と公共政策』, 2009年11月発表文.

藤井敦史(2010)「「社会的企業」とは何か」, 原田晃樹·藤井敦史·松井真理子『NPO再構築への道: パートナーシップを支える仕組み』, 勁草書房, pp.114-117.

藤井正(2006)「地域という考え方」,『地域政策入門: 未来に向けた地域づくり』, ミネルヴァ書房, pp.10-20.

福留強(2012)「これからの生涯学習·社会教育のありかた: 社会教育における「職業に関する学習」の現状と課題」,『生涯学習ぐんま』, vol.47, pp.2-3.

逸見敏郎(2013)『サービスラーニングとボランティア』, 立教大学ボランティアセンター－2013年報告書, p.57.

逸見敏郎(2016)「知識の現場で育てる教養とは: 立教サービスラーニング(RSL)」,『大学教育研究フォーラム』, 21, pp.41-47.

逸見敏郎·原田晃樹·藤枝聡編著(2017) 『リベラルアーツとしてのサービスラーニングシティズンシップを耕す教育』, 北樹出版, pp.197-203.

松本典子(2010)「ソーシャル·エンタープライズによる地域雇用創出」,『日本計画行政学会コモンズ研究会』, pp.1-2.

三菱UFGリサーチ＆コンサルティング株式会社(2015) 『2015年度社会的企業の実態に関する調査研究』, 最終報告書, pp.67-71.

村山貞幸(2017)「日本におけるソーシャルビジネスの現状と課題」,『多摩大学研究紀要経営学情報研究』, No.21, pp.64-67.

丸山直人(2011)「生命系と地域主義に立脚した経済学の実現に向けて」,『脱成長への道、分かち合いの社会を創る』, コモンズ, pp.158-175.

明治学院大学ボランティアセンター(2018)『明治学院大学教育連携·ボランティア·サティフィケイト·プログラムハンドブック』明治学院, pp.1-25.

文部省生涯学習審議会答申(1999)『学習成果を幅広く生かす』, 平成11年6月9日.

盛岡清志(2008)「地域へのアプローチ」,『地域社会学』, 有斐閣, pp.4-20.

八木橋慶一(2011)「英国地域再生と社会的企業: 労働党政権期における挑戦とその意義－」,『人間福祉学研究』, 4(1), pp.29-42.

八仮田元子(2016)『農村と都市の創造的関係の構築に対する観光の機能に関する研究: ワインツーリズムを事例として』, 北海道大学大学院国際広報メディア·観光学院博士学院論文, pp.11-14.

矢作敏行外編著(2017)『商業近代化から地域商業の底力を探るまちづくりへ』, 白桃書房, pp.204-227.

羅一慶(2016)「政治的な起業家と社会革新：ソウル市の事例研究」,『総合政策フォーラム』, 11, p.38.

柳到享(2016)「韓国における小売競争構造の変化と流通政策の課題」,『経済理論』, 383, 経済理論学会, pp.71-86.

柳到享·横山斉理(2009)「商店経営者の家族意識に関する実証研究」,『流通研究』, 11, 日本商業学会, pp.37-56.

柳昌馥(2015)「村共同体政策と地域社会の市民生態系」,『創作と批評』, 170.

山重慎二(2013)『家族と社会の経済分析: 日本社会の変容と政策的対応』, 東京大学出版会, p.42.

山田一隆(2001)「高齢者の社会参加からみた地域社会における生涯学習団体の現状と課題: 京都府舞鶴市におけるケーススタディ」,『政策科学』, 8(2), pp.151-155.

山崎ゆきこ(2013)『ユネスコにおける生涯学習概念の再検討: フランスの教

育改革を視野に入れて』, pp.1-15.

吉田博彦(2016)『地方創生と社会教育: 地方分権の基礎となる自立した地域づくり』, 特定非営利活動法人教育支援協会, pp.7-12.

渡辺深(1998)『転職ーネットワークとキャリアの研究』, ミネルヴァ書房。

渡辺深(2008)『新しい経済社会学』, 東京: 上智大学出版, pp.4-5.

渡辺達朗著(2014)『商業まちづくり政策ー日本における展開と政策評価』, 有斐閣, pp.47-90.

Aldrich, Howard E. and P.H. Kim(2007) "A Life Course Perspective on Occupational Inheritance: Self-employed Parents and Their Children", *Research in the Sociology of Organizations*, 25, pp.33-82.

Aldrich, Howard E. and Catherine Zimmer(2011) "Entrepreneurship through Social Networks", Howard E. Aldrich ed., *An Evolutionary Approach to Entrepreneurship*, Edward Elgar publishing limited, pp.121-141.

Aldrich, Howard E. and Tomoaki Sakano(1998) "Unbroken Ties: Comparing Personal Business Networks Cross-Nationally", W. Mark Fruin, ed, *In Networks, Markets, and The Pacific Rim*, New York: Oxford University Press, pp.32-52.

Borzaga, C. and Defourny, J.(eds)(2001) *The Emergence of Social Enterprise*, London and New York, Routledge, pp.350-370.

Burt, Ronald S.(1992) *Structural Holes: The Social Structure of Competition*, Harvard University Press, pp.14-15.

Cabinet Office(2006) *Social Enterprise Action Plan: Scaling new heights*, Office of Third Sector, p.10.

Clark, D., (1989) *Urban Decline*, London: Routledge.

Connelly, S., S. Markey, M. Roseland (2011) "Bridging sustainability and the social economy: Achieving community transformation through local food initiatives", *Critical Social Policy*, 31(2), pp.308-324.

Defourny, J. and Nyssens, M.(2006) "Defining social enterprise", in Nyssens, M. (ed.) *Social Enterprise: At the crossroads of markets, public polices and civil society*, Routledge, pp.3-26.

Dees, J. G.(1998) "Enterprising Nonprofits", *Harvard Business Review*, January-February, pp.55-67.

Dimaggio, P.(1990) "Cultural Aspects of Economic Organization and Behavior", In *Beyond the Marketplace: The Rethinking Economy and Society*, edited by A.F. Robertson and R. Frieland, Aldine de Gruyter, pp.27-28.

Grant, K., Princen, B., Zielony, T. and Douglas, S.(2006) *Shrinking Cities: Volume 1: International Research*, Hatje Cantz Publishers, pp.20-34.

Granovetter, M.(1985) "Economic Action and Social Structure: The Problem of Embeddedness", *American Journal of Sociology,* 91(3), pp.481-510.

Granovetter, M.(1995) "The Economic Sociology of Firms and Entrepreneurship", In *The Economic Sociology of Immigration: Essays on Networks, Ethnicity and Entrepreneurship*, edited by Portes, A., New York: Russell Sage Foundation.

Granovetter, M.(2002) "A Theoretical Agenda for Economic Sociology", pp.35-60. In *The New Economic Sociology: Developments in an Emerging Fiel*d, edited by Mauro Guillen, M.F, Collins, R., England, P. and Meyer, M. eds., New York: Russell Sage Foundation.

Heckl, E., Pecher, I., Aaltonen, S. and Stenholm, P.(2007) *Study on Practices and Policies in the Social Enterprise Sector in Europe*, Austrian Institute for SME Researchand TSE entre, Turku School of Economics, Finland – On behalf of the European Commission, DG Enterprise & Industry.

Kim, Jee-Yeop, and Jung, Jong-Dae(2007) "A Comparative Study on the Land Use Systems of Korea and the US with a Focus on Property Rights under the Constitution, Korea Planning Association", *Journal of Korea Planning Association*, 42(4), pp.7-28.

Nyssens, M., Adam, S. and Johnson, T. (eds.)(2006) *Social Enterprise: at the crossroads of market, public policies and civil society*, Routledge.

Peattie, K and Morley, A. (2008) 『Social Enterprise : Diversity and Dynamics, Contexts and Contributions, Social Enterprise Coalition(SEC)』, pp.40-41.

Polanyi, K.(1944) *The Great transformation: the political and economic origins of our time.* Boston, MA: Beacon Press.

Polanyi, K.(1957) "The Economy as Instituted Process." In *Trade and Market in*

Early Empires, Karl Polanyi, Carl Arensberg, and Harry Pearson, eds. Glencoe: The Free Press, p.268.

Schumpeter, J. A.(1926) *Theorie der Wirtschaftlichen Entwicklung*, Duncker and Humblot, 2. Aufl.(塩野谷·中山伊知郎·東畑精一訳(1977)『経済発展理論(下)』, 岩波書店, pp.210-240).

Smelser, Neil J. and Swedberg, R.(1994), *Handbook of Economic Sociology*, Russel Sage Foundation and Princeton University Press, p.7.

Taylor, M.(2003) *Public Policy in the Community*, Palgrave, p.178.

Uzzi, B.(1997) "The Social Structure and Competition in Interfirm Networks: The Paradox of Embeddedness", *Administrative Science Quarterly*, 42(1), pp.35-67.

White Harrison(1992) *Identity and Control*, Princeton, NJ: Princeton University Press, p.17.

Zelizer, V.(1983) *Markets and Morals*, Transaction Press.

Zukin, S. and DiMaggio, P.(1990) "Introduction", *In Structure of Capital: The Social Organization of Economic Life*, edited by P. DiMaggio and S. Zukin, Cambridge University Press, p.15.

국민일보, 2018. 09. 03: https://search.daum.net/search?w=img&DA=IIM&t__nil_searchbox=btn&q.

검경합동신문사 2019년 2월 2일자 "일본 도쿄 국제 익스프레스 나승도 회장 나눔과 봉사로 사회에 환원하는 자랑스러운 한국인!": http://blog.naver.com/PostView.nhn?blogId=01077047759&logNo=221457437369(검색일자 2019.07.08.).

내각부 지역재생사업 추진실: http://www4.city.kanazawa.lg.jp/data/open/cnt/3/4646/6/shuyaku_2.pdf#search(검색일자 2018.04.03.).

일본 지역재생계획에 의한 지역창생(2015) http://local-first.jp/documents/naruse.pdf#search(검색일자 2018.03.31.).

도시재생: https://search.daum.net/search?w=bookpage&bookId=3750711&tab=introduction&DA=LB98(검색일자 2018.03.31.).

도시재생 사업모델: http://blog.naver.com/PostView.nhn?blogId=ulsansmartsjun&logNo=221336481711(검색일자 2018.03.31.).

대덕구 오정동 일원 도시재생 뉴딜사업 추진: http://www.mimint.co.kr/article/board_view.asp?strBoardID=news&bbstype=S1N17&sdate=0&skind=&sword=&bidx=1587639&page=1&pageblock=1(검색일자 2018.03.31.).

막걸리 한류열풍의 주역 김효섭 사장: https://blog.naver.com/worldhansang/80163660228(검색일자 2019.06.20.).

매일경제 2008년 2월 1일자 '무일푼 유학생이 이룬 '재팬드림' 장영식 에이산 회장': https://www.mk.co.kr/news/economy/view/2008/02/61812/(검색일자 2019.06.27.).

볼런터리체인(voluntary chain): http://100.daum.net/encyclopedia/view/31XXXXX20630(검색일자 2018.10.04.).

벤처필란트로피: http://news.chosun.com/site/data/html_dir/2018/05/28/2018052801994.html(검색일자 2019.10.03.).

연합뉴스 2009년 7월 23일자 "日서 물류기업 일군 나승도 사장": http://winnersgate.com/Story/Success/board.asp?CK_ASP=CONTENT&Num=3&Page=&SearchType=&SearchName=(검색일자 2019.07.08.).

월간유학생 김효섭 "성공은 운을 시험하는 방법 중의 하나": http://blog.naver.com/PostView.nhn?blogId=u_hakseang&logNo=140113882089(검색일자 2019.06.20).

월간유학생 2010년 7월호, 박재세 "선배에게 배우는 유학 성공의 열쇠": http://blog.naver.com/PostView.nhn?blogId=u_hakseang&logNo=140109794949(검색일자 2019.07.08.).

사회적기업의 업종별분포: http://www.seis.or.kr/intra/explorer/ND_index.do(검색일자 2019.06.17.).

사회적 목적 실현유형별: http://www.seis.or.kr/intra/explorer/ND_index.do(검색일자 2019.06.13.).

사회적기업 인증 미전환 이유: http://www.seis.or.kr/intra/explorer/ND_index.do(검색일자 2019.06.13.).

ソウル村共同体：http://japanese.seoul.go.kr(검색일자 2020.02.22.).

세계일보 2010년 1월 31일자 "[21세기 일본속의 한국인 '신도래인'을 찾아서] ①日자동차부품업체 '테크노피아' 박재세 사장": https://news.v.daum.net/v/20100131200305151(검색일자 2019.07.08.).

전라도뉴스 2015년 5월 13일자 '(주)에이산 장영식 대표, '자랑스러운 순천대인' 선정': http://www.jldnews.co.kr/news/articleView.html?idxno=13047&replyAll=&reply_sc_order_by=I(검색일자 2019.06.27.).

재외동포신문 2016년 6월 15일자 '도쿄한국상공회의소 제12대 회장 장영식 에이산 대표 취임': http://m.dongponews.net/news/articleView.html?idxno=31770(검색일자 2019.60.27.).

재일동포 장영식 회장: https://news.naver.com/main/read.nhn?mode=LSD&mid=sec&sid1=101&oid=001&aid=0006984404(검색일자 2019.06.20.).

조선일보, 마을공동체사업: http://news.chosun.com/site/data/html_dir/2019/03/12/2019031200396.html(검색일자 2019.10.27.).

젠트리피케이션: https://minsing2.tistory.com/356(검색일자 2019.10.27.).

특정비영리활동법인 ETIC: http://www.jma.or.jp/kaikalab/common/pdf/etic.pdf#search=%27ETIC%27(검색일자 2019.10.07.).

公益財団法人長岡市シルバー人材センター：http://www.nagaoka-sjc.jp/g1_annai.html(검색일자 2017.09.14.).

高齢者の社会参加活動: http://www8.cao.go.jp/kourei/whitepaper/w-2017/zenbun/pdf/1s2s_05.pdf#search(검색일자 2018.08.24.).

商店街活性化促進事業について: https://www.kantei.go.jp/jp/singi/sousei/meeting/tihousousei_setumeikai/h30-06-01-shiryou5.pdf#search(검색일자 2018.10.08.).

生涯学習に関する主な変遷(案): https://www.city.kashiba.lg.jp/kyouiku/cmsfiles/contents/0000001/1058/files022552.pdf#search(검색일자 2018.08.06.).

生涯学習とは: https://www.city.taito.lg.jp/index/kurashi/gakushu/shogaikakusyujigyo/shishin.files/08.pdf#search(검색일자 2018.08.06.).

社会的企業事業成果: http://www5.cao.go.jp/keizai1/koyou/fukko/seikahokoku/jissekichi.pdf(검색일자 2017.01.25.).

中央教育審議会: http://www.mext.go.jp/b_menu/shingi/chukyo/chukyo0/index.htm(검색일자 2018.08.06.).

地域雇用創出事業: http://www5.cao.go.jp/keizai1/koyou/fukko/pamp.pdf(검색일자 2017.01.25.).

地域社会雇用創出事業: http://www5.cao.go.jp/keizai1/koyou/fukko/pamp.pdf

(검색일자 2017.01.25.).

中央教育審議会(2005) 我が国の高等教育の将来像(答申)：http://www.mext.go.jp/b_menu/sh ingi/chukyo/chukyo0/toushin/05013101.htm (검색일자 2019.06.10.).

中央教育審議会(2008) 学士課程教育の構築に向けて審議のまとめ)：http://www.mext.go.jp/component/b_menu/shingi/toushin/__icsFiles/afieldfile/2013/05/13/1212958_001.pdf (검색일자 2019.06.10.).

中央教育審議会(2012). 新たな未来を築くための大学教育の質的転換に向けて~生涯学び続け, 主体的に考える力を育成する大学へ~(答申)：http://www.mext.go.jp/component/b_menu/shingi/toushin/__icsFiles/afieldfile/2012/10/04/1325048_1.pdf (검색일자 2019.06.10.).

内閣官房まち·ひと·しごと創生本部事務局(2017)「生涯活躍のまち」に関する取組事例集: https://www.kantei.go.jp/jp/singi/sousei/about/ccrc/jireishu.pdf#search(검색일: 2018.08.24.).

人々が光輝く地域社会 - 社会にインパクトある研究 - Tohoku University: http://impact.bureau.tohoku.ac.jp/doc/E-3_gd170705.pdf#search(검색일자 2018.04.18.).

若無湖南是無國家: http://cafe.daum.net/na15nclub/3s63/1266?q(검색일자 2019.09.10.).

Alter, K.(2007) Social Enterprise Typology, Virtue Ventures LLC.：http://www.4lenses.org/setypology/print(검색일자 2019.10.08.).

NPO法人ETIC：https://www.jpmorgan.com/jpmpdf/1320678376988.pdf (검색일자 2019.10.07.).

찾아보기

ㄱ

ㄴ

ㅇ

기타